欧洲新燃点

一触即发的地缘战争与危机

[美] 乔治·弗里德曼 / 著
George Friedman
王祖宁 / 译

SPM
南方出版传媒
广东人民出版社
·广州·

图书在版编目（CIP）数据

欧洲新燃点：一触即发的地缘战争与危机 /（美）乔治·弗里德曼著；王祖宁译 .— 广州：广东人民出版社，2016.10

ISBN 978-7-218-11126-1

Ⅰ . ①欧… Ⅱ . ①乔… ②王… Ⅲ . ①地缘政治学－研究－欧洲 Ⅳ . ① D75

中国版本图书馆 CIP 数据核字 (2016) 第 182155 号

OuZhou Xin RanDian

欧洲新燃点

一触即发的地缘战争与危机

[美] 乔治·弗里德曼　著　　王祖宁　译

出 版 人：曾　莹

策　　划：中资海派
执行策划：黄　河　桂　林
责任编辑：肖风华　古海阳　张　静
特约编辑：王　影　梁桂芳　易　娜
装帧设计：王　雪

出版发行：广东人民出版社
地　　址：广州市大沙头四马路 10 号（邮政编码：510102）
电　　话：(020) 83798714（总编室）
传　　真：(020) 83780199
网　　址：http：//www.gdpph.com
印　　刷：深圳市福圣印刷有限公司
开　　本：787mm × 1092mm　1/16
印　　张：18　　**字　　数**：249 千
版　　次：2016 年 10 月第 1 版　2021 年 1 月第 3 次印刷
定　　价：45.00 元

如发现印装质量问题，影响阅读，请与出版社（020-83795749）联系调换。
售书热线：(020) 83795240

致中国读者信

To My Chinese Readers and Friends,

The story of Europe is both glorious and terrible. It is important for the Chinese and the Americans to understand that whatever our differences from each other and Europe, we carry the common fate of humanity.

We are all capable of glorious and terrible things. Our hope must be that we recognize this common fate and our common humanity to overcome the tragedy that lurks within all our histories.

致中国读者：

欧洲的历史既辉煌又可怕。中国和美国的读者都应该明白：无论我们彼此以及我们与欧洲之间存在多少差异，我们所有人都肩负着共同的人类命运。

我们都有能力去做光荣或可怕的事。我们一定希望人类能够认识到这种共同的命运和共同的人性，从而克服潜伏在历史当中的悲剧。

乔治·弗里德曼

献　词

殇者行

谁为蝼蚁般的逝者敲响丧钟？
是那炮火喷射出震天的怒号，
是那机枪迸发出不绝的轰鸣，
夹杂着他们生前仓促的祝祷。
如今不再有什么祈求或嘲讽，
也没有人为他们鸣钟或凭吊，
只闻得漫天锋镝凄厉的吼声，
还有召唤从戎的哀恸的号角。
是什么让他们直奔沙场疾驰？
不是为秉烛诀别的乡梓儿郎，
而是为他们眼中神圣的晖光。
凋零的朱颜仿佛冢上的柩衣，
生者的隐痛仿佛灵前的花束，
每一次日冥都是低垂的帘幕。

——维尔弗莱德·欧文

1918 年 11 月 4 日卒于桑布尔河

导 言

面对欧洲危机，美国如何能心安理得？

中国人民大学欧盟研究中心主任　王义桅

美国人看欧洲与欧洲人看美国，各有一种过来人的感觉：美国视欧洲为旧大陆，德沃夏克的《自新大陆交响曲》典型反映了这种优越感；欧洲人视美国为新牛仔，继承了罗马而非希腊文明。欧洲人与美国人时常相互讥讽：美国人来自火星，欧洲人来自金星；新欧洲，老欧洲……这都是美国人讽刺欧洲人的说法。欧洲人当然不甘落后，时常将美国人视为没文化的工业动物。

如果不是新兴国家崛起，欧美互为镜子的游戏还会继续。美国人里夫金的《欧洲梦》，就是在借欧洲可持续发展理念，刺激美国人实现转型发展。欧洲人借助美国来激发斗志的例子就更多了。

乔治·弗里德曼的新著《欧洲新燃点：一触即发的地缘战争与危机》无疑是美国重返亚洲后隔岸观火之作，不仅讥讽欧洲危机不断，甚至预示欧洲将引发地缘战争与危机，更是将欧洲的苦难从古到今数落个遍。问题是，面对欧洲危机，美国人如何心安理得？更令人匪夷所思的是，书中所言“欧洲人对世界的看法过于简单，思维方式非黑即白，无法理解那些精妙复杂的东西，且凡事喜欢诉诸武力”。这不正是欧洲人一直讥讽美国人的吗？！真所谓，“嫌屋及乌”！把脏水泼在欧洲人身上，如此草率！

我与这位弗里德曼先生在第十届布拉斯迪拉发全球安全论坛（GLOBSEC 2015）上有过交锋。在世界经济新格局专场，他把中国经济比作日本当年，会不断走下坡路，原因是政治不民主——称中国是左一句“dictatorship”，右一句“dictatorship”，遭到我的几连问：“你会中文吗？对中国历史文化读过几本书？中共有多少党员？美国政治由1%的有钱人操盘，中共是以9 000万党员为基础的执政党，谁是dictatorship?”

本书结论：“欧洲只是暂时缓和了欧洲的中心问题，即民族主义与实力的问题，尤其是德国的实力。目前，在我们所处的时期，这种缓和正处在衰退之中。”似乎欧洲一体化的成就只是延缓、掩盖了欧洲的病根；欧洲是躲过初一，躲不过十五。这种宿命论，典型反映了美国人的侥幸。

作者承认自己深受美国文化影响，父母回忆所描述的欧洲梦魇，成为童年抹不掉的回忆。犹太人的逃离苦难的集体无意识，也在影响作者的欧洲观。

欧洲近年遭受难民危机、乌克兰危机、债务危机困扰，的确危机重重，但是厚道的人往往雪中送炭而非落井下石，更何况哪个危机没有美国的影子？可见弗里德曼并非厚道之人。法国学者莫兰曾指出，“如果人们以为揭开了蒙在欧洲真正本源属性上的面纱，那其实同时也会遮蔽相反的也属于欧洲的特性”“如果说欧洲是法律的欧洲，那它也是强权的欧洲。如果说它是一个民主的欧洲，那它也是压迫的欧洲。如果说它是风尚精神的欧洲，那它也是追逐物质的欧洲……”对比来看，本书作者显然不是那种文化之人。

本书中随处可见如此现象：“唱衰”欧洲，讥讽欧洲，指责欧洲，可谓极尽挖苦之能事，处处折射出来自傲慢美国人的偏见。更要警惕的是，弗里德曼创办的战略预测公司是借危机发财的。本书一番言论，博人眼球的同时，还要悄悄地从我们的腰包里掏去血汗钱，而不只是历史的偏见与现实情感。

他当然不代表美国人，但的确折射相当多美国人的阴暗心理：对待欧洲尚如此，何况中国？！

推荐序

在未来的大分流中，重新认识列国

《经济学人·商论》执行总编辑　吴　晨

在《欧洲新燃点：一触即发的地缘战争与危机》中，弗里德曼回到自己祖父的生养之地，几乎是五国交界之地的波兰、斯洛伐克、匈牙利、乌克兰与罗马尼亚的边境地区。斯洛伐克与乌克兰的边境是东扩了的欧盟与部分期望加入欧盟的乌克兰的边界，等候过境需要很长时间。看到人为设置的边境两边的反差，总能引发历史的忧思和对未来的怅惘。欧洲恰恰因为有着如此深重的历史包袱，而很难以一种声音在全新的大国博弈中发声。理解欧洲面临的挑战，也有助于在未来可能出现的大分流中，重新认识列国。

欧洲面临的挑战主要有三。

首先是南北矛盾，以德国为首的西欧北欧与以希腊、西班牙为代表的南欧之间的巨大分裂，体现在财政政策、经济发展、失业率等方面的巨大差异，在欧债危机之后持续显现。而法国和意大利内部本身就有南北之间的分野。英国最终选择脱欧，更体现了一种不负责任的离心力。

其次是欧洲与穆斯林新移民之间的冲突。在上一次欧洲杯期间，土耳其与德国在四分之一决赛中相遇，我在法兰克福街头看见不同的酒馆里挤满了德国人和土耳其移民，为各自的球队呐喊加油。

穆斯林新移民分成几个波次：法国对北非原殖民地阿尔及利亚人的吸纳；德国对北非和利比亚难民的吸收（默克尔一度同意接受100万难民，考验了南欧各国）；德国本身对土耳其移民的依赖。这些冲突包含了三个面向：其一是经济层面，体现为欧洲下层居民与新移民之间的冲突，他们认为新移民抢了自己的饭碗；其二是宗教之间的冲突，基督教与移民所信奉的伊斯兰教之间的冲突，而随着ISIS的壮大，很多年轻的穆斯林移民又被恐怖组织所吸收，成为在欧洲大陆散布恐怖袭击的触媒；其三是文化整合的冲突，按照弗里德曼的说法，欧洲对新移民的文化整合远比美国这样的大熔炉要难。

第三，是边缘地区（边区）的冲突，这样的边远地区既然存在于新近纳入欧盟的波兰、斯洛伐克、匈牙利的动荡，尤其是匈牙利政府的右翼转向；也包括各种历史遗留下来的国境与民族频繁发生变化的地区，比如夹在罗马尼亚与乌克兰之间的摩尔多瓦，成为组织犯罪和洗钱的提爱唐；也存在于南欧巴尔干地区传统的火药桶；还存在于土耳其这个“东张西望”的大国残骸中崛起中的新势力。

欧洲企图用超国家联盟的方式解决盘根错节的历史地理问题，这一尝试很可能在不久的将来被证明是错误的方向，而欧盟自身的分裂与内耗也将削弱它在国际舞台上扮演的角色，同时挣脱出的新势力，如弗里德曼在书中一再提及的德国和土耳其，又可能在新的霸权加列国的体制中谋求新角色。

从历史地理的视角去分析欧盟，有助于我们更好去理解美国之外的列国。而欧盟的经验和教训，也有助于同样面临历史地理交织的中国与东北亚和东南亚在未来构建新型关系上，跳出既有的思维框架。

权威推荐

国际问题专家　中　雷

弗里德曼《欧洲新燃点：一触即发的地缘战争与危机》英文原版书刚问世的时候，欧洲还自诩为太平盛世的样板大陆，而当此书中文版付梓之际，欧洲果然让作者说中了，陷入经济衰退，难民危机，恐袭时发，地区冲突热点多处点燃，可见作者具有惊人的预见力，就好像他们在参与策划世界大事一样。

中共中央党校国际战略研究院教授

国际关系与国家统一研究室主任　赵　磊

作为美国战略预测公司的总裁，乔治·弗里德曼在这部著作中提出了不少独特的研判。本书富有一定的预见性，如2015年爆发的巴黎暴恐事件就与书中观点基本一致。欧洲当下面临种种难题，如希腊债务谈判问题、乌克兰问题、欧洲难民危机等，本书均给予了一定的关注，具有较高的参考价值。

清华大学国际关系研究院中欧关系研究中心主任　张利华

乔治·弗里德曼的《欧洲新燃点：一触即发的地缘战争与危机》一书以宏大的历史视野和个人的所见所闻分析了发生在欧洲的两次世界大战的历史和文化根源，二战后欧洲一体化组织——欧洲联盟面临的危机和分解因素，对于人们认识欧洲面临的冲突与矛盾有深刻的警示和启示。此书不失为一部研究欧洲问题的力作。

凤凰卫视、澳亚卫视和深圳卫视时事评论员

军事评论员、深圳市国防教育促进会副会长　刘子军

乔治·弗里德曼在欧洲正处于大变革时代，以全新和全景的视野预测了欧洲正在和即将发生的危机与动荡，而且作者恰好站在一个很高的位置来俯视整个欧洲大陆，洞察欧洲乃至于世界的地缘政治格局的奇妙和剧烈改变……

CNN 晚间新闻主持人　卢·道布斯

乔治·弗里德曼可谓美国首屈一指的战略专家。

《纽约时报》

见到乔治·弗里德曼本人，就会情不自禁地把他当做太极八卦神算。

《出版商周刊》

政治学者乔治·弗里德曼在这部见解深刻的作品中检视了当代欧洲，并质疑了一种观点：欧盟及其邻国已经消除了国家之间暴力冲突的威胁……弗里德曼公正客观地分析了欧洲几个主要国家的恐惧、愿望和利益，为我们生动地描绘了一个历史悠久，拥有诸多弱点，而且曾经出现过多次危机的地区在当下的状况。

《纽约观察家》

弗里德曼总是冷静地思考，清醒地看世界。他能力非凡，不仅能用美国人的眼光，也能用世界领导人的眼光观察世事。

《科克斯书评》

这不是一部关于欧洲历史的学术著作，但作者的论述体现了他的博学多识。本书指出，20 世纪战争和暴力带来的创伤没有真正成为过去……作者经过缜密思考后写作了本书，清晰地阐述了欧洲的失业、移民和种族歧视等棘手的问题。

《巴伦周刊》

弗里德曼创办的“战略预测公司”预测一向很准确。它拥有众多客户——从传媒公司到政府机构，近年来盈利良好。

《弗林特日报》

弗里德曼的书读来引人入胜，尤其是对于那些兴趣不只限于简单观点的挑剔读者来说更是过瘾。

目　录

第三部分　一触即发

序 言

下一场欧洲战争将在哪里爆发?

边地：欧洲的火药桶

1914—1945 年，欧洲约有 1 亿人由于：政治原因殒命，其中包括战争、种族灭绝、大清洗、人为饥荒等，原因不一而足。这个死亡人数无论是在任何地区和时代，都足以骇人听闻。在过去 400 年里，欧洲各国共同征服了世界上的大部分地区，人类对自身的看法也随之改变。因此对欧洲来说，这一数字格外令人震惊。

随着欧洲在全球开疆辟土，人们的日常生活也发生了翻天覆地的变化。过去，人们只有亲赴演奏会现场才能聆听音乐；在很长一段历史时期内，读书识字毫无用处，书籍更是难得一见。人类的意志造就了这段“黑暗时期”。而如今，男人的平均寿命增长了一倍，妇女也不再屡屡死于分娩。截至 1914 年，欧洲人日常生活的方方面面都大为改观，世界其他地区也随之发生巨变，其变化之迅速、影响之深广令人难以想象。

我们不妨设想，1913 年，你正在欧洲某个国家的首都参加音乐会。节目单上有莫扎特和贝多芬的经典曲目。那是一个寒冷的冬夜，而大厅里灯火辉煌、暖意融融。淑女们身着霓裳轻裘，个个姿态优雅。在美轮美奂的大厅里，严冬似乎不复存在。其中一人刚刚向东京发去电报，安排将丝绸装船，载着货物的轮船将于一个月内运抵欧洲。还有一对夫妇乘坐三个小时的火车，从100英里外赶来参加这场盛会。然而，在15世纪末欧洲开始探险活动之前，上述任何事情都不可能发生。

由欧洲大型交响乐团演奏的莫扎特和贝多芬的曲目可谓举世无双。莫扎特的乐曲令人飘飘欲仙，而贝多芬的每一个音符都与尘世有着千丝万缕的联系。聆听贝多芬的《第九交响曲》时，人们不禁会联想起革命、共和、理性，甚至感觉人类竟像上帝那般庄严神圣。欧洲正是以其精彩绝伦的艺术、深邃的哲学思想以及先进的政治制度将人类引领到了前所未有的境地。对当时的许多人来说，他们宛如站在天堂的门口。我想，假使我也生在那个年代，必定与他们心有戚戚焉。

然而，谁也不会料到风云突变，欧洲从此陷入了万劫不复的深渊。在之后的31年里，欧洲祸起萧墙、分崩离析。科技、哲学、政治曾经令欧洲人称雄世界，如今却对他们反戈一击。或者更为准确地说，欧洲人利用它们同室操戈、自相残杀。31年后，欧洲变成了一座满目疮痍的荒冢，到处都是颓垣断堑的城市和流离失所的人群。贝多芬《第九交响曲》中的《欢乐颂》不再是对欧式生活的赞美，反而成为对欧洲人自命不凡的莫大嘲弄。

欧洲的这种遭遇并非独一无二，因为其他文明也同样经历过动荡、战争和种种暴行。但其突发性、惨烈和迅疾程度以及对全球造成的后果却无可比拟。其中，最异乎寻常之处在于欧洲文明自我毁灭的能力。对于这一点，我们或许可以从欧洲残暴的殖民统治、根深蒂固的社会不平等现象以及四分五裂的状况中窥知一二。尽管如此，高度发达的欧洲文明与集中营之间的联系，仍然令人触目惊心。

几个世纪以来，欧洲人在全球攻城略地的同时，欧洲国家间也战火不断。整个欧洲仿佛建立在流沙之上，统一总是稍纵即逝，这一点的确令人费解。

事实上，欧洲的地形也注定了它们难以同舟共济，因为欧洲并非一块整齐划一的大陆，而是由形形色色的岛屿、半岛以及横亘其间的崇山峻岭组成，此外，还有海洋、海峡、层峦、深谷和一望无际的平原。与美洲不同的是，欧洲的河流并未百川归一，而是各自奔流。

除大洋洲以外，欧洲是世界上面积最小的大洲，但欧洲大陆上的国家星罗棋布。时至今日，欧洲小国林立、人口众多，共有 50 个独立的国家（包括土耳其和高加索地区），人口密度为每平方公里 72.5 人，欧盟国家为每平方公里 112 人，而亚洲为每平方公里 86 人。很显然，欧洲支离破碎、人满为患。

这种地形意味着，欧洲很难通过征战取得统一，且蕞尔小邦也能长期生存。公元 1000 年与公元 2000 年的欧洲地图相差无几，这便是明证。欧洲国家鳞次栉比，长期以来毗邻而居，深仇宿怨使他们很难信任和宽宥彼此，导致其一再重燃战火。与此前的冲突相比，20 世纪的两场战争大同小异，唯一的区别在于，这一次导致天下大乱的是科学技术的优劣和意识形态的差异。

欧洲四分五裂、边地众多，不同国家的宗教和文化在这里相互碰撞、融合。虽然各国的政治边界往往就在其中，但边地的范围要相对广阔。从许多方面来讲，边地的作用甚至比边界更为重要。我们不妨设想一下墨西哥与美国的边境，其分界线虽然一清二楚，但墨西哥的影响、语言和人口早已越过这一界限，还在不断向边界以北延伸。同样，美国的文化和商业往来也一直在向边界以南蔓延。住在两国边境地区的墨西哥人由于吸收了美国文化，与其他墨西哥人显得格格不入。而边境以北的盎格鲁文化也发生了嬗变，逐渐转变为一种奇特的混合体，边地居民甚至创造了一种属于自己的语言“Spanglish”，即“混有西班牙文的英语”。这些人非常独特，彼此的共性有时甚至超出了他们与国人之间的相同之处。

我住在得克萨斯州的奥斯汀南部，那里的地名多为英语或德语，因为德国人也曾在奥斯汀以西定居。当我沿着 I-35 州际高速公路南下时，看到的都是诸如“新布劳恩费尔斯”之类的德语地名。但随着与距离圣安东尼奥市越来越近，路旁的地名变成了西班牙语，让我常常错以为自己身处墨西哥，尽管美墨边界尚在100多英里以南。这一点足以说明许多问题。

这种边地在欧洲不胜枚举，其中最重要的一块边地（俄罗斯以西地区）将俄罗斯与欧洲大陆分隔开来。这一边境地区面积辽阔，包含乌克兰、白俄罗斯和立陶宛等数个国家。在过去100年里，我们看到，由于俄罗斯不断蚕食鲸吞，双方的政治边界大幅西移，而边界东部出现了一些新兴独立国家。无论当时双方的边界究竟位于何处，该地区居民彼此之间的共性，超出了与俄罗斯或者西方之间的共性。实际上，"乌克兰"一词在俄语中意为"边区"，也即边地。

虽然这一边地对欧洲历史产生了决定性影响，但欧洲意义重大的边地远不止于此。法语区与德语区之间的分野从北海一直延伸到阿尔卑斯山；巴尔干地区横亘于中欧和土耳其之间；比利牛斯山位于伊比利亚半岛和其他欧洲国家的交界地带；匈牙利四周有一些面积较小的边地，那里的匈牙利人处于罗马尼亚和斯洛伐克的统治之下。此外，英吉利海峡这处海上边地将英国与欧洲大陆阻隔开来。欧洲面积虽小，但人烟稠密、宿怨不断，因此边地永远不可能消失。欧洲的历史无疑为此提供了明证。

在边境地区，多元文化相互融合，走私往往是一种正当生意；同时，这里也是各国兵戎相见之地，即一触即发的危险地带。如今，莱茵河地区虽然太平无事，但历史上并非如此。从1871年起，莱茵河地区和法语区之间一共爆发了3场战争。当时，由于法德之间存在深固而严重的分歧，该区域就像一个火药桶。一旦擦枪走火，势必烽烟四起。现在看来，俄罗斯以西的边境地区也已危机四伏，那里虽然风雷激荡，但火势只是刚刚开始蔓延，还未形成燎原之势，因此尚未带来灭顶之灾。

一战和二战期间，欧洲的所有边地都火药味弥漫。它们迸发的火星燎起熊熊烈火，并迅速向四周扩散。1914年，欧洲全境掀起了疾风暴雨。战火短暂平息后，1939年战争再次爆发，其剧烈程度在世界史上都堪称罕见，甚至绝无仅有。人们充满了恐惧之情与可怕的回忆，而这种情绪一旦被触发，边境地区很快就为烈焰所吞噬，并汇聚成一场空前的浩劫。

右翼政党：新欧洲战争的“癌细胞”

二战后，欧洲进行了艰难的重建，并在外援下恢复了独立。人们从一片焦土之上总结出这样一句话：“永不重演。”从这句话可以看出，犹太人已经发誓，决不允许大屠杀再次发生。一般情况下，欧洲人不会时常提起这句话，但这种坚决的态度影响了他们的一举一动。那些在31年烽烟中幸免于难的人们，紧接着又迎来了冷战。这场战争关系着欧洲的生死存亡，但决定权却掌握在莫斯科与华盛顿手中。最终欧洲并没有爆发战争，这一点笔者会在下文详谈。威胁解除后，欧洲人的目标仍是不再重蹈31年的覆辙，他们绝不会让昔日可怕的遭遇重演，或者像冷战时期那样将自己置身险境。为了这一信念，欧洲人牺牲了庞大的帝国和手中的权力，甚至在某些方面放弃了自己在世界格局中举足轻重的地位。

为了结束战争的噩梦，欧盟应运而生。这一机构的宗旨是促使欧洲国家紧密团结，共同走向繁荣昌盛，从而使任何一个国家都没有理由破坏和平或者相互倾轧。极具讽刺意味的是，几个世纪以来，欧洲一直致力于摆脱异族压迫、争取国家主权和民族自决权的斗争。虽然他们曾经亲眼目睹违反这一原则所造成的恶果，但他们仍不愿为此放弃自己的道义及职责，他们为之奋斗的目标是确保所有国家均保留各自的主权，且任何人都不得将其剥夺。贝多芬的《欢乐颂》被定为欧盟的盟歌，但早先的嘲讽意味如今已经消失殆尽。

当今世界最重要的问题在于，我们是否已经真正摒弃冲突与战争，抑或这只不过是一次短暂的间奏、诱人的假象？欧洲无疑是全球最富庶的地区之一，GDP之和超过了美国。欧洲与亚洲、中东和非洲接壤，因此，一旦爆发新一轮战争，不仅欧洲会改天换地，整个世界都会发生剧变。至于欧洲是否走出了 31 年战乱的痛苦以及此前漫长千年的阴影，其答案乃是考虑未来任何问题的关键所在。

这也是笔者创作本书的意图，而且这个论题从许多方面对我的人生产生了重要影响。1949 年，我出生在匈牙利，而我的父母分别生于 1912 年和 1914 年。我的家庭正是在这 31 年间及随后一段时间组建的，当时欧洲正处于惊恐万状之中。而我们之所以离开欧洲，是因为我父母深信，欧洲精神已经深受腐蚀，这种状态虽然可以在短时间内隐介藏形，但最终还是会暴露无遗。

作为一个美国人，在我生活的世界里，所有事情都源自于个体的决断；作为欧洲人，在面对盘根错节、令人茫然的历史时，任何决定都显得毫无意义。作为美国人，我学会了直面这个世界；作为欧洲人，我学会了逃避现实。我之所以要探索这一欧洲之谜，究其原因，是源于父母在餐桌旁的交谈以及夜深人静时的梦魇。因为欧洲人的生活态度迥异于美国人，我产生了“认同危机”，仅从这一词语便可以推断，我已经深受美国文化的影响。既然两者兼而有之，那我究竟是何许人也？归根结底，只有一个问题：欧洲是否真的已经改弦易辙，还是注定要时常为《欢乐颂》所嘲弄？

青年时代，我选择对政治哲学进行研究，因为我希望尽可能从最高层面正视这一问题。在我看来，人类社会最根本的问题必然归结为政治问题。政治关乎社会及其赋予民众的义务、权利和敌友关系。而哲学对最普遍的事物进行剖析，迫使人们重新审视那些看似熟稔实则陌生的东西。对我来说，这才是获得真知灼见的不二法门。

人生当然不会如此简单。在研究所里，我开始专攻德国哲学。作为一名犹太人，我想要知道，那些蓄意屠杀儿童并将其奉为国策的人究竟作何感想。当时正值冷战时期，所以我清楚，所谓“欧洲问题”实质上是苏联问题，因为苏联人对我生活的影响并不亚于德国人。卡尔·马克思可以说是剖析这一问题的理想切入点。时值仇视斯大林的“新左派”方兴未艾，因此我选择对这个派别进行研究。

为此，我曾多次返回欧洲，结识了不少欧洲新左派的朋友，因为我希望了解该派思想家如阿图塞、葛兰西和马尔库塞等人的观点，所以不能只在图书馆中闭门造车。外界局势云谲波诡、瞬息万变。对多数人来说，新左派只不过是一种泡妞的手段、一场时髦的社会运动。对少数人来说，他们试图借此认识世界，寻找匡时济世的良方。只有屈指可数的一小撮人，把它视为己任以及使用暴力的借口。

人们常常忘记，20 世纪七八十年代在“基地”组织出现之前，欧洲暴力活动就有愈演愈烈之势。恐怖分子在许多欧洲国家实施暗杀、绑架，并炸毁建筑物。美国同样存在提倡暴力的左派，只是其影响微乎其微。这些组织虽然数量有限，但引起了我的极大关注。政治暴力在欧洲卷土重来，在这场运动中，人们偶然会提到阶级斗争，但并没有信以为真。

当时出现了一种用枪射穿敌人膝盖骨或腿部的报复行为。我永远无法确定，比起夺人性命，令其受伤致残究竟是更仁慈还是更残忍。在我看来，这些人最值得警惕，因为他们正在重蹈 31 年的覆辙。他们对所谓的道义责任信以为真，并拒斥社会价值，妄图摆脱束缚，作出可怕的行径。在与其中一些人交往时，我注意到，他们并非真的希望改变任何事情。他们之所以会采取暴力，完全是出自对他们生于斯长于斯的这个世界的愤怒，以及对任何庸庸碌碌之辈的蔑视。他们视后者如寇雠，并自诩为“复仇者”。

与这些人相处越久，我就愈加对欧洲人的看法表示怀疑。因为欧洲人普遍认为，他们已将过去抛诸脑后，而这种自信正在与日俱增。然而，在我看来，这就像医生在癌症手术中漏掉了几个细胞，一旦遇到合适的环境，病症就会死灰复燃。20 世纪 90 年代，欧洲爆发了两场区域战争，即巴尔干半岛的波黑战争以及高加索地区的车臣战争，但欧洲人对此不予理会，认为这两场战争不具代表性。他们对左翼极端分子也不甚关心，称他们也不具代表性。今天，他们同样对右翼暴徒熟视无睹，称他们不具代表性。这种观点反映了欧洲人的倨傲自信，它或许有一定的合理性，但并非不证自明。

欧洲正经受着严峻的考验。就像人类社会的所有其他机构都会遭遇艰难一样，欧盟也正面临着一系列棘手的问题，其中大多数是经济问题。欧盟的宗旨是促进“和平与繁荣”，假使繁荣不复存在，或者在某些国家消失不见，和平是否也会难以为继？我注意到，目前一些南欧国家的失业率已经与美国大萧条时期的失业率持平，甚至超出这一水平，这究竟意味着什么？

以上就是本书将要探讨的问题。其中部分涉及“欧洲卓异论”，即认为欧洲已经解决了世界上其他国家尚未解决的和平与繁荣问题。这或许是事实，但仍需加以讨论。假如欧洲并非天赋异禀，而是陷入了困境，那么接下来将会如何？

这个问题包含以下三个方面：首先，欧洲为什么会成为人类世界自我发现和自我转变之地？此事是如何发生的？其次，既然欧洲文明如此璀璨，那么欧洲是否存在自身缺陷，从而引发了 31 年的烽烟？如果这些缺陷确实存在，那产生的原因何在？最后，上述问题一旦澄清，我们就可以预知欧洲的未来及其潜在的危险地带。

如果欧洲已经翻过了血雨腥风的历史残篇，这无疑是一条重要的信息。反之，如果欧洲尚未超越这段历史，其暗含的信息将更加重要。接下来，就让我们一起来审视过去 500 年中欧洲人的境况。

第一部分
欧洲卓异论

Flashpoints:
The Emerging Crisis
in Europe

豺狼横行
战祸不断的欧洲

希特勒为何认定德国战败的根源在于犹太人？结束了纳粹的残暴统治后，苏联红军出于何种原因制造出疯狂的逃亡潮？二战战火刚熄，铁幕演说、柏林封锁、“北约”成立接踵而来，美苏争霸火药味渐浓。一句“豺狼横行”，足见欧洲的风起云涌，这是一片从未停止过骚动的土地……

柏林逻辑：战败皆因犹太叛国

1949 年 8 月 13 日夜，我们一家人打算逃离匈牙利。我们乘坐橡皮艇，沿着匈牙利境内的多瑙河岸，向目的地维也纳驶去。当时船上有我们一家四口：父亲埃米尔（37 岁）、母亲弗里德丽卡（35 岁，人称“杜西”）、姐姐艾格尼丝（11 岁）以及 6 个月大的我。此外，船上还有一个走私贩。至于此人姓甚名谁、来自何方，我们一概不知。我想，这或许是有意为之，因为我父母认为，了解这些情况有可能会令我们丧命，而为了保护我们，他们总是不惜一切代价。

我们乘火车从匈牙利首都布达佩斯向西北进发，去往多瑙河畔的乡村阿尔玛什菲芝多。我和姐姐都是在布达佩斯呱呱坠地的。20 世纪上半叶，我的父母分别跟随其家人一起乔迁至此，然后相遇、相爱，但随后就被卷入欧洲战争的深渊。母亲于 1914 年出生在布拉迪斯拉发，那时当时被称作“波佐尼”，属于匈牙利的领土，而匈牙利当时仍是奥匈帝国的一部分。父亲于 1912 年出生在匈牙利东部的尼尔巴托尔镇。

我的父母出生后不久，第一次世界大战（简称一战）爆发。战争于 1918 年结束，战后的欧洲分崩离析、满目疮痍，奥斯曼帝国、哈布斯堡王朝、霍亨索伦王朝、罗曼诺夫王朝先后倾覆。位于波罗的海与黑海之间的江山原本固若金汤，如今却朝不谋夕。战争、革命和外交重新绘制了该地区的版图，一些国家凭空出现，而另一些国家屡遭打压。我祖父的故乡蒙卡克斯被划入乌克兰，成为苏联的领土。捷克与斯洛伐克合并后，波佐尼改称布拉迪斯拉发，并隶属于新成立的捷克斯洛伐克。

我的父母都是犹太人。对他们而言，边境的版图冲突如同一场暴风雨，无论乐意与否，灾难都会如期而至。关于匈牙利籍犹太人，有一点很有意思：他们讲匈牙利语，而东欧的其他犹太人却讲意第绪语，即由德语和其他几种语言混合而成的语种。更令人感到困惑的是，意第绪语采用了希伯来字母。一般来说，操意第绪语的犹太人并不认为自己是所居住国家的国民，而这些国家也大都对此表示强烈同意。这些犹太人认为，流落他乡只是权宜之计，无法界定他们的真正归属。他们之所以普遍使用意第绪语，是因为这是他们与犹太群体之间存在某种微弱的联系的证明。对此，那些与他们比邻而居的人们既表示愤恨，又极力怂恿。

但大体来讲，匈牙利的犹太人只会讲匈牙利语。这也是我和姐姐的母语。虽然有些匈牙利籍犹太人会讲意第绪语，比如我的父亲，但也只是将其作为第二语言。我的母亲则完全不懂意第绪语，她的家人的母语都是匈牙利语。因此，当边界发生变化时，母亲及其家人一共 12 人在裁缝出身的外祖父的帮助下，向南迁往布达佩斯。与此同时，父亲和幸免于难的族人也向西迁徙，离开了战后划归乌克兰的领土，来到匈牙利的残山剩水间定居。虽然当时欧洲的反犹太运动正如火如荼地进行，而匈牙利也不例外，但匈牙利人及其境内犹太人的联系反而更加紧密。尽管两者的关系错综复杂，但始终没有被切断。

即使在两次世界大战之间，匈牙利也不算是一个糟糕的地方。共产党政权垮台后，反共政权取而代之。像其他欧洲国家一样，这场混乱在一片腥风血雨中终结。几个世纪以来，匈牙利首次获得独立，并由海军上将霍尔蒂·米克洛什摄政，但前奥匈帝国的海军已经不复存在，而匈牙利也没有国王。霍尔蒂本应遵照祖训“顺应潮流”，因为20世纪20年代至30年代初，匈牙利出现了温和的自由思潮。正因为如此，我的父亲，一个来自东部的乡下青年，才得以迁往布达佩斯学习印刷技术，并在年仅20岁时就开了一家印刷店。这一次，他不仅选对了时间和地点，甚至可以说是生逢其时。20世纪30年代末，人们普遍认为，一战让欧洲饱受惩罚，其阴暗的天性已经被彻底消除。

但邪念并不容易消除，一战没有解决任何问题——这次战争因德国的地位而起。1871年，德国的统一彻底打破了欧洲的平衡和稳定。这个新兴国家既强大富饶，又极不稳定。德国地处法俄之间，英国经常在三者间巧妙斡旋。德国很清楚，一旦腹背受敌，则覆亡无日。法国和俄国都对其颇为忌惮，所以未必不会同时发动袭击。因此，德国必须首先战胜法国，然后集结力量挫败俄国。1914年，德国试图实施这一战略，但以失败而告终。

我的祖父参加过一战，曾在奥匈帝国军中服役。在我父亲年仅2岁时，祖父就随军开赴俄国前线。虽然他最终从战场生还，但就像其他许多士兵一样，他的身心饱受创伤。那些从疆场归来的战士与出征前往往判若两人。在重返家园后不久，祖父就与世长辞，而病因很可能是肺结核。

一战不仅没有解决德国的地位问题，反而在地缘政治上增添了意识形态的分歧。德国认为，自己之所以战败，是因为有人背信弃义。其中的原因错综复杂，但德国却将其单纯地归咎于犹太人，认为后者包藏祸心、图谋不轨。这个判断对我的家人造成了深远的影响。

从地缘政治上来看，由于希特勒企图确保德国的利益，因此要想“顺应潮流”，霍尔蒂必须向柏林看齐。从意识形态上来看，我的父母转眼之间成了德国的重大威胁。在此之前，居住在匈牙利的犹太人处境还算不错，但如今形势已急转直下。一个多世纪以来，欧洲人始终面临这样一种选择：留在欧洲或前往美国。现在，我的父母面临着同样的选择。我有一位姨母住在纽约，因此我父母在 1938 年成功拿到赴美签证，但具体过程我并不清楚。在当时，这样一纸证书可谓价值千金。对于那些能感受到山雨欲来的人们来说，这张签证无异于他们的救命稻草。

父亲虽然头脑聪明，但未能预见到即将发生的事情。他从小与反犹太主义者一起长大，受到过其中有些人的殴打和虐待。1938 年，他在布达佩斯的印刷店生意兴隆，因此并不希望放弃在匈牙利的一切，到另一个言语不通的国家重新开始。尽管地缘政治的现实迫使他必须设法逃离欧洲的乱世凶年，但他还是按照个人意愿，选择留在欧洲，并希望可以渡过难关。等父亲意识到这场反犹太运动并非他想象的那么简单时，一切为时已晚。

这一决定对我的家人造成了灾难性后果。在匈牙利，为了保国安民，霍尔蒂选择向德国屈服。他认为只要自己配合德国的冒险活动，希特勒就不会染指匈牙利内政。在 6 周之内战败法国后，德国将注意力转向苏联，并确信德军能够速战速决，攻占苏联领土。霍尔蒂顺应时局出兵参战。作为回报，他希望德国将一战后匈牙利丧失的领土归还，也就是我们曾经举家逃离的地方。然而，霍尔蒂很清楚，要想盟约永固，就必须有流血牺牲。

父亲应征入伍，一开始只不过是一名普通士兵。但是显然，一旦匈牙利与德国并肩作战，犹太人就不可能只被当作普通士兵。随后，父亲和其他犹太人一起被调往劳工营，他们的任务包括用传统的方法排雷，即从雷区穿行。所有战士都要出生入死，但劳工营的士兵却必死无疑。霍尔蒂反对犹太人或许并非出自本意，但他有责任维护匈牙利的独立，假如将犹太人派往劳工营能让他做到这一点，他一定会在所不惜。

对父亲以及家族中的许多男性来说，这就意味着，他们要从匈牙利的东部边境出发，穿越喀尔巴阡山脉，朝库尔斯克与基辅方向进发，直到顿河河畔的沃罗涅日。当时，家族中的男性大都已经阵亡，而匈牙利的正规军也伤亡惨重。苏联看起来不堪一击，直到 1942 年秋，其实力才显露无遗。苏军在顿河东岸集结了大股兵力，向德国第六集团军发起反击，夺取了斯大林格勒的大部分地区。德国企图封锁苏联通往高加索山脉的咽喉要道，因为该山脉的另一面是巴库。19 世纪末，瑞典的诺贝尔兄弟在当地发现并开发了大片油田，而苏联的大部分石油就来自巴库。希特勒对这片油田觊觎已久，他很清楚，假如德军能够攻占斯大林格勒以及顿河与伏尔加河之间的地区，巴库就成了他们的囊中之物，而战争也将胜负立见。

然而，苏军并没有在斯大林格勒发起反击，而是从南北两侧发动进攻，包抄了德国第六集团军。德军在弹尽粮绝后缴械投降，全军覆没。苏联在北方的突袭直奔我父亲所在的地区。他们明白，德国的盟国是其中的薄弱环节。1942 年冬，德国不得不倚靠意大利、罗马尼亚、匈牙利以及其他盟国的兵力，但这些国家并不想充当希特勒“大德意志帝国”梦想的炮灰。因此，当苏联集结力量发动猛攻时，匈牙利不攻自破、一触即溃。父亲后来告诉我说，当年他们最害怕的是“斯大林的管风琴”（即“喀秋莎”火箭炮），这种多管火炮发射系统一个炮台能同时发射 12 枚火箭弹，而一次齐射仅需数秒。这些火箭弹成了他余生挥之不去的梦魇。

匈牙利军开始长途跋涉，从沃罗涅日向 1 000 多英里以外的布达佩斯撤退。时值 1942 年与 1943 年之交，苏联的隆冬天寒地冻。死亡人数令人震惊，而犹太人几乎无一幸存。我父亲不得不徒步在雪原穿行，既没有御寒的冬装，也没有果腹的军粮，只能从垃圾里翻寻食物。他心里清楚，一旦遇上后方的德国党卫军，自己绝无生路。父亲解释说，他之所以大难不死，有三个原因：首先，他一直想象着我年幼的姐姐就在距离他咫尺之遥的地方，仿佛马上就能抱她入怀；其次，城市长大的孩子多半娇弱，而他来自乡下，锻炼出坚毅的性格；最后，他靠的是个人的运气，简直是天大的运气。

希特勒需要拿下巴库。从地缘政治上看，要想打垮苏军，他必须攻克巴库。德军和苏军对斯大林格勒的争夺绝非事出偶然。德国将其盟国安排在侧翼而非中心，而苏联集中兵力对后者发动袭击，都是出于同样的原因。匈牙利军队在哪里，哪里就会最先受到攻击，而犹太人首当其冲，也就是说，我父亲将身处险境，这一点同样绝非出于偶然。偶然的事情只有一件，那就是父亲得以侥幸脱险。人算不如天算，这样的例子在历史上不胜枚举。意志力、性格甚至机遇这些微乎其微而又弥足珍贵的东西往往决定了历史的走向。

1943 年，父亲终于返回布达佩斯的家中，而当时匈牙利仍是一个主权独立的国家，还没被德国占领。主权问题至关重要。这就意味着，虽然匈牙利的外交政策受德国摆布，但在国内事务上，本国政府仍有一定的自主空间，不过这一空间正在日趋减少。由于时局艰难，匈牙利人面临着许多棘手的问题，而犹太人则更加举步维艰，但德国对犹太人的盛怒尚未在匈牙利蔓延开来。母亲和姐姐得以苟全性命，就连印刷店也能勉强维持生意。

在霍尔蒂的庇佑下，他们暂且衣食无忧。也许霍尔蒂能够做到更多，但也许任何轻举妄动也有可能将纳粹分子的怒火更早引向匈牙利。在当时的欧洲，能为犹太人保留一点生存空间，无论这一空间有多么不稳定，对我的家人来说都绝非小事，而是霍尔蒂的莫大善举。生活在主权独立的匈牙利，与生活在山河破碎的波兰相比，境遇大不相同。在犹太人的生死问题上，主权国家能够也的确有所作为。因此，在评价霍尔蒂这类人物时，我不会只看到他们本来有可能做出哪些善行，而是会关注到其他人做过而他们却没做的恶行。匈牙利的局势可能提前恶化。有人对霍尔蒂作出了严苛的评价，但我父母的看法有所不同。虽然有关此人的争议仍然甚嚣尘上，但当时有一点毋庸置疑，即他所做的一切攸关生死。欧洲已经走火入魔，就像其他人一样，霍尔蒂也深陷历史的泥潭。他手中的选择寥寥无几，而所有选择都是不幸的。

1944 年，眼看德国大势已去，本着顺应潮流的原则，霍尔蒂与苏联人举行了秘密谈判，准备卸甲倒戈。德国情报部门获悉此事后，希特勒在一次会议上召见霍尔蒂，要求后者驱逐匈牙利的近 100 万犹太人，并以出兵占领相威胁。霍尔蒂只得作出妥协，但仅同意将 10 万犹太人驱逐出境。在当时的欧洲，人道主义已经沦落至此。在力所能及的范围内，他所能做的最好的选择是向希特勒妥协，虽然10万人会因此丧生，但起码能挽救其余80余万人。而德国一旦占领匈牙利，恐怕连这一点他也做不到。其结果是，霍尔蒂所顺应的潮流淹没了匈牙利，他的政治前途也就此终结。现在，匈牙利的命运将攥在希特勒和德国的其他法西斯分子手中。就像霍尔蒂一样，我和家人都危在旦夕。

阿道夫·艾希曼被派往匈牙利，负责就欧洲现存最大的犹太群体制定“最终解决方案”。在这场战争中，德国已经走向穷途末日，但仍然孤注一掷，将本已极其匮乏的人力和交通工具调往匈牙利，运送数十万犹太人前往奥斯维辛和其他集中营，进行集体灭绝。

不知从何时起，德国采取的某些行动开始有悖常理。我试图理解希特勒有关犹太人的观点，并猜测他的想法。他之所以决定对犹太人大开杀戒，自有其道理，尽管这一道理十分荒诞，这一点我会在下文详谈。目前德国局势危如累卵，亟需集中所有资源进行周旋，盟军显然准备从法国登陆，还有大批苏联红军正向西挺进。此时决定屠杀匈牙利的犹太人，必然极难执行，但希特勒仍然一意孤行。

从根本上说，这不是我个人的问题。我有两个儿子，在他们年幼时，作为父亲，我经常一边看着他们入睡，一边思索他们的未来。我的脑海中偶尔也会闪过可怕的念头。假如他们生活在我出生的地方，那个强大而文明的国家会找到他们，并向其挥舞屠刀。无论这一政策在广义上存在任何道理，面对两个熟睡的孩子时，这些理由都无法成立。就像父亲在战争中吉星高照、大难不死这件事无法从个人角度作出解释一样，这种不折不扣的邪恶之举也无法用常理解释，它让人们不惜向蹒跚学步的幼儿下毒手，并将其作为战争的首要目标，这绝非意外之举。

地缘政治迫使人们在面对残酷的现实时，仍然要做他们必须做的事，因此我们可以通过一个国家的现状，从某种程度上预知该国的走向。考虑到德国面临的形势，至少从广义上来看，希特勒诉诸反犹太主义自有其解释。然而，从生活的微观层面来看，面对两个酣然入梦的孩子，任何解释都难以自圆其说。历史与人生在此出现断裂。或许，正因为如此，历史上才会出现人类无法理解的恐怖事件。

红军枪炮来袭

为了保全性命，我的父母拼尽了全力。父亲虽然头脑聪明，但再怎么聪明也无济于事。在风闻德国人即将在布达佩斯对犹太人进行搜捕后，父亲将他的母亲和姐姐送回故乡，即匈牙利东部的一座村庄，以免遭荼毒。但德国人并没有立即前往布达佩斯，而是开始在东部围剿犹太人。祖母和姑姑是第一批被送往奥斯维辛集中营的犹太人之一。祖母很快被关进毒气室处决，姑姑则侥幸生还。随后，德国人在布达佩斯开展了凶残的围捕行动。1944 年 6 月，我母亲及三个姐妹被强行带走，送往澳大利亚修建公路和工厂。其中 2 人客死异乡，另外 2 人死里逃生（包括我的母亲）。二战结束后，母亲返回布达佩斯时，体重仅有 80 磅，差点死于斑疹伤寒。

父亲不知通过什么手段救下了我的姐姐和堂姐。随着苏联人日渐逼近布达佩斯，德国政府开始疯狂运送和屠杀剩下的犹太人。5 岁的姐姐和 6 岁的堂姐被强行掳走，被迫站在街道旁边排队等候，由卡车将她们送往刑场。姐姐只记得，一个身穿皮衣的高个金发男子找到了她们，并将她们带出队列。当时，就连 5 岁的孩子也知道这个人是“异类”，绝不应该现身于此。他告诉两个孩子，是我的父亲派他来到此地，将她们送往安全的地方的。接着，他把姐妹两人送到处于瑞士红十字会保护之下的一栋房屋。父亲每天都会穿行于遍布德军的市区，为她们送去食物。随后，他被调往劳工营，深入苏联腹地。

没有人清楚，父亲是如何做到这一点的。无论是姐姐还是家里其他人，都不知道那个身穿皮衣的男子到底是谁。显然，父亲具有一定的影响力。至于他是如何获得这种影响力的，他从未向我和姐姐解释过。在当时的匈牙利，任何绝处逢生的故事如果不是因为时运亨通，就是需要尔虞我诈。那些时乖运蹇或者不够狡狯的普通人根本无法存活。不仅犹太人如此，几乎所有死里逃生的人们身上都发生过不可思议的事情。但直到临终，父亲都绝口不提此事，也从未做过任何解释。由于一时失算，他曾将祖母和姑姑送回匈牙利东部，他也未能很好地保护我母亲，为此他痛心疾首，毕生都饱受折磨。他从未原谅过自己，即使曾将姐姐救出虎口，他也认为自己的能力远远不够。我想，这大概就是他三缄其口的原因。然而，在斯时斯地，尔虞我诈也会将人带到更加悲惨的境地。

后来，父亲也被送往毛特豪森集中营。但最终，姐姐从战场生还，父母也重返故土。我们得以骨肉团聚，这不能不说是一个奇迹。匈牙利随即被苏联占领。在苏联看来，匈牙利与德国没什么区别，它们都是曾经入侵和攻击过苏联的敌国。因此，在入侵匈牙利时，苏联实施了报复措施，虽然不像对德国的惩罚那样严厉，但无疑也十分残酷。布达佩斯战役持续了整整 6 周，苏军出动炮兵对这座城市进行持续轰炸，美国也派遣飞机向地面投弹。在此期间，姐姐一直躲在地下室里。

德国人坚守不降。布达佩斯和多瑙河挡住了通向维也纳的平坦道路，而后者当时仍是第三帝国的领土。盟军将布达佩斯团团包围，发起持续猛攻，但德军仍然负隅顽抗。这样的环境就连成年人也会心惊胆寒，更何况年仅 5 岁的姐姐和 6 岁的堂姐。但她后来告诉我说，她们已经习以为常。当时的现实就是如此残酷，她们随时都有可能被炮弹或炸弹击中身亡。

当魔鬼终于松开了你的咽喉，生活一切照旧。对父亲来说，这就意味着要养家糊口，于是印刷店重新开张。母亲逐渐康复，体重也有所增加。毫无疑问，家中的粮食都是由父亲从黑市购得。父母一向严守犹太教规，但后来我听说，有一次他把猪肉带回了家中。这种做法是否妥当，家中曾有过争论。我是在数年之后才听说的，这无疑说明，我们的生活已经在某种程度上步入正轨。仅在一年以前，很难想象有谁会去关心食用猪肉是否合乎教规？

在苏联的统治下，我们的处境十分艰难。苏军在战争中伤亡惨重，所以既不可能也不愿意心慈手软。他们在交战期间就侵占了匈牙利，这显然是出于其本国利益，而不是为了匈牙利人。但直到1948年，苏联的占领才正式成为政治现实。苏联人突然良心发现，希望匈牙利能够公平合理地进行选举，以选出真正的共产党政府。1948年，他们举行了大选，但共产党在选举中失利。就算无法通过正当的手段赢得选举，他们也要千方百计达到目的。于是，他们再次举行大选。这一次，共产党大获全胜。匈牙利人民共和国宣告成立，而这一主权国家恰巧是一个亲苏的共产党政权。

实际上，整场选举就像一出闹剧。面对苏联红军的枪炮，匈牙利只能言听计从。这就是地缘政治的现实，而这一现实再次给我的家庭带来厄运。二战前，父亲曾加入匈牙利社会民主党，现在仍在党员名单之上。白纸黑字，不容辩驳。共产党憎恶保守主义者，更痛恨社会民主党，因为在对工人阶级的控制方面，后者对共产党构成了潜在威胁。1948年大选之前，匈牙利共产党和匈牙利社会民主党合二为一，这在间接上表明后者的命运已经终结。这也意味着，父亲（很可能还有母亲）要么难逃一死，要么将陷身囹圄。由于匈牙利在上次选举中有过“不良前科”，所以斯大林绝不会掉以轻心。

早在20世纪30年代，20出头的父亲就加入了匈牙利社会民主党。在那个年代，所有人都热衷于参与政治活动，而犹太人大都左倾，因为至少在父亲看来，左派不像右派那样对他们恨之入骨。然而，20世纪30年代的他与40年代的他判若两人，在亲眼目睹权术争斗及其造成的恶果后，他不惜一切代价避免卷入其中。地缘政治能将你彻底压垮，而政治信仰会在你挣扎求生时成为桎梏。因此，他从此不再涉足任何政治事务。

但这一点最终于事无补。匈牙利的秘密警察国家保安部处于苏联秘密警察内务人民委员部的控制之下，正在对叛徒展开搜捕。他们手中掌握着一份名单，虽然这份名单早已事过境迁，但他们仍在按图索骥。我父亲的同父异母兄弟是一名共产党员，他不知从哪里听到了风声。虽然多年以来，两人在政治问题以及其他所有事情上都心存芥蒂，但叔父还是透露了名单一事，并且告诉父亲，他也在名单之上。在那个时代，仅是“名单”一词，就足以让人闻风丧胆。

父母的处境可谓危如累卵。我出生于1949年初，也就是父亲得知这条消息之前。几年前，母亲的身体还很虚弱，因此分娩对她来说是一件十分危险的事。年仅11岁的姐姐已经屡遭大难。如今他们将再次面临着一场地缘政治引发的灾难。面对国家保安部的搜捕，他们可以留在匈牙利坐以待毙，也可以设法逃离，但后者可能会让他们和孩子们一起命丧黄泉。父母从未向我解释过他们的想法。我认为，他们早已对纳粹的做法习以为常，即一人犯错、殃及全家，所以对苏联集团并不心存幻想。因此，他们决定举家出逃，这不能不说是一个铤而走险的选择，但也是当时唯一的办法。

逃离匈牙利

逃离匈牙利并非易事。即使是在匈牙利人民共和国宣告成立后，苏联仍不遗余力地阻止人们出境。奥地利和匈牙利的边界被严密封锁，那里雷区遍布，除了牵着警犬巡逻的卫兵，还矗立着配备探照灯和机关枪的警戒塔。匈牙利的北方是捷克斯洛伐克。和前者一样，捷克斯洛伐克也处在苏联控制之下，因此捷匈边境的把守不像奥匈边境那样严格，而捷克斯洛伐克也与奥地利接壤。父母唯一的希望就是抵达奥地利，但他们不可能从匈牙利直接进入，而是要首先穿越捷克斯洛伐克。

由于地缘政治的原因，捷奥边境相对容易穿越。1948年，以色列在本属于英国的领土上宣布成立。凡是能够削弱英国影响力的事情，都为斯大林所喜闻乐见。他推断英国将继续与以色列作对，从而认为自己有可能与以色列结盟。苏联早就希望开辟一条直达地中海的通道，为此一直在支持希腊和土耳其的暴动，希望从这两个国家打开缺口。然而，杜鲁门主义[①]出台后，美国开始在希腊和土耳其扶植反共势力，斯大林的如意算盘化作泡影。至于建国伊始的以色列是否会与苏联结盟，这对斯大林来说，虽然希望渺茫，但风险很低。1949 年，以色列急需两样东西：武器和犹太人，而这两者斯大林都不缺乏。问题是，如何将他们运往以色列？从 1947 年到 1949 年年底，斯大林决定，允许捷克斯洛伐克向以色列出售武器。从以色列的角度来看，只要有人提供武器和犹太人，就是在帮助他们解决地缘政治难题，至于其他事，届时自会水到渠成。

从捷克斯洛伐克途径奥地利，直到意大利的港口，有一条运输管道。捷克斯洛伐克与以色列之间的军火贸易可谓尽人皆知。多年以后，我从父母在餐桌旁的交谈中无意间得知，犹太人也是从同一条管道被运往以色列的。当时，我父母决定前往捷克斯洛伐克的布拉迪斯拉发。那里距离母亲的出生地仅有咫尺之遥，更为重要的是，维也纳就在数英里开外。父亲得到可靠消息，来自苏联的犹太人正从四面八方向布拉迪斯拉发聚集，然后被送往奥地利和以色列。但问题是，怎样才能抵达布拉迪斯拉发。

苏联在地中海采取的策略以及布拉格的政治局势为我们一家带来了机遇，但我们要克服以下三个难题：首先，要在不引起国家保安部觉察的情况下离开布达佩斯，逃到一个能够横跨多瑙河进入捷克斯洛伐克的地点；其次，前往布拉迪斯拉发，并混迹于以色列人当中；最后，前往奥地利，脱离以色列人。

要想在无人觉察的情况下离开布达佩斯绝非易事，而我的父母让事情变得更加复杂。由于御寒的衣物价格昂贵，所以他们不想随手丢弃，因为再过几个月冬天就要来临。不幸的是，当时还是 8 月，假如我们一家人身着冬装走在街头，那情形一定十分古怪。更为麻烦的是，我们必须随身携带足够 4 个人数日之用的口粮，但既然要去逃难，就只能如此装扮。最重要的是，我们需要找到一个能够带领我们横跨多瑙河抵达布拉迪斯拉发的向导。

① 杜鲁门主义是干涉别国内政的代名词，它的提出标志着美苏之间的冷战正式开始。

幸运的是，早在罗马帝国时期，该地区的走私活动就十分猖獗。边境一侧总是有东西比另一侧更加值钱，也总是有人为了某件事或某些人企图逃之夭夭。走私贩们以在多瑙河上偷渡为生，个个冷酷无情。他们应付的都是为了牟利铤而走险、孤注一掷的人们，容不得半点儿优柔寡断。每一次旅程都可能有去无回，因此他们全都心狠手辣。边境地区的人们都清楚，将自己的命运托付给他们，不啻于羊入虎口。但走私生意需要有人介绍，如果你总是烧杀抢掠，就不会有人将你介绍给他人。偶然为之也许可以侥幸逃脱，但这样无异于自断财路。

要想从边境走私或者偷渡，关键是要找到介绍人，比如：由甲介绍给乙，而乙听说丙可能知道该怎么做。父亲结交广泛，认识不少各色各样的人物。在一团混乱中，他居然顺利找到了一个中间人，此人将他介绍给了另外一个人。后者表示，只要我们拿出若干钞票，他就可以把我们送到目的地。当然，钱必须是现金，而且要预付。我不清楚父亲从哪里弄到的这笔钱，而他也对此讳莫如深。但要将 4 个人偷渡出境，费用肯定不是一笔小数目。

我们被告知，要在 1949 年 8 月 13 日夜间，到阿尔玛什菲芝多镇附近的多瑙河畔与走私者碰面。因为那里距离从布达佩斯到阿尔玛什菲芝多镇的铁路最近。多瑙河河面宽阔、水流平缓，每逢夏季，河心都会出现一座小岛。如果有探照灯射来，或者天亮得过早，我们就可以在岛上暂避。这就是我们一家人沦落到多瑙河橡皮艇上的来龙去脉。

但被捕的风险非常巨大，而我成了这次逃亡行动中最大的麻烦。在万籁俱寂的深夜，婴儿啼哭不止无疑意味着自投罗网。在这次冒险之旅中，还有一个重要人物，那就是我们在布达佩斯的医生昂加尔。父母把实情向他和盘托出后，他为我们准备了安眠药粉，好让我酣然入睡，不发出任何响动。整个逃亡过程中，年仅 11 岁的姐姐始终保持着清醒，这一点让我心生敬畏。要知道，她从 5 岁起就开始出夷入险。所幸，这趟旅程没有遇到任何麻烦。我们按照事先约好的时间和地点，顺利找到了走私者。夜幕降临后，我们乘坐橡皮艇，渡过多瑙河，进入了捷克斯洛伐克。从那里，我们来到了数英里以西的科马尔诺。二战前，这里名为科马罗姆，是匈牙利的领土。

接下来，我们要前往斯洛伐克地区的首府布拉迪斯拉发。捷克斯洛伐克诞生于一战后的《特里亚农条约》。该条约在宣告奥匈帝国土崩瓦解的同时，也宣告一系列由单一民族组成的国家的成立，但南斯拉夫和捷克斯洛伐克是两个例外。前者是由多个互相敌视的民族组成的联邦，后者是由两个彼此厌恶的地区捷克共和国和斯洛伐克合并而成。捷克斯洛伐克的组合本就矛盾重重，而重划匈牙利的边界则使局势雪上加霜。匈牙利被迫将东南部的特兰西瓦尼亚割让给罗马尼亚，其北部的部分领土则被划入捷克斯洛伐克的斯洛伐克地区。斯洛伐克地区对我们来说至关重要，因为科玛尔诺到布拉迪斯拉发的火车途经匈牙利语区。这样，我们一家人的行踪几乎不会引起外人觉察。

当天一早，我们登上火车，向布拉迪斯拉发进发。母亲拿出一根萨拉米香肠给大家充饥，她切下几片递给姐姐，然后开始喂我。就在这时，一名同行的乘客靠近母亲，并悄声对她说："赶快收起来。这可是匈牙利香肠。"假如这里是斯洛伐克语区，我们会立即遭到逮捕，因为在斯洛伐克是买不到匈牙利香肠的。但这里是匈牙利语区，那名乘客对我们正在逃亡的事实心知肚明。幸亏有他提醒，我们才得以逃过一劫。这个故事让我明白，一根萨拉米香肠中也蕴藏着错综复杂的地缘政治关系。

带我们越境的走私分子都是行家里手，有人负责从河上偷渡，有人专司乘火车过境。按照事先约定，火车上应该有另一批走私者等着将我们送往布拉迪斯拉发。由于父亲是匈牙利国家保安部追捕的首要目标，所以父母决定两人分头行动，由母亲带着孩子们在原地等候，而父亲独自寻找走私者，并与其交涉。遗憾的是，他们没有事先约定明确的接头方式，但也可能是父亲忘记了暗号。他孤身一人坐在车厢里，极力分辨哪一个才是走私者。他开始挤眉耸肩，比划一些不太明显的手势以及任何在他看来可能是该地区亡命之徒接头暗号的动作。接着，父亲向他认为是走私者的某人问了个问题，尽管只有上帝知道他该向对方问什么，然后猛地晃了晃头，示意自己即将下车。那名“走私者”也略一颔首，起身准备离开。父亲紧随其后。与此同时，母亲在车厢的另一端找到了真正的走私者，但一切为时已晚。等她转过身去，父亲已经下了火车。他这才发现，所谓的“走私者”只不过是一名普通乘客。火车徐徐驶出站台，形单影只的父亲被落在了斯洛伐克境内的多瑙河北岸。情况显然不妙。只有在电影里，秘密行动才会无往不利。

我始终不清楚父亲是如何找到我们的，但最终全家人都平安抵达布拉迪斯拉发，并躲进了当地一所犹太学校的地下室，混进了犹太难民当中。我们在那里待了几个星期。与此同时，以色列负责人源源不断地送来犹太人，准备将他们重新安置。捷克的秘密警察当然清楚，我们就藏在这些人之中，因为这座建筑位于市中心，而且只有人进来，没有人出去。斯大林认为，从地缘政治的角度来看，他与戴维·本-古里安达成的协议可谓万无一失。显然，这一协议暂时没有变化，而我们也得以逢凶化吉。

不幸的是，我们还面临着另一个问题：父母不想前往以色列。尽管父亲坚定地支持犹太复国运动，强烈拥护建立犹太人的国家，但他不想卷入其中。以色列刚刚独立，远未站稳脚跟。因此，父亲不希望住在这样一个存亡未卜的地方。出于地缘政治的考虑，他想要前往美国，因为美国的两个邻国加拿大和墨西哥都没有它强大。他希望生活在一个与弱国为邻的强国，而且这个国家最好没有纳粹分子以及任何可能因信仰将他和家人置于死地的人们。

以色列的国家利益与父亲的个人利益产生了冲突。以色列没有足够数量的国民，在人口数量上势单力孤。前往以色列的犹太人越多，这个国家就越安全。但对父亲来说，只有离开以色列，才能确保我们的平安。他对这座避难所心存感激，也的确希望帮助这些犹太人越过捷奥边境。但带着两枚手榴弹被送往内盖夫地区，肯定不符合他的个人利益。

事实上，以色列人刻板严肃，而父亲的处境愈趋复杂。他们到这里是为了接走犹太人，也就是我们。在他们看来，我们即将实现自己的梦想。父亲后来解释道，他需要以色列人帮我们越过奥地利边境；因此，在平安穿越边境之前，他不得不撒下弥天大谎，极力装作满腔热忱地希望前往一个有可能再次将他送上绝路的地方。因为他清楚，他不能过早惹恼这些以色列人。

随后，父亲想出了一条只有蹈危履险的人才会想出的妙计，并将其付诸实践。我们被送往奥地利边境，但我不记得乘坐的是客车还是卡车。抵达边境后，捷克的边防警卫似乎已经对这种场面司空见惯，所以格外仔细地搜查了我们的汽车，并逮捕了我们一家人。我们不清楚警卫究竟对以色列人说了什么，但这是一条车水马龙的干道，而以色列人大概也不在乎将我们几个留下，不管这是出于政治原因还是法律原因。以色列车队隆隆驶过边境，在进入奥地利后驶向亚得里亚海港，继续向目的地进发。

车队远去后，警卫将我们释放，让我们自行穿越边境。现在回想起来，父亲一定是和某些人达成了协议，好让他们在车队过境时将我们逮捕。至于被关在布拉迪斯拉发地下室里的父亲是如何瞒天过海做到这一点的，他从未向我提及。姐姐也只是隐隐约约记得这次经历。长大以后，当我问起此事，母亲坚称这只是机缘巧合，让我别再问这些愚蠢的问题，然后给了我后脑勺一巴掌。不可否认，我们历尽千辛万苦，最终来到了纽约的布朗克斯，而不是以色列的内盖夫。至于其间的具体经过，此后再也无人提起。

穿越边境后，我们来到了维也纳，并立即被卷入了冷战的地缘政治之中。1949 年，欧洲仍是被占领土。无论其中某个国家在多大程度上拥有主权，其实际版图仍取决于同盟国划定的界限。苏联占领的国家建立了共产主义政权，而美英两国占领的国家成立了不同类型的宪政共和国。更为重要的是，截至 1949 年，一系列事件陆续发生，其中包括柏林封锁[①]、丘吉尔的“铁幕演说”[②]以及北大西洋公约组织（简称“北约”）宣告成立。**欧洲已经成为一个武装阵营。人们毫不怀疑，另一场战争即将爆发。**

① 柏林封锁，又称第一次柏林危机，是指二战后初期，苏联封锁西占领通向西柏林的通道而引起的国际危机。

② 铁幕演说是指1946年3月英国前首相丘吉尔在美国富尔顿发表的反苏、反共演说。

维也纳如同欧洲的缩影。和柏林一样，维也纳也被划分为四个区，分别由苏联、美国、英国和法国占领，但实际上相当于两个区，分别由盟军和苏联占领。如果你一不留神走错道路，进入苏占区，你很可能从此消失。这种事情就曾发生在我们的亲友身上。维也纳有许多救援机构，因为形形色色的难民汇聚于此。其中救助犹太人的最大机构是“美国犹太人联合分配委员会”(简称“联合会”)，同时它也是其他慈善组织的保护伞。“联合会”将我们一家分配到前罗斯柴尔德医院，为我们颁发了联合国善后救济总署的文件，告诉我们耐心等候愿意接收我们的国家。

绿卡背后的交易

所幸的是，许多国家愿意接收难民，尤其是英国治下的移民国家，包括加拿大、澳大利亚和新西兰。这些国家都希望增加国民人数，但只接纳欧洲的白人，其中也包括犹太人。所以，我们可以选择前往澳大利亚或者加拿大。母亲急于离开难民营，认为两个选择都不错，但父亲并不希望进入这两个国家。他认为，澳大利亚距离日本太近，因此在二战中遭到了日本的侵略，最后还是美国救其于水火；加拿大是个弱国，只能寄希望于美国井水不犯河水。法国声名卓著的小说家阿尔贝·加缪曾说过，他“既不希望成为受害者，也不希望成为加害者”。但父亲认为加缪的观点无异于痴人说梦。以他的个人经验来看，世界上只有两种人，那就是受害者和加害者，而作为加害者肯定强过受害者。因此，他想要前往美国。至于古巴或巴西之类的其他选择，都不予考虑。而奥地利有太多前纳粹分子，住在那里绝不可能称心如意。

就像现在一样，当时许多难民都希望移民美国，但很难获得批准，因为美国对每个国家的移民名额作了限定。过去10年，我们一直在东躲西藏，所以父亲不打算考虑非法移民，坚持必须通过合法途径进入美国。这需要耐心等候，但时不我待，更何况他已经距苏联太近，等他意识到这一点时，恐怕早已祸不旋踵。父亲敏锐地感知到，战争已经迫在眉睫，所以希望家人尽快离开欧洲，而不是坐以待毙。

欧洲各地遍布阴谋诡计。苏联人千方百计想要壮大法国和意大利等国的共产党势力，打入刚刚复苏的德国军事和情报机关。此外，斯大林还想方设法向新成立的美国中央情报局渗透，并巩固其多年深入英国情报机构的战果。苏联的情报机构在全球首屈一指，在斯大林看来，情报就是力量。如果他能够颠覆和瓦解盟国，也许就能不战而屈人之兵，或者轻松获胜。至少，手下的情报机构可以让他摸清美英两国的真实意图。

1948 年，在柏林封锁以及希腊和土耳其冲突发生后，美国一直饱受苏联困扰。有关重建战后世界秩序的任何幻想都彻底落空。拿破仑入侵和两次世界大战造成的巨大破坏让苏联人深信，他们必须建立一条缓冲地带，以消减西方袭击所带来的冲击。就苏联而言，所谓缓冲地带，是指从波罗的海到亚得里亚海一带，而这一地带从德国穿越了欧洲中心。

美国认为，苏联在德国腹地驻扎军队，将会引发人们对苏联征服西欧的恐惧。苏联不仅兵多将广，曾将德国国防军打得一败涂地，而且在法国和意大利建立了庞大的共产党队伍。此外，苏联还拥有世界上一流的情报机构。因此，苏联一旦占领欧洲大陆，就可以将国内的资源、欧洲的先进技术和工业集于一身，并利用其建立强大的海军和空军，从而对美国的安全构成严重威胁。如何阻止这一情况的发生，成为美国制订国家战略的基础。

美国面临着两个切实的难题：首先，美军实力比起苏军相形见绌；其次，对于苏联以及铁幕另一边发生的事情，美国几乎一无所知。但美国可以利用原子弹弥补第一个不足，而对于第二个缺陷，他们的应对之策是，与像我父亲这样的人物达成交易。

美国需要白手起家，建立情报机构。二战期间，美国关注的焦点是法德两国，但现在的麻烦在于远东地区。因此，对美国来说，有一点至关重要，即网罗那些了解苏联和东方阵营的情况、与后者存在联系的人。即便是那些对上述情况不甚了了而只会讲俄语的人也能派上用场，因为这类人才在美国国内极其匮乏。战争期间，莱因哈德·盖伦曾在德国军情部门任职，负责刺探苏联情报。尽管这类人物令人反感，但都成了美国试图拉拢的对象。此外，还有一些更加令人鄙夷的人，比如前党卫军成员也成了美国网罗的目标，因为他们曾经开展过不少情报行动。

但二战结束已经4年，前德国情报官员并不清楚苏联缓冲带的现状。此外，美国还幻想能够颠覆其中一些国家，以此逼退苏联。因此，美国计划招募难民重回故土，在当地煽动起义。这些人至少可以为美国情报机构所用，以阻碍苏联在西方开展行动。

这项名为“反击行动”的计划存在两个缺陷：首先，破坏某个国家的稳定并制造骚乱，不会削弱占领该国的苏军力量；其次，苏联人也向西方派遣了伪装成难民的特工，以诱使美国招募他们。但这些人极易辨别，因为他们全都形单影只，其家属被留在国内作为人质。一段时间以后，西方国家才恍然大悟，但苏联间谍已经成功打入这次行动。美国派往东方的特工被悉数活捉，在遭到严刑拷打后很快招供。

从情报角度来看，这次行动事与愿违，但对父亲来说却并非如此。为了让难民合作，苏联人扣留其家属作为人质，而美国人却为他们颁发公民证和绿卡。虽然我并不清楚具体过程，但事后回想起来，父亲一定和美国达成了某种协议，才使母亲、姐姐和我得以离开维也纳，前往美国。我们首先来到萨尔茨堡，从那里飞往不来梅港，然后搭乘海军军舰，在船长室里漂洋过海抵达美国。

父亲落在了后面。官方的说法是，母亲虽然是匈牙利人，但出生在捷克斯洛伐克，因此可以用捷克的移民配额进入美国，但父亲只能等待匈牙利的配额。这个解释显然难以自圆其说，因为美国不会拆散难民家庭，尤其是持有联合国善后救济总署文件的家庭。当我向母亲问及此事时，不仅后脑勺上挨了一巴掌，而且她一口咬定我不会明白。随着年龄的增长，我开始逐渐了解父亲。他也向我讲起了奥地利发生的事情，一提起那些“愚蠢的美国混蛋”，他就会喋喋不休。根据家中保存的文件以及多年以后拼凑起来的记忆，我只知道：母亲在纽约登记文件的同一天，父亲也在哈莱因申请避难。那里距离萨尔茨堡山上希特勒的住宅很近，戈林曾将掠夺来的艺术品藏在附近的盐矿里。此外，哈莱因市与第 430 军反情报团分遣队总部仅有咫尺之遥。冷战时期，该分遣队是负责对苏行动的关键部门。

据我猜测，为了让家人免遭荼毒，父亲一定是与美国达成了某种交易。作为回报，他需要以匈牙利难民的身份，为美国情报部门执行任务。只有这样才说得过去，而他当时可疑的行踪也恰好印证了这一点。如果事实的确如此，那么他只不过是当时数以万计的特工之一。曾经有好几次，他向我提起自己不喜欢大学生从事间谍活动。这至少说明，他对此有所了解。显然，父亲没有执行过重大任务，因为他毕竟活了下来，而苏联人已经彻底渗透到这些低级别的行动当中。父亲的处境一定让他极为痛苦。为了家人平安无事，他不得不继续在地缘政治的夹缝中如履薄冰，因为一面是苏联的坦克，另一面是美国的轰炸机。

1952 年，父亲终于来到美国，与我们重新团聚。当时，美国在东欧的行动已经陷入瘫痪。美国想要派人潜入阿尔巴尼亚，在当地扶植游击队，从而夺取政权，但这项行动从一开始就遭遇惨败。苏联的情报人员早已在海滩上等候。父亲是否参与过类似的行动？我有一张他佩戴臂章、站在船上的照片，他周围的人看起来就像一群暴徒。他从未对这艘船作出任何解释，只是声称，之所以要佩戴臂章，是因为他会讲英语，并且负责领导这支队伍。但直到 20 年后，在为《纽约时报》排版时，他的英语仍然十分蹩脚。显然，这一解释存在着漏洞。

抵达美国后，父亲很快找到一份印刷工人的工作。一开始，我们住在布朗克斯。当时这个区还没有后来那样糟糕，但治安很差。接着，我们搬到皇后区，在那里买了一座带有花园的小房子。虽然花园很小，但父母十分喜欢。

后来我们又迁往长岛南岸，住进了另一座小房子。姐姐嫁给了一名工程师，生下了三个孩子。我也开始求学生涯，逐渐长大成人。

20世纪60年代，“美国民歌之父”皮特·西格尔创作了一首民谣，讥讽郊区成片开发的小型住宅千篇一律、粗制滥造。当父亲听我弹奏这首歌时，问我歌词讲的是什么。我解释说，西格尔不喜欢造价低廉、批量生产的住宅，就像他不喜欢品质低劣、千人一面的大众。你的生活方式反映了你的身份，而我们正在成为千人一面的大众。当时，我们正在后院闲坐，我永远不会忘记他的反诘：“这就是美国人担心的事情吗？”

但事实的确如此。如果你平平安安、年富力强，那你担心的就是失去个性。父亲从未失去个性，而是担心丢掉性命。他之所以喜欢美国，是因为除了在噩梦里，他没有性命之虞。他来自欧洲，所以对于生命的宝贵有着切身体会，而他最大的敌人就是剥夺他人生命的人们。对他来说，这个世界很小。欧洲豺狼横行、猎物遍地，但美国没有这样的担忧。对父亲来说，这就是人生最大的满足。

父亲永远不会原谅苏联人延续了纳粹带来的恐惧，永远不会原谅法国由于孱弱、腐败而在6个星期内失守，永远不会原谅波兰人一心指望法国施以援手而非奋起自救。最重要的是，他永远不会原谅德国人，永远不会原谅欧洲变得丑陋怪异并在转眼之间宽恕了自己。在他看来，欧洲是一个充斥着恶魔、叛徒和受害者的地方。他毕生没有再返回欧洲和匈牙利，也根本不想回到那里。上大学期间，有一次我问父亲，为什么拒绝承认欧洲已经改过自新。他的回答很简单：欧洲永远不会改过自新，只会装作什么也没有发生。

面对如今的欧盟，我忽然想起父亲的这番话来。这个机构表现得的确就像什么也没有发生过。这并不是说，欧盟不清楚历史上发生过什么，或者不对过去的历史感到憎恶。我的意思是说，作为一个机构和一种信念，欧盟仿佛坚信这一切已成为过去，仿佛它已经用意念将魔鬼驱除，而后者也已俯首听命。但我怀疑，历史是否能被如此轻易地超越。**本书涉及欧洲最阴暗的角落，**

而父亲相信，那里才能反映欧洲的真实面目。书中的故事远比当代欧洲的表象更加扑朔迷离，甚至也远比父亲的描述更加错综复杂。作为欧洲人，我们一家的人生意义何在？这正是本书旨在探讨的问题，而故事将从葡萄牙的一座小镇开始。

大航海时代
欧洲人的征服之旅

大航海时代为何发轫于欧洲？何以新大陆发现者并非同期派遣郑和船队浩浩荡荡下西洋的大中华帝国？虽然船坚炮利，但远离故土、战力有限，欧洲人又凭什么以少胜多，攻下一个个光怪陆离的帝国乃至最终征服全球？

葡萄牙一马当先

圣维森特角被认为是欧洲的尽头，它是欧洲大陆最西端向大西洋突出的一处海岬。据希罗多德记载，古希腊人按照天神阿特拉斯的名字，将直布罗陀海峡以外的水域命名为“阿特兰蒂克”，也就是现在的大西洋。这片水域是阿特拉斯的王国，它浩瀚无垠、威力强大而又神秘莫测。如果你站在圣维森特角，你就会明白这个名称可谓恰如其分。据说当地有一位神灵，这位神灵暗示，这个世界既丑陋无比，又令人心醉神迷。

古罗马人将其称为“神圣海岬”，并且禁止人们夜间前往。他们认为，那里就是世界的尽头，而来自大西洋的魔鬼会在夜间上岸，夺去人们的灵魂。在一片漆黑中，人们很容易幻想，在渺无人迹的大西洋上，会有魔鬼前来捉走人类。到了白天，这里一片荒凉。只有一座葡萄牙海军通信中心，还有几个货摊向前来天涯海角的屈指可数的游客出售寥寥无几的纪念品。这里看似平淡无奇，但实际上是一个战略要地。

在距离此地以东不到一英里处，小镇萨格里什正南方，还有一处海岬。15 世纪，一个史称“航海家亨利”的人在当地兴建了一座宫殿，但如今只剩下地面上一个巨大的圆环和一座教堂。教堂很可能是后来修建的，但没有人知道圆环有何用处。显然，这里曾经盛极一时。亨利就是从这里开始了欧洲伟大的探险活动，即探索和统治世界。如果说圣维森特角是旧世界的尽头，那么萨格里什就是新世界的肇端。

在萨格里什，欧洲人终于赶走了罗马帝国昔日的恶魔，但新的恶魔再次出现。时至今日，这个恶魔仍是欧洲心头挥之不去的梦魇。随着每一个帝国的产生，魔鬼也会应运而生。欧洲帝国从此滥觞，既灿烂辉煌，又令人恐惧；既发展到了难以想象的高度，又犯下了不容置疑的罪行。我们仍然生活在欧洲盛衰荣辱的阴影之中，而这一切都要从萨格里什和大西洋开始讲起。

葡萄牙王子亨利，即名闻遐迩的航海家亨利，是葡萄牙国王约翰一世之子。他创建了一所航海学校，数十年来，这所学校的航海家们一直对大西洋进行不懈探索。据说开辟通往印度航线的瓦斯科·达·伽马和环游地球的费迪南德·麦哲伦都是他的学生。就连克里斯托弗·哥伦布在船只失事获救后，也曾在亨利的航海学校待过一段时间。人们很难弄清这到底是一所什么样的学校、都有哪些人上过这所学校、这里发生过哪些奇闻逸事、到这里学习意味着什么，以及亨利本人在那里待了多久。虽然保存下来的史料凤毛麟角，但有一点可以肯定：**随着葡萄牙动用国库资金探索大西洋，以寻找未知的宝藏，欧洲从此踏上了征服世界之旅。**

葡萄牙的探险活动是由国家开展的大规模行动。他们不惜斥巨资寻找未知的宝藏，此举既有国内政治、国际竞争、宗教和意识形态的因素，也有纯粹的荣誉感。不知出于何故，亨利一丝不苟地记录了每一次失败和成功的航行历程。每一艘船都比上一艘更加坚固，行驶得更加遥远。其间没有任何突飞猛进，有的是数十年日积月累的知识。这是一次由工程师、航海家和官僚机构齐心协力，在雄厚财力支持下共同完成的壮举，也是葡萄牙莫大的荣耀。

萨格里什不禁让我联想起美国国家航空航天局最辉煌的岁月。就像萨格里什一样，美国国家航空航天局的建立同样需要付出极其高昂的代价，同样存在政治、地缘政治和意识形态因素，也同样出于纯粹的荣誉感。美国开展了“墨丘利计划”“双子座计划”“阿波罗计划”等以希腊诸神命名的航天计划，而这些壮举背后同样隐藏着枯燥乏味的工程学、航空技术和官僚政治。其英勇之处在于，他们利用自己精湛的技艺和良好的修养，在未知的领域抗击魔鬼。要想生存下去，他们必须训练有素、周密谨慎。每一艘飞船都比上一艘更先进，飞行得更遥远。无论是在萨格里什生活还是在美国国家航空航天局工作，他们的生命甚至比骚人墨客更富有诗意。欧洲帝国的兴起并非肇始于神话，而是发轫于破除神话的意愿。到了 20 世纪，随着神话的复兴，欧洲帝国也寿终正寝。

除非是贵为皇胄，否则很难具备开展此类冒险活动的身份和资源。亨利不乏接近基督骑士团的机会，而它是圣殿骑士团在葡萄牙的继承人，富可敌国。由于造船代价高昂，一旦失事，损失将极为惨重。亨利不仅小心谨慎、思维缜密，而且笃信宗教、极有耐心，因此他虽然掌握着巨额财富，但不会急不可耐地挥霍一空。他将航海计划付诸实施，以致在接下来的几个世纪里，人们对世界产生了截然不同的认识。从 15 世纪末至 19 世纪末，世界上几乎所有地方都被欧洲列强占领过，并且受到了欧洲文化的严重影响。

或许更为重要的是，除了开疆辟土以外，欧洲人还让这个世界从对自身一无所知变为了如指掌。如果这个世界上没有人能够清楚地意识到，除了自身以外还存在着其他文明，那就不可能产生与人类社会休戚相关的概念。在此之前，印加人从未听说过哥萨克人，泰米尔人不知道有苏格兰人，日本人也不熟悉易洛魁族人。在一个文明相互隔绝的世界里，没有人可能了解一切，但欧洲的进攻摧毁了这些障碍。在欧洲的征服或影响下，即使是最弱小的文明国度，也开始成为人类社会的组成部分，不再认为自己是独一无二或孤立存在的。对欧洲人来说，这一发现成了一种革命性力量，同时也是一种残忍且血腥的力量。

欧洲征服世界和发现人类社会的活动让世人付出了惨重的代价。谁也不能确定，在欧洲帝国主义的直接冲击下，有多少人死于军事行动、饥荒、疾病以及其他原因。**有专家估计，欧洲雄霸天下的 400 年间，约有 1 亿人丧生，但没有人知道确切的数字**。更何况，当时的世界人口要远远少于现在，所以这一数字不能不令人瞠目。与此同时，欧洲巧取豪夺、日积月累并将其用于自身发展的财富数量同样令人震惊。当我漫步在伦敦或巴黎街头，我发现，欧洲对其从世界各地攫取的财富进行了巧夺天工的应用，它们存在于每一栋楼房和每一盏街灯之中。为此，整个世界付出了惨重的代价，但也创造了无数种可能。

奥诺雷·德·巴尔扎克说过 ：“每一笔巨额财富背后，都隐藏着一桩深重的罪行。”对于这一点，昔日的所有帝国都概莫能外。欧洲人的罪行不仅在于造成大量人员死亡，而且在于他们所到之处，所有人的命运都不再掌握在自己手中。欧洲人的足迹几乎无处不在，而凡是他们接触过的事情，都在某种程度上失去了原有的选择和可能。无论是对某个文明还是所有个体来说，莫不如此。世人对欧洲帝国主义的控诉罄竹难书，但后者带来的机遇同样数不胜数。正如最终我们要从整体上对某个人的一生进行评价一样，看待欧洲时也同样如此。然而，要想对欧洲作出公正的评价，的确不是一件易事。

这场革命为什么会发轫于欧洲最西端萨格里什的航海学校？其他文明为什么未能承担这一重任？在亨利成立航海学校的同时，中国人也组建了一支庞大的船队，并且漂洋过海，令沿途国家对其俯首称臣。罗马人和诺斯曼人也具备这样的能力，并非只有葡萄牙人或者说欧洲人掌握了先进的航海技术。然而，除了葡萄牙人和其他欧洲人外，其他文明都没有做到这一点。因此我们需要弄清楚，是什么让葡萄牙人一马当先，而西班牙、法国、荷兰和英国等濒临大西洋的欧洲国家紧随其后，开启了这场声势浩大的探险活动。

圣战 or 香料贸易战?

许多故事都与伊斯兰教有关。欧洲是一个信仰基督教、崇拜耶稣的地方。与基督教一起发展的还有伊斯兰教。基督教主要分布在欧洲，而伊斯兰教支配着从摩洛哥到棉兰老岛、从中亚到桑给巴尔的大片地区，势力范围远超前者。这两种宗教息息相关，不只是因为《旧约全书》，还掺杂着贸易、政治、战争乃至结盟等诸多因素。**但有一点非常重要，我们必须看到，当伊斯兰世界和基督徒世界剑拔弩张时，二者既势不两立，又相互协作、相互影响。**

伊斯兰教创造了人类历史上最广为传播的文明之一。它没有形成一个单一民族、自成一体的帝国。即便如此，如果说历史上有哪个实体曾经有可能征服全球，那么一定非伊斯兰教莫属。许多穆斯林国家都建立了商船队和战舰，而不需要建立深海舰队。他们完全可以利用沿海船只，即从沿岸可以看见航行范围或距离沿岸较近的船只，从某个伊斯兰沿海国家的一端抵达另一端。因此，他们不必承担发展以及建造远洋轮船的开支，而只需在穆斯林国家兴建港口，就可以开展贸易、储备物资。此外，与葡萄牙人不同的是，穆斯林从不需要迫于经济压力而从事探险活动。他们只要更加高效地利用小型船只，开拓有效的陆上通道，就可以控制大片区域。

葡萄牙的问题部分源于伊斯兰教的战略地位对其造成的挑战。自伊斯兰教兴起之日，基督教便与其冲突不断。基督教主宰着地中海北岸，而伊斯兰教控制着地中海南岸。公元 711 年，穆斯林军队向北进入西班牙，最终占领了这个国家，并跨越比利牛斯山进入法国。732 年，查理·马特（法兰克王宫首相）在一场决定性战役中大败穆斯林军队，将其逼退到比利牛斯山后，围困在伊比利亚半岛。假如当时马特打了败仗，今天的欧洲将是另一番天地。

有意思的是，即使是在战争中，双方也不得不在很大程度上共存。著于 12 世纪中叶的法国史诗《罗兰之歌》（*The song of Roland*）是法国现存最古老的文学作品，它讲述了基督教徒与穆斯林在西班牙进行的战争。故事发生在萨拉戈萨。查理·马特的孙子查理大帝出兵征讨穆斯林将军马尔西勒。马尔西勒提出，如果查理曼退出西班牙，他们将皈依基督教。早已对战争感到厌倦的查理曼答应了他的条件，但基督教伟大的勇士罗兰拒绝与敌人媾和。其间的故事既跌宕起伏又扑朔迷离。罗兰设法破坏这一协议，从而引发了一场大战。在这次战斗中，基督教徒取得了胜利，但罗兰英勇战死。这首史诗最令人着迷之处在于，它体现了基督教徒和穆斯林勇士之间的相似性。他们遵循着同样的封建社会秩序，对于忠诚和勇敢有着相近的观念。他们一面谋取政治利益，一面努力侍奉着心中的主。

伊斯兰教和基督教在许多方面都是彼此的写照。它们就像一对不共戴天的仇敌，双方既有阴谋和背叛，也有协作与结盟。它们互相讨伐，互相诱惑，又互相转变。如果不考虑基督教国家与穆斯林国家之间无休无止的征战和不计其数的合作，你就无法真正理解这两者。因此，如果不了解穆斯林的历史，你就无法真正理解欧洲的历史。而现在，正是因为欧洲东西两端发生的事促使萨格里什作出了出海探险的决定。

1453 年，穆斯林建立的奥斯曼帝国攻陷了君士坦丁堡。39 年后，即 1492 年，西班牙人夺取了西班牙的最后一个穆斯林城市格拉纳达。君士坦丁堡的沦陷对基督教主宰的欧洲形成了致命威胁。但占领格拉纳达让伊比利亚人重获信心和资源，他们以出其不意的方式发起还击。

欧洲需要香料，而这种中世纪末的高级奢侈品主要来自印度。香料既可以用于保存食物、增加风味，又可以用于制作药物和壮阳剂。胡椒是其中最重要的一种进口香料，主要用于食物保鲜。当时黑死病在欧洲蔓延，人们相信，胡椒还可以预防瘟疫。无论这种说法是否属实，胡椒的价格一再飙涨，甚至与黄金持平。

亚欧两洲之间既有陆地接壤，又有海洋沟通。有船只从海上运来印度的香料，也有人从丝绸之路送来中国的丝绸。丝绸之路在过去和现在都十分活跃，只不过现在它铺满了输油管道，而不只是运送丝绸。在阿塞拜疆的古城巴库，至今仍有商队旅馆的遗址，即沿途旅客曾经用餐和住宿的地方。如果无人光顾，这些建筑就不可能大批存在，因此可推断出这条道路在当时一定熙来攘往，是不少人发家致富的途径。

这些海路和陆路都终结于君士坦丁堡，商人们在此经另一条海上通道抵达意大利各港口，再向其余欧洲国家运送货物。每途经一站，他们就会提高一次售价。那些最初价格低廉的货物，在到达终点时变得极其昂贵。随着财富的增加，沿线城市的政治实力也日益强大，包括索马里摩加迪沙在内的主要贸易港口盛极一时。一位哈里发[①]想要控制欧洲的香料贸易，并在10世纪时兴建了开罗港。

经由红海运来的香料必须从这里进入地中海。欧洲人用白银和羊毛交换香料，因为欧洲盛产这两种东西，但其在印度和中国却价格高昂。香料不仅影响了贸易的发展，人们甚至为此兴建了多座城市，而这些城市在一千多年以后仍然存在。

当然，这位哈里发是一个穆斯林，而君士坦丁堡处于基督教的控制之下，因此双方贸易产生的财富要在穆斯林和基督教徒之间进行分配。但是，在开罗港建成、双方通商400年后，一股新势力开始在该地区兴起。在攻占君士坦丁堡后，奥斯曼帝国不仅征服了基督教徒，而且成为东地中海地区最大的海上强国。在战争胜利前，奥斯曼帝国就已经开始染指香料贸易。拿下君士坦丁堡后，他们立即封锁丝绸之路并对沿途的货物课以重税，从而对欧洲人进行压榨。

其中固然不乏宗教因素，但奥斯曼帝国的动机不只跟宗教有关。为了控制地中海，他们需要结交盟友。虽然在此之前他们已经与不少地中海国家结盟，但15世纪中叶，奥斯曼帝国发现，自己最重要的盟友是信仰基督教的威尼斯。随后，在奥斯曼人和威尼斯人的共同驱动下，香料价格一再飞涨。由于丝绸之路无法通行，欧洲与亚洲的陆上贸易渠道被切断。随着地中海的大

① 哈里发是伊斯兰政治、宗教领袖的称谓，意为“代治者”“代理人”或“继承者”。

门被奥斯曼人关闭，海上通道也被切断。假如欧洲人能找到一条道路绕开奥斯曼人，他们不仅能够重启通往印度之路，而且能够夺回奥斯曼人和威尼斯正在牟取的暴利。

穆斯林日渐增长的实力和一路飙升的香料价格，成为驱使亨利海外探险的两大动力。他资助了大批船长和航海家进行训练，以积累实践经验，并组建了一系列由这些人率领的远征队。但其中许多人和船只在向南进发后便失去了踪影。

传说没有人能行驶过博哈多尔角，因为那里水温极高，甚至会沸腾。1434 年以前，所有远征队都有去无回。实际上，该地区的确十分危险，但不是因为海水会沸腾，而是因为穆斯林控制着那里的海岸，所以沿途几乎没有获得补给的机会。年复一年，葡萄牙人不断向南推进。直到 1445 年，他们终于绕过西非西海岸，从而提高了航海技术，增强了在大西洋的实力。

当时，葡萄牙人还没有开始寻找通向印度的航线，而是希望发现黄金，以便购买香料。据说马里富甲天下、遍地黄金，所以葡萄牙人希望找到一条道路或河流，方便他们进入非洲内陆寻找宝藏。葡萄牙人对这种说法将信将疑。我在前文说过，当时人们对自己所处的世界几乎一无所知。虽然非洲大陆距离葡萄牙以南仅 150 英里，但就连精明老练的葡萄牙人对其内部情况也不甚了了，这一事实不能不令人称奇。随着葡萄牙人一步步跨越西非沿岸，这种无知蒙昧的状况发生了极大改变。

除香料以外，打败穆斯林是亨利和葡萄牙的另一个动机。穆斯林控制着西非，虽然他们没有深海舰队，但完全有能力并且的确捕获了许多过于靠近岸边的基督徒的船只。因此，为了继续向南探索，葡萄牙人不得不绕开沿海地区，以免受到穆斯林的攻击。随着不断远离海岸，他们发现了大西洋中的亚速尔群岛，并将其据为己有，但亨利并未满足。如果继续向海洋深入并向南部挺进，葡萄牙人就可以从侧翼包围穆斯林。亨利是一名十字军战士，他曾亲率大军征服了摩洛哥的休达。此外，在他生活的年代，伊比利亚半岛正在摆脱穆斯林的统治。对亨利来说，追逐财富和打败穆斯林的目标并行不悖。

相传，非洲有一个名为“祭司王约翰”的基督教君主，他富甲一方、威名远播，但遭到了异教徒的围攻，急需基督教军队赶去增援。也有人传说，他已经征服了异教徒，能够救欧洲于水火。有关祭司王约翰的传说流传了几个世纪，不能不让人匪夷所思。尽管如此，一旦绕过西非西海岸找到通往马里的道路，葡萄牙人就能与祭司王约翰取得联系，然后挥师北上，从非洲内陆向北非发动圣战。

除了穆斯林的因素，我们还应当考虑伊比利亚半岛的地理位置。该半岛向大西洋凸出，比利牛斯山将葡萄牙与其他欧洲国家一分为二。西班牙的海上实力虽然逊于葡萄牙，但一旦取得统一，并将穆斯林从格拉纳达驱逐出去，其陆上实力就会远超葡萄牙。由于双方互相对峙，海上通道显得极其重要。因此，面积较大的西班牙希望成为一个海洋大国，而面积较小的葡萄牙因为无法与西班牙在陆上抗衡，更希望在海上与其一决雌雄。

也就是说，葡萄牙的动机不一而足，包括遏制西班牙、前往印度、到马里寻找黄金、与祭司王约翰取得联系、传播基督教教义和争夺大西洋岛屿。这种复杂的动机是当时欧洲帝国主义的特征之一。他们的目标多种多样，其中有些不切实际，有些相互矛盾，但无论这些目标是否合理，葡萄牙正是在它们的共同驱策下，不断向前开拓。

大赢家西班牙——发现新大陆

在这场角逐中，西班牙人着手较晚。几个世纪以来，他们一直在与国内的穆斯林进行殊死斗争，企图将后者从格拉纳达驱逐出境，进而统一国家。当西班牙忙于内战时，葡萄牙已经成为一个海洋大国。但结束战乱、江山一统的西班牙不仅比葡萄牙面积庞大，而且实力雄厚。葡萄牙仅仅稍微领先，而西班牙则竭力追赶。双方的竞争让探险活动变得更加艰难。

葡萄牙人控制着非洲沿岸向南的航线，当时的西班牙还不足以对其发起挑战。但克里斯托弗·哥伦布为西班牙提供了另一种选择。他认为，如果一直向西，也可以抵达中国和印度。问题是，即使向西可以到达目的地，但没有欧洲人敢保证这趟航程需要多久。当哥伦布向葡萄牙提议向西航行时，遭到了拒绝。葡萄牙人认为，向南航行抵达印度的可能性更大，况且这条航线已经处于他们的控制之下，根本不需要冒险尝试。西班牙人也想前往印度，但不希望在向南的航线上与葡萄牙人发生冲突，于是接受了哥伦布的提议。他们准备在这场角逐中孤注一掷，因此对哥伦布予以支持。

南部的航线为葡萄牙人带来了丰厚的回报。1498 年 5 月，瓦斯科·达·伽马抵达印度西南部马拉巴尔海岸的卡利卡特，并宣布奉命进驻该市。慑于坚船利炮的威力，当地人很快同意与葡萄牙通商。在抵达印度之前，达·伽马发现并击沉了一艘名为“麦加”号的商船，船上全都是前往麦加朝圣的穆斯林，他下令将船上的乘客全部杀害。在这起事件中，对伊斯兰教的仇视和对财富的觊觎仍然交织在一起。在印度，达·伽马发现当地人就像自己一样对穆斯林充满敌意。他无疑完成了亨利的目标，即绕开奥斯曼人，开辟一条通往印度的新航道。与此同时，他也为欧洲今后对印度长达数百年的统治奠定了基础。

从表面上看，伊比利亚人似乎达到了鼎盛时期，但事实并非如此。历史证明，哥伦布的航行尽管在当时难以想象，但显然更加重要。

虽然哥伦布首次出师不利，但西班牙王室仍然继续对他进行资助。最终，哥伦布完成了一件更有价值的事情，即抵达地球的另一边，而不仅仅是开辟一条购买香料的航道。西班牙人没有与当地人开展香料贸易，而是发现那里遍地金银。他们误以为那里就是印度，并将当地人命名为“印第安人”。

葡萄牙人发现的地方在此之前就已经为世人所知，而哥伦布误打误撞发现了一片新大陆，这里无疑是人类文明的未知之地。这就意味着，世间还存在着大量未知事物，这一发现让欧洲人的思维发生了革命性变化。最先抵达印度的葡萄牙人以为自己赢得了这场竞赛，但实际上，西班牙人才是最大的赢家，因为他们的发现前所未见。

据《荷马史诗》记载，奥德修斯启程后进入了一个未知的世界，其中到处都是奇妙的生物：有独眼巨人、食莲者和一个个比他更像神灵的生物。按照德国哲学家马克斯·霍克海默和西奥多·阿多诺的说法，他来到了一个被施以魔法的世界。但奥德修斯在发现这个世界后开始逐渐了解它，并最终成为那里的主宰。他撕破了这个世界的面纱及其产生的魔法。随着他对那里越来越熟悉，它渐渐丧失了魔力。这就是奥德修斯的悲剧，在了解了这个世界的本来面目后，便摧毁了它的魔力，令其变得平淡无奇，从而丧失了原有的吸引力。这也是欧洲的悲剧之一，即他们最初发现的极乐世界最终必然沦为缺乏魅力的平庸之地。

对人类社会来说，哥伦布发现的新大陆是一个奇异的未知之境。这一发现让《荷马史诗》中人们对魔法世界的看法再次兴起。他的发现激起人们对财富的欲望，但更激发人们对漂洋过海、探索未知世界的渴望。哥伦布发现的新大陆让欧洲人心醉神迷，让那些身陷日常琐屑事务的平庸之辈有了种种幻想。人们一度认为，大海里隐藏着种种可怕的未知事物。然而，哥伦布轻轻揭开了海洋另一端世界的面纱，人们发现，那里充满神秘和财富，海上的航程也因此变得不再那样艰苦卓绝。自哥伦布之后，不计其数的欧洲人横渡大西洋，寻找极乐世界。但是，在撕下那里的面纱后，他们创造了一个崭新但又平淡无奇的世界。哥伦布虽然发现了新大陆，但他并不清楚要如何在不摧毁其摄人魅力的前提下对其进行深入了解。

归根结底，欧洲科学是不是这样一种信仰，即相信这个世界之内和之外，都巧妙隐藏着一些令人心驰神往的事物？而所谓科学，不过是一种对发现未知事物的渴望？这种渴望紧紧抓住了欧洲，这一点从《浮士德》的神话中可以得到最佳印证。为了换取知识，而非权力和金钱，浮士德不惜与魔鬼进行交易。他成为欧洲的象征，和哥伦布一样，都进入了一个未知之境，看到了自己无法理解或难以想象的事物。

然而，我们还是要把这些探险家们先放在一边，来谈谈下一波欧洲人，即征服中美洲和南美洲的西班牙硬汉。

埃斯特雷马杜拉气候干燥，是西班牙最贫瘠的地方之一。但正是这个地区土生土长的人探索和征服了新大陆。他们的名字在历史上赫赫有名：征服秘鲁印加帝国的皮萨罗，前往巴拿马后第一个从新大陆看到太平洋的巴尔博亚，还有从中美洲北上发现密西西比河的迪索托。但其中最伟大和最重要的也许是征服墨西哥的埃尔南·科尔特斯。

在许多方面，科尔特斯与航海家亨利截然相反：亨利养尊处优，科尔特斯缺吃少穿；亨利温文尔雅，科尔特斯任性妄为；亨利希望维护家族统治，科尔特斯渴望得到自己不曾拥有的财富和权力；亨利身为天潢贵胄，科尔特斯来自社会底层；亨利极有耐心，科尔特斯残酷无情、急于求成；亨利教养良好，科尔特斯粗野蛮横。两人就像随后 500 年里欧洲的两副面孔。他们身上唯一的共同点在于，二人都是虔诚的天主教徒，都善于激发部下的忠诚、责任感和敬畏之情。在对抗伊斯兰教的战争中，他们的信仰变得更加坚定。

亨利希望了解世界，处事极富耐心、有条不紊。因此，他虽然循序渐进、永不言弃，但进展十分缓慢。他所做的一切为哥伦布等人发现新大陆奠定了基础。科尔特斯为人狡猾、残暴，擅长调兵遣将，在击败敌人后冷酷无情地对他们进行奴役。亨利从容不迫，科尔特斯急不可耐。当时，前者富埒王侯，后者一贫如洗。面对新世界，欧洲既小心翼翼，又机关算尽，一面担心那里会有什么可怕的事情，另一面却如同脱缰野马般登上海岸，抢夺自己想要的一切，如饥似渴地希望取得胜利。这两个方面缺一不可。它们互相配合，再加上坚船利炮，让欧洲人在接下来的几个世纪里攻无不克、战无不胜。

正是科尔特斯之类的人物让欧洲对世界的冲击从一种隐喻变成了千真万确的现实。这是欧洲人第一次遭遇一个陌生的大洲和一种未知的文明。首都特诺奇蒂特兰四周是阿兹特克帝国的核心，约有 20 万人口，其中包括统治阶级及其臣属的部落。阿兹特克的战士英勇无畏、训练有素，这支军队绝不可小觑。阿兹特克不仅经济实力雄厚，其首都也比大多数欧洲城市更为精致、复杂。

科尔特斯在尤卡坦沿岸的科苏梅尔岛登陆，其位置接近现在宾馆林立、大型游轮遍布的坎昆。这里是玛雅人的领土。如果你离开坎昆，在乡间小路上行驶 18 个小时，进入恰帕斯山区，就会发现玛雅人后裔仍然住在那里，继续抵抗墨西哥政府。

科尔特斯率领 500 名部下和一些奴隶弃船登岸。传说，他们还烧掉了来时的船只。科尔特斯告诉部下，他决定背水一战，要么大获全胜，要么战死沙场，因为这是一场没有退路的战争。我不知道他们是否真的烧毁了船只，但以区区 500 人攻打一个帝国，结果不是全军覆没，就是以少胜多。科尔特斯想必清楚，其间绝无妥协的可能，而后一种结果无疑极其不合常理。

据说，当阿兹特克人看到西班牙人及其战马时，认为是羽蛇神显灵。假如今天我们亲眼目睹不明飞行物降落，我们一定与阿兹特克人一样惊诧。这些奇怪的生物穿着不知是由什么东西和奇异的金属制成的衣服，操着一种他们完全听不懂的语言，从他们从未见过的战船上走下来。可以想象，在初次遇见西班牙人时，当地土著有多么惊恐，而这一场面在好莱坞的电影中早已屡见不鲜。

科尔特斯的手中拿着阿兹特克人闻所未闻的武器，而他出现的方向也从未产生过任何危险。虽然西班牙征服者们拥有长枪大炮，但阿兹特克人却兵多将广、骁勇善战。更何况从心理上，他们无法与这个看似光怪陆离的帝国对抗。然而，这种感觉是相互的。阿兹特克人从未见过这些武器发出的声音、火光及其造成的死亡。西班牙征服者仿佛拥有某种不可思议的力量，让阿兹特克的统治者认为，自己注定要失败。因为只有神灵才会拥有不可思议的力量，而阿兹特克人一定是触怒了神灵，才导致他们降临凡间。

尽管这次战斗让阿兹特克人大伤元气，但他们很快重整旗鼓、继续抵抗。最初的冲击消退之后，他们终于回过神来，意识到自己就是一群身经百战的伟大勇士，而对方只不过区区 500 人。即使这些西班牙征服者的手中拿着枪炮，也会被淹没在成千上万的战士组成的人潮之中。但最终阿兹特克人一败涂地，原因在于，科尔特斯手下凭空多出了数以万计的精兵强将，这些战士既不是西班牙人，也不是阿兹特克人。

阿兹特克人崛起还不到一个世纪。他们的统治异常残暴，对人民进行了残酷的剥削。有迹象显示，他们曾经使用活人祭祀，而祭品则来自臣属的部落。因此，人们对阿兹特克的统治者既充满畏惧，又恨之入骨。对许多人来说，西班牙人的到来无异于某种解脱。阿兹特克的首都特诺奇蒂特兰位于墨西哥盆地中部，也就是今天墨西哥城的所在地。他们既没有占领尤卡坦，也没有征服玛雅人。但玛雅人仍然担心，随着阿兹特克不断发展壮大，两国必将发生冲突，于是他们站在了西班牙人一边。此外，还有成千上万来自其他部落的人，包括已经臣服于阿兹特克统治者蒙特苏马二世的部落，也加入了这支西班牙队伍中。

蒙特苏马二世不希望发动战争，因为他不敢确定，手下的军队是否会尽忠竭力。于是他诉诸外交手段，但这一次不是因为他对突如其来的西班牙人感到瞠目结舌，而是因为他的权力早已四分五裂，有些臣属甚至可能反戈相向。就这样，阿兹特克帝国南部的火药桶被科尔特斯亲手点燃，阿兹特克人望风披靡。

科尔特斯的胜利不是因为军事或心理上的原因，而是取决于外交因素。蒙特苏马二世的政权建于流沙之上，科尔特斯正是利用了这一点。当时，皮萨罗正在秘鲁攻打印加人，两人的处境大同小异。印加帝国同样建立在部落联盟的基础上，但其中许多部落自认为是印加人的牺牲品，而不是受益者。皮萨罗利用印加帝国的暴虐统治，迅速招募起一支军队，最终击败了对手。

要想理解欧洲人为什么能够征服全球，这一点至关重要。让当地人民遭受不公待遇的不只是欧洲人，因为早在他们到来之前，不公正的待遇就已经存在。当地统治者的行为方式与欧洲人没有区别。他们都是凭借权力和恐惧威慑邻国，并将其置于控制之下。欧洲人到来之后，与受压迫者站在一起，并向他们提供资助，从而导致当地政治体系分崩离析。之后欧洲人乘虚而入，对其进行统治。因此，征服阿兹特克帝国的不只是500名西班牙人，还有千千万万阿兹特克的敌人。西班牙人正是利用了阿兹特克和印加帝国的弱点，最终得以取而代之，继续实施残暴统治。但是，对墨西哥或秘鲁的人民来说，其处境并没有任何变化。

此外，还有一个因素起到了关键作用，即征服者们顽强的意志与近乎疯狂的勇气。我曾在其他书中谈到，人类文明可以分为三个阶段。第一个阶段是野蛮状态。在这个阶段，正如乔治·萧伯纳所言，人们认为，自己所处群落的法律才是自然法则。第二阶段是文明阶段。尽管人们仍然相信，自己的做法才是公正合理的，但同时愿意承认，自己也有可能犯错。第三阶段是衰落阶段，即人们开始认为，世间不存在任何真理，或者所有谎言同样真实。

西班牙征服者并不是因为自己的所作所为才变成了野蛮人，而正是因为他们本身尚未开化，才有可能做出上述行径。他们对自己的宗教有着根深蒂固、不容置疑的信念，这并非因为他们是高深莫测的神学家，而是因为他们对上帝的看法十分简单。在他们眼里，上帝既令人畏惧，又十分熟悉。对科尔特斯来说，上帝不是某种象征，而是某种切实的存在。这种观点并非天主教独有。无论是穆斯林、新教徒和犹太人，还有其他许多人都曾在某个阶段有过同样的看法，并利用这种看法获得那些看似超出他们能力的事物。对于野蛮人来说，正是这种蒙昧无知的意志成了他们力量的源泉。

“双剑”统治世界

天主教的教义以“双剑论”为核心。这一概念由教皇卜尼法斯八世提出。他认为，其中一把剑在物质世界行使权力，由国家掌控；而另一把剑由教会掌握，在精神世界行使权力。这并不意味着，物质世界和精神世界就要分开统治。这两把剑应当互相依存。其中一把到哪里，另一把也要亦步亦趋，即政治权力和精神权力不能分开行使。正是这一理论促使基督教开始热衷于传播福音。基督教徒虽然乐于利用手中的利剑让异教徒皈依，但同时也认为，向异教徒传播基督教要由传教士率领。基督教利用自身丰富的思想、战士严明的纪律和虔诚的信念吸引异教徒。就像伊斯兰教一样，基督教不需要你降志辱身，而是值得你钦慕效仿。

我们很难相信，西班牙征服者甘冒如此巨大的风险，纯粹是出于一片利己之心。无论他们在多大程度上被贪婪所驱使，他们战胜阿兹特克和印加帝国的希望都微乎其微。因为任何理智的人都会认为，他们无法在敌众我寡的情况下取得胜利。但西班牙的征服者是一群天主教徒，认为自己正高举教会的尚方宝剑替天行道。有人认为他们只不过是为了掠夺财富，但这一点很容易反驳，因为这种看法无疑是对他们的误解和低估。他们对待自己的双重使命极为郑重，所以并不觉得利用刀剑逼迫人们皈依是一种讽刺。在与伊斯兰教的交锋中，双方的做法可谓大同小异。更何况，除非发生奇迹，他们生还的几率渺茫。而相信上帝会制造奇迹，是他们不避艰险唯一合乎情理的解释。

基督教与欧洲对全球的征服密不可分，因为它既可以鞭策征服者，又可以驯服被征服者。当西班牙人身穿铠甲、跃马扬鞭、扛着火枪出现时，阿兹特克人目瞪口呆。这一点固然重要。但西班牙人还对阿兹特克人造成了另一层心理打击，即宣称自己是在代天行令，而且他们信奉的神灵比对手的神祇更加强大。正是因为上帝显灵，西班牙人才能所向披靡，从而进一步摧毁了阿兹特克人的自信，迫使他们投降归顺。但不可否认，阿兹特克的被压迫者揭竿而起，才是导致阿兹特克政权垮台的主要原因。

人们很容易因此对西班牙人或基督教徒进行谴责。但是，仅仅在几代人以前，他们的手下败将阿兹特克人在夺取政权时，也曾战胜了当时的统治者和神灵，并取而代之。伊兹科阿图攻克了墨西哥谷地的主要城镇，从而建立起阿兹特克帝国。1440 年，伊兹科阿图去世后，蒙特苏马执掌大权，在一次决定性战役中奠定了自己的地位。他生擒了 500 名俘虏，并用他们进行活祭。在道德方面，西班牙人并不比受害者更加低劣。因为就在几十年前，这些受害者便是残民以逞的加害者。只不过西班牙人的行动规模要远大于阿兹特克人。最后，西班牙人发现，“双剑论”不仅是他们克敌制胜的有效动力，也是进行统治的重要法宝。

西班牙人利用了墨西哥、秘鲁和其他地区土著之间的政治分歧，但欧洲人之间也存在龃龉。葡萄牙人宣称，对南美洲部分国家拥有主权，两国为此兵戎相见。在教皇的调停下，双方签订条约，将拉丁美洲分为西班牙区和葡萄牙区。巴西至今仍使用葡萄牙语，而南美洲的大部分国家都讲西班牙语。葡西之间的紧张局势愈演愈烈，最后耗尽了双方的精力。西班牙人从新大陆获得了大量财富，这笔财富让他们有实力统一欧洲。但最终，他们帑藏空虚，未能控制并一统欧洲。于是，法国、英国与荷兰乘虚而入，开始谋求帝国霸业。

西班牙人的失策之处在于，他们将过多财富带回国内，而仅把极少一部分留在新大陆，用于当地的社会建设。英国人反其道而行之，在北美洲建立了多处微缩的新英格兰。但英国同样缺乏控制和统一欧洲的实力。欧洲人虽然有能力征服世界，却无法统一自身。事实证明，这将成为他们的致命缺陷之一，而这也正是萨格里什带给欧洲的教训。

一系列原因促使葡萄牙人和西班牙人开始征服世界，其中之一是技术因素。他们能够建造大型船只驶向外海，并携带足够维持数月之久的补给和足以让敌人魂飞魄散的枪炮弹药。然而，促使他们踏上冒险之旅的真正原因，源于他们的自身需求。在通往印度和中国的航线被切断后，无论是谁来开辟新航道，都会变得极其富有和强大。在两者的共同作用下，葡萄牙人最终开始从事探险活动。

诚然，航海家亨利、达·伽马、哥伦布和科尔特斯的故事，只是欧洲列强征服世界的一个缩影。从 1492 年欧洲出现了第一个影响全球的壮举，到 1992 年欧洲最后一个全球大国土崩瓦解，这 500 年可以分为三个阶段：第一阶段是伊比利亚人发现新大陆，第二阶段是西欧和北欧人向外扩张，而第三阶段始于美国人赶走英国人，南美洲人驱逐伊比利亚人，即以英国为代表的欧洲国家对非洲和部分亚洲国家的征服。**但本书的重点不在于讲述欧洲人如何攻城略地，而在于探讨它们为什么全部以失败告终。这个故事的序幕足以让我们理解欧洲人当时的真正面目，以及什么样的人才能做出如此穷凶极恶又骇人听闻的事。**

然而，本书讲述的不只是欧洲对全球大部分国家在物质上的征服，还有欧洲对整个世界的痴迷以及对占有这个世界的渴望。这不仅包括对拉丁美洲或印度的统治，还有对小到细菌、大到星系的所有事物的控制。我最关心的是欧洲对占有一切事物的痴迷，以及这种痴迷来自何方又将去往何处。换句话说，也就是寻找浮士德与魔鬼达成协议的原因。

我们不要忘记科尔特斯，因为当今有许多此类人物。我们也不要忘记亨利，虽然像他一样的人比前者鲜见，但他们同样在欧洲征服世界的过程中起到了重要的作用。比如，英国成立东印度公司，以加强对殖民地的剥削,而这个机构的崛起就离不开像亨利那样一丝不苟的人。在欧洲的工程师、科学家、艺术家和军人当中，普遍存在着一种浮士德情结，即对一切事物的渴求、对美好事物的热爱和对知识的向往。正是这种情结让世界变成了一个平淡无奇、索然寡味的地方，也让欧洲人变得虚有其表，远没有表面上看起来那样强大。

思维的裂变
神学与科学的死磕

欧洲凭什么征服自然？人类终结神迹时代，到成为自然的征服者，期间付出多少血汗？广受赞誉的宗教改革、科技革命和启蒙运动为什么被指为欧洲分裂的元凶？科学与神学纠葛不断，一场场扣人心弦的变革随之展开。

《九十五条论纲》撬动神权

假如将亨利与科尔特斯的精神合二为一，两者的共同体既是一个知识精英，也是一个草莽强徒。此人不仅按照自己的意愿生活，而且还会打破常规，将这种生活方式带到他选择的地方，突破习俗并揭示事物的真相。作为一个强者，除了自己的良知、理智和意志，他们不承认世上存在任何界限。

对伟人来说，这种做法使他们得以发现自然界和人类社会中未知、瑰丽而又危险的真相。但出类拔萃的人理解其中的危险，因此在公布真相时极为审慎。才智稍逊的人粉碎了高贵而又必要的谎言，仿佛他们不需要为此付出任何代价。最危险的是那些庸庸碌碌之辈，他们利用伟大思想家的见解，宣称他们有权相信自己选择的任何事情，并且认为，任何令人不快的事情就其本质而言都是可信的。这些庸人夺走了天才的权利，只是因为他们从不尊敬任何事情。

在伟人和庸才的控制下，欧洲断裂成无数个碎片，其中有些绚丽夺目，但大多数乏味而平庸。**欧洲思维的分化从某种程度上反映了欧洲四分五裂的地形**。最终，这种分裂将导致欧洲及其精神轰然崩塌。

1500 年，基督教控制着欧洲大陆东部边缘，而天主教主宰着欧洲大陆。天主教通俗易懂、神秘莫测。大体而言，它是一套约束人们日常行为的仪式和一种迷信观念，为人们提供了适度的畏惧和安慰。从智力层面来看，它更加微妙、复杂，甚至自相矛盾。天主教同时谋求政治上的职权和精神上的威信。它不得不参与政治生活，其间充满斗争与妥协。从精神层面来看，在理解基督人生意义的同时，它又不得不调停基督与政治之间的关系。政治需要把妥协和腐败区分开来，而前天主教需要从基督的献身精神去理解一切事情的意义。天主教是一个宏大的知识体系，如同中世纪的大教堂一样，它错综复杂而又绚丽多彩，在构建时历尽了重重困难，在维护时需要付出高昂的代价。

在 1494 年签订的《托德西利亚斯条约》中，教皇亚历山大六世划分了西班牙和葡萄牙的势力范围。在此，我们不妨稍事停顿，考虑一下其中令人难以置信的自大心态。梵蒂冈不仅对天主教国家视而不见，而且罔顾当地土著的要求，尽管他们已经皈依了天主教。中世纪神学家奥古斯丁和阿奎那的学说之所以曲尽其妙，是因为他们利用了天主教钩深极奥的感悟力，而它赏心悦目、引人入胜的宗教仪式很容易在所谓的普通修道者中引起共鸣。但在斯时斯地，天主教最吸引人的地方还在于，它宣称自己对全人类拥有普遍的政治权威。

无论是从精神和教化的角度，还是从政治角度来看，这都是天主教的鼎盛时期。它控制了欧洲大陆，致力于促使异教徒皈依门下，征服了伊比利亚半岛的穆斯林。然而，有一件事让天主教感到十分困扰。《托德西利亚斯条约》虽然阻止了两个天主教强国走向战争，但他们发现，这个世界浩瀚无垠，其中大多数人都对耶稣之名闻所未闻。这一发现让人们开始对天主教宣扬的对全人类的普适性产生了种种怀疑。于是，细微的政治分歧和思想裂痕相继出现，但当时尚未引人注目。实际上，随着亨利和科尔特斯的精神互相融合，有可能出现这样一种联合体，他们既聪明睿智，又胆大妄为。他们确立了自己的术语和规则，从而扰乱了欧洲的思想秩序。

在 1492—1543 年的 51 年中，有 3 件欧洲人曾经认为确凿无疑的事受到了冲击。在欧洲大陆，当时人们普遍认为，有 3 件事情不容置疑：地球是宇宙的中心；欧洲是世界的中心；天主教是欧洲的中心。然而，在这 51 年间，欧洲产生了一系列激进的、不可抗拒的思想，从而使欧洲的思维框架受到了冲击，导致其思维方式发生了革命性的变化，最终变得愈加分化。在人类历史上，这一切并非循序渐进地出现，而是像迅雷烈风般突然发生。

1492 年，哥伦布环球航行促使后人了解到一个事实，即地球是圆的。当然，在此之前并非无人宣称，地球的形状是圆的，但他更为有力地证明了这一点，从而开启了通往另一个世界的大门。在这个世界里，存在许多高度发达的文明，但这些国家对欧洲和基督教闻所未闻。与穆斯林不同，他们并没有摒弃基督教，只是从未听说而已。如果地球是圆的，这不仅意味着地球表面没有任何中心，而且意味着任何一种文明都不是世界的中心。

欧洲人只能宣称，他们的文明是世界上最早出现的文明。除此以外，世界上还存在着其他诸多文明，这些国家对欧洲既一无所知，也漠不关心。这一点肯定不会令欧洲人欢欣鼓舞。假如世界上大部分人都从未听说过基督教，那耶稣怎么可能成为救世主？世界之幅员辽阔，文明之多种多样，而且不存在任何中心，这些都远远超出了欧洲人此前的想象。借用卢梭的说法，几个世纪以来，欧洲文明一直自认为比“高贵的野蛮人”[①]卓异。但这种观点变得越来越令人怀疑，因为现在看来，所有文明似乎都具有同等价值。

① 启蒙运动中，卢梭关于“天赋人权”的理论，将最美好的道德寄托于原始部落，而高更等人也受到这种思想的极大影响。因此，当高更来到塔希提岛，发现这里的人们没有工业社会的精神压力，没有被金钱欲望玷污的观念，每天的日常生活除了依靠简单的食物，就是唱歌跳舞、追逐异性，或者无所事事，这种局面令文明的欧洲人产生了极为矛盾的心理。首先，他们还是认为自己的文明有自信和自满，因为那些海岛上的人几乎没有任何现代化的用品和工具；其次，他们也感到自卑，因为虽然没有现代文明的用品和思想，但海岛上的居民比欧洲人更加快乐。欧洲当时出现了一个词汇——“高贵的野蛮人”，用来专门描述这种现象，意思是他们虽然物质贫乏，但是精神高贵。

25 年后，即 1517 年，马丁·路德将《九十五条论纲》钉在一座教堂的大门上，发起宗教改革运动，对罗马是欧洲中心的看法提出了质疑。他最主要的观点是：罗马主教与上帝之间的关系不是独一无二的，每个人都可以凭借自己的力量与上帝相通，无须神父从中引导。而作为个体，每个人都可以在良知和上帝恩典的指引下阅读《圣经》，并得出自己的结论。一直以来，罗马自诩为基督教的中心，但东正教始终对此表示质疑。如今，罗马的这一地位岌岌可危，并在欧洲大陆遭到了挑战。**随着时间的推移，欧洲丧失了其作为世界精神中心的地位，而天主教在其曾经统治过的欧洲大陆部分地区，也丧失了昔日至高无上的地位。**

26 年后，即 1543 年，哥白尼清晰而详尽地阐明，宇宙的中心是太阳而非地球，而地球绕着太阳旋转。这绝不仅仅是一条有关宇宙的学说。虽然此前也有人提出过类似的看法，但哥白尼的论证更为有力，并且引发了这样一个疑问：假如上帝创造了世界，并按照自己的外形塑造了人类，那么他为什么没有把自己的杰作，也就是整个宇宙赖以存在的意义，放在世界的中心？数百年后，有人指出，地球只不过是一颗微不足道的行星，位于一个普通星系的边缘地带，而类似的星系不计其数。哥白尼的学说让人们开始意识到，人类并非举足轻重，但这种看法与许多宗教的教义相抵触。更何况，按照基督教的教义，上帝曾将自己唯一的圣子派往凡间，这与哥白尼的学说显然更加格格不入。

天主教宣称，人们只能通过教会的教义了解上帝，而教义由各个等级的神职人员负责阐释。马丁·路德在沃姆斯国会上表示："我的良知受到上帝之言的约束。而违背良知行事，既不正当，也不安全。"在这一宣言中，路德引入了个人责任、道德良知和怀疑精神，从而重塑了整个基督教体系，为下一场欧洲革命做好了铺垫，而这场变革也将带来无穷无尽、出人意料的后果。

对天主教来说，其教义代表着上帝的圣言，教会以外的个人不能对基督教教义进行解释。但路德在天主教中引入了良知和个人信念的概念。他认为，个人有权研究神的话语和《圣经》，并按照良知的指引对其进行阐释。尽管路德竭力避免绝对主观主义，但他所倡导的理念还是引起了极大的反响。基督教的教义虽然没有变化，但他将作为个体的基督徒提升到了基督教的中心位置，使罗马教廷的地位一落千丈，并改变了欧洲精神世界的面貌。

与此同时，欧洲科学革命也蓬勃兴起。印刷机发明于公元1440年之前。截至1500年，欧洲大约有1 000台印刷机。在印刷机发明之前，书面的东西十分罕见。当时文盲众多，不仅因为人们没有学过如何读写，也是由于没有可供阅读的书籍。现在，所有人都可以接触到《圣经》，而且可以使用当地通行的语言，即母语进行阅读。这一举动看似简单，但进一步削弱了神父的权威。人们每天都可以在家中自行阅读《圣经》，而不需要等待礼拜日，由神父宣读并解释上帝的圣言。他们不仅可以阅读《圣经》，还可以对其意义提出不同的看法，从而与罗马教廷或者其他人决裂。

因此，欧洲大陆的基督教开始分立教派，并逐渐分裂。随着民族国家的兴起，欧洲的国界线日益增多，这种状况进一步加深了教派的分裂。语言不仅是一种听说读写的能力，而且是人们相互沟通的纽带。当时，各个地区的人们虽然拥有某种共同语言，但这种语言尚未衍生任何政治意义。

印刷机使路德得以将《圣经》译成德语，并广为散发。也正是印刷机让基督徒可以依照良知，直接面对神的话语。此外，印刷机还可以把人们的讨论和争辩印刷成册，并将其公诸于众，使普罗大众得以首次直接参与到精神生活中来。

路德宗教改革的其中一个后果是促进了欧洲普通语言的合法化。在此之前，拉丁语是通向上帝之路的唯一语言，而现在许多语言不只是俚俗之语，在写作和思考时也具备同等的效力。通过德语表达的思想毫不逊色。由于共同使用一种语言，比如德语、英语或其他任何语言，各个群落的人们被联结在了一起。人们可以用母语阅读，或者听别人阅读那些与他们素昧平生的其他人的想法。语言成了他们之间的共同特征，成了国家形成的基础，也成为欧洲冲突频发的另一个因素。

对德国人演讲时，路德使用德语。德国民众不再是历代王朝需要应对的次要问题，而变成了一台追求自身权利的政治发动机。德国掀起了一场挖掘历史记忆的运动，而路德教是这场运动的根本依据，并与德国方兴未艾的民族主义融为一体。新教引起民族主义的广泛兴起，而民族主义也将导致欧洲多国林立。每一个国家都以语言基础，而每一种语言在上帝眼中都一视同仁。欧洲人的思维正在日益分化。

宗教改革的核心区域是德国，之后迅速传遍了欧洲北部的边缘地带、英伦三岛和斯堪的纳维亚。但不可否认，其根源仍在德国。值得注意的是，哥白尼是德国和波兰的混血儿，马丁·路德是德国人，约翰内斯·古腾堡也是德国人。这不禁让我回忆起，当初日耳曼部落是如何抵抗罗马人并维护其独立地位的。现在德国人开始反抗罗马教廷,以重新确立自己的独立地位。

不仅如此，宗教改革还催生了另一种形式的分裂。良知和信仰都是私人的事情，仅与个人看法相关。宗教改革把良知作为信仰的基础，在提升个人地位的同时，也产生了如下问题：谁对《圣经》的解读才是正确的？人们的疑虑包括两个方面。首先，如何判断一个人良知和信仰的真挚程度？更为重要的是，在对《圣经》的诸多解读中，如何才能作出正确选择？

路德刺激了宗教改革的发展，但并未使其达到顶峰。改革者之间开始相互质疑。宗教改革的形式在不同国家、不同宗派之间存在差异。不计其数的小派系分离出去，成立了自己的教会。如果说信仰和良知是理解《圣经》的准则，那么任何人的解读都不是不刊之论。每一个人都会用自己的信仰和良知，去衡量所有观点的是非。这不仅因为每一个人皆有如此行事的自由，而且良知也要求他们不得不如此。

天主教将信徒限定于一种单一的信仰和行动之中，而新教与其说开启了怀疑之门，不如说带来了更多不确定性；与其说产生了怀疑精神，不如说警惕所有自诩为权威的说法。这无疑在与过去的认知决裂，而当时许多事情都处在风云变幻之中。它为另一场初露端倪的思想运动提供了神学基础。

路德认为，圣迹时代在教会成立之初就已经终结。这就意味着，神灵的干涉不会再破坏上帝创立的自然规律。在自然规律的支配下，世界是恒定、可以预知的。既然自然规律支配着这个世界，那么问题是，我们如何才能知晓这些自然规律？其中一个办法是研读《圣经》，但《圣经》涉及的更多是超自然现象，即上帝及其旨意，而非自然现象。按照路德教的思维方式，要想了解自然规律，还有另外一个领域需要探索，而不能仅仅通过《圣经》进行研究。这个领域即自然界，即意味着要对科学展开研究。

培根设计：欧洲征服自然的肇始

科技革命包含许多思想家和学说。无论从任何意义上来说，科技革命都不只是一场由新教教徒发起的运动，就其对自然的观点以及将良知和个人提升到道德和精神世界的核心位置而言，它是一场部分发源于新教的运动。此外，在科技革命初期，最有影响力的人物也是一名新教教徒、政治人物以及一名伊丽莎白一世和詹姆斯一世的支持者。正因为如此，科学从诞生之日起，就与宗教改革和政治有着密不可分的关系。

弗朗西斯·培根生于1561年，即路德逝世15年后。在《伟大的复兴》(*The Great Instauration*）一书当中，培根提出了一种获得知识的新方法。在承认上帝和精神至高无上的前提下，他提出，要根据人类感官能够感知到的一切去审视这个世界，即首先从物质角度进行评判。圣迹时代的终结意味着，从某些方面来看，物质世界及其规律应当被视作上帝最后的话语。中世纪经院哲学奉行的演绎推论不得不让位于归纳推论。现在人们有必要对这个世界及其隐藏的规律进行研究，而不只是阅读那些人云亦云、随声附和的文章。

培根设计了一种揭示大自然秘密的方法。这种科学方法基于对自然界的观察原则以及根据观察得出的论断。人们首先提出假设，然后通过观察和实验对其进行证实或证伪。

这种科学方法的原则是：人们对过去将信将疑的事情提出质疑，然后对其进行理性分析，从而掌握更多知识。这种科学方法的核心在于强调有关物质世界的任何命题都必须通过证据和推理来证明，从而明确地奠定了科学的哲学基础。此外，这种方法还指出，在物质世界中，所有观念都要经得起挑战和质疑。奇怪的是，虽然培根似乎从未对基督教发起挑战，但他曾在一篇文章中写道：

> 无神论把人类付诸理性、哲学、先天的怜悯、法律、名誉。所有这些，即使没有宗教，也足以引导人类获得某种外在的美德。但迷信破除了上述一切，并在人们心中建立起绝对的专制。因此，无神论从未使任何国家陷入混乱，因为无神论使人谨慎自省，仿佛除此之外没有其他顾虑。我们看到，那些倾向于无神论的时代（例如奥古斯都、恺撒的时代）都是治世。迷信成为许多国家混乱的根源，并引入一个新的原动天[①]，从而夺走政府的所有影响。

科学并不必然就是无神论。虽然它无法为精神世界提供指引，但并不需要否认这个世界的存在。科学界往往存在这样一种诱惑，即把物质世界置于精神世界之上。因为对于物质世界，人们可以开展精确的研究，而对于精神世界，人们很难进行中规中矩的分析。我们都认为，自己所做的事情才是最重要的，而科学最看重的是自然。路德运用良知和个人观点对权威发起挑战，并进一步将思想（即理性）转变为某种机制，以探索自然的所有奥秘。迷信是科学的敌人，因为它是基于权威而非证据建立起来的信仰。培根反对迷信，为无神论进行辩护。因此，我们必须清楚，他是否认为与精神世界有关的一切都是迷信。

① 在希腊天文学家克罗狄斯·托勒密的天动说中，原动天位于所有天体的最外层，能推动所有天体运动。

培根的做法十分伟大。尽管路德表示，圣迹时代已经终结，但这并不意味着他认为精神领域是虚幻且无关紧要的。此外，当路德宣布每个人都可以依据良知自行阅读《圣经》时，他也没有打算将人们从《圣经》教义的限制中解脱出来。虽然从表面上看，路德曾倡导我们对自然规律进行研究，或者使人们摆脱束缚进行独立思考，但他并没有将其付诸实践。他只是让人们可以不受约束地通过《圣经》虔诚地思考上帝的旨意。

但培根作出了关键性突破。首先，他将人们关注的焦点集中在自然界。其次，他以理性为基础，创造了一种理解自然的方法。最后，他开启了通往思想的大门，在无需诉诸上帝的前提下，对这个世界进行探索。培根设法破除人们对自然界的幻想，将其置于人类理性的控制和意志之下。无论他外在的宗教或政治主张如何，培根都将人类理性上升到了天地万物的中心，从而开启了知识的大门，并彻底摧毁了欧洲人曾经深信不疑的事情。

托马斯·霍布斯与培根是泛泛之交。霍布斯在1651年出版的《利维坦》（*Leviathan*）一书中写道：“人脑中的任何观念，没有不是一开始就由感官而产生，或者全部皆是，或者部分如此。”换句话说，所有观念均来自感官。既然我们无法感知上帝，这就意味着，我们无法认识上帝。

霍布斯称，人类的自然生活是“肮脏、野蛮和短暂的”，并因此提出了一个全新的观点。如果自然界果真如他所说的那样危险，那么人类应当征服自然。而征服自然的手段，培根曾经教诲他说，只有通过科技来实现。霍布斯的观点为人类利用科学和技术征服自然奠定了基础，从而为现代科技文明做好了铺垫。科技革命最吸引人之处在于其实用性。培根从不认为科学应该成为某种玄妙莫测的东西，而应该为人类带来益处。**如果萨格里什是欧洲征服世界的开端，那么培根就是欧洲征服自然的肇始。**

人类迁徙、沟通、弥合创伤和学习新知的方式之所以会发生转变，莫不是基于将培根的科学研究方法推广到技术中。就像欧洲的探险活动和帝国主义改变了人类与自身的关系一样，这种方法改变了人类与自然的关系。

奉理性为至宝

启蒙运动[①]产生于上述三次冲击。从 17 世纪中叶到 18 世纪末，这场运动席卷了整个西欧，仿佛是人类思想史上的一场变革。启蒙运动试图揭开迷信掩盖的奥秘，让世界清晰可见。它希望首先从理智上，其次从政治上，对人类、社会和人性进行重新定义。人们对自然的认知以及对思想复杂性和精密性的了解都取得了巨大的进步，而且这种势头有增无减。

启蒙运动中涌现了不可胜数的名人和思想流派。无论涉及任何话题，几乎都会出现自相矛盾的说法。例如，启蒙运动从根本上说是反对宗教的，但其中一个关键人物勒内·笛卡尔始终是一名虔诚的天主教徒，尽管这一信仰与他的许多说法都互相抵触。正如让 - 雅克·卢梭曾经写道：“虽然我发现了这些自相矛盾之处，但它们并没有对我形成阻碍。”卢梭认为，现实错综复杂，其间充满了自相矛盾的观点和针锋相对的真理碎片。启蒙运动不仅向宗教发起了挑战，而且也向自身发起了挑战，从而使欧洲思想变得日趋分化。

启蒙运动的核心是理性，认为人类的理智能够了解天地万物和人类自身。虽然还有许多事情尚不为人知，但是从原则上讲，世间不存在任何无法被理性认知的事物。如果把理性比作划开万物的刀刃，那么最富于理智的人就是其中的出类拔萃之辈。传统社会寄希望于贵族阶层，而欧洲的贵族是由出身决定的。赞同这一观点的人认为遗传因素决定了一个人是否具有美德，因此国家应该由出身高尚的贵族统治。但启蒙运动认为，一个人的出身是偶然的，因此最大的不公就是让这种偶然的出身决定人们的命运。对启蒙运动来说，唯一的贵族是那些才能出众的人，而才能是建立在理性思考之上的能力。这种才能也许与出身不无联系，但人们的命运不应当在出生之前就被决定。正是这样，启蒙运动将对理性的颂扬转变成了一场反抗旧政体的革命。

---

① 启蒙运动，通常是指在17～18世纪法国大革命之前一个新思维不断涌现的时代，与理性主义等一起构成了较长的文化运动时期。

欧洲发展了美德的概念。如果理性是判断人类的唯一标准，那么国家应当由富于理性的人来统治。理性统治的发展经历了两个阶段。第一阶段是开明的君主专制，即由集高贵血统和卓异才智于一身的国王进行统治。第二阶段是共和制，即由具备特定资格的选民选举出最佳人选，在政府系统中作为他们最适合的代表，而政府部门必须受到种种限制，即便他们充满热情。这就是欧洲自由主义的基础。但它并未就此止步，而是带领欧洲继续向前，产生了一种更加激进的思想。

假如伽利略有权按照自己喜欢的方式思考，那么每个人都有权如法炮制。只要不伤害他人，他们为什么没有权利按照自己的想法行事？那么，最终将由谁来确定天才和庸人之间的区别？

其中一条道路是民主革命，另一条道路是精英政治，即由最富于理性的人进行统治。每一条道路都举步维艰。启蒙运动将理性视作衡量人的唯一标准，但并没有提供区分理性和非理性的可靠方法。由于缺乏尊重优秀思想体系的能力，思想和言论自由让欧洲人的思维越来越分化。因此，占据上风的往往是最令人信服的观点，而非最具理性的观点。

启蒙运动衰落后，产生了极端的个人主义，但个人的智慧并不能保证万无一失。即使人们可以独自生活，人生仍将是肮脏、贫穷、野蛮和短暂的。个人主义是一个抽象的概念，必须融入社会才能变得更加完善。那么，什么样的社会才是合适的呢？显然，其领导人必须与追随者休戚与共。

这种社会要么是通过代表建立的共和政体，要么是通过选举建立的民主政体。但上述社会组织并不能确定哪些决定才是公正、适当的。王朝和帝国不再具有合法地位。任何由专制君主统治的国家都不得再对个人进行控制。自治权是人的基本权利。但同样令人困惑的是，如何才能界定国家管理的地理范围？哪些人可以成为国民，哪些不能？哪些人可以参与投票，哪些人负责管理？这些问题的答案源于路德的观点，即语言、文化和历史的合法性。换句话说，国家就是上述因素的综合体。但问题是，国家在某些方面与启蒙运动水火不容，因为它建立在个人出身而非品性之上。德国人就是德国人，法国人就是法国人，不需要甄别他们的理性或才能，他本来是哪国人就是哪国人。国家为个人提供了属于人类特有的事物，即语言和个人诞生前的历史。启蒙运动和国家主义不仅判若水火，两者之间的矛盾往往难以沟通。虽然民族自决权或民主主义可以弥合两者的分歧，但民主主义也可以像专制主义那样残酷无情、缺乏限制。在民族自决权的驱使下，国家在 20 世纪已经初具雏形。

无论两者的矛盾如何尖锐，人们都需要有一个出生、长大和保护自己的地方，因为这些事情对所有人来说都至关重要。要想理解这一点，有种观点十分关键，即人们都喜爱自己特有的一切。人们最初喜爱的父母、语言、宗教和家乡都是与生俱来的。从呱呱坠地起，这些就属于他们，是无法选择的事情。而爱情不一样，因为爱情出自选择，而这种喜爱之情却是人类最原始、最简单和最强烈的感情，因为它可以不假思索，也不需要经过任何选择。启蒙运动试图破除这种与出身有关的联系，将人们从种种与生俱来的身份限制中解脱出来。但是，在打破这些联系的同时，启蒙运动使人们迷失在自己的想法中。人们摆脱迷信的束缚，就意味着摆脱了宗教最低级、最缺乏理性的一面。尽管如此，他们仍然需要某种归属感，将自己与社会、责任及历史联系起来，以免个人想法造成巨大破坏。

但问题在于，科学和启蒙运动让人们只剩下生理属性和欲望。如果这就是他们的一切，那么他们最终会成为什么样的人，他们彼此之间的责任何在？哪些行为合乎道德规范，而他们又何以得知这一点？如果不能回答上述问题，人类将变得十分危险，甚至与禽兽无异。社会原子化[①]状态下，人们总要以某种方式重新融入社会，只不过他们需要一个理由。尽管他们没有什么充分的理由，但这一点仍然必不可少。为把他们从自我和呆板的生活中拯救出来，

① 社会原子化是指由于人类社会最重要的社会联结机制（即中间组织）的解体或缺失而产生的个体孤独、无序互动状态及道德解组、人际疏离和社会失范的社会危机。一般而言，社会原子化危机产生于剧烈的社会变迁时期。

必须有事物诱使他们重返社会和历史，必须有人向他们讲述令人心驰神往的神话传说。他们仍然需要神话故事，以便向自己的灵魂交代，他们究竟是何许人也。

德国以及许多其他欧洲国家的父母讲给孩子们的童话既令人毛骨悚然，又令人激动不已。《韩塞尔和葛雷特》[①]（*Hansel and Gretel*）讲述的是一对可怜的兄妹遭继母抛弃的故事。韩塞尔和葛蕾特的父亲是一位穷苦的樵夫，在他们的母亲去世后，不得不续弦。继母唆使樵夫把韩赛尔和葛雷特带到森林里遗弃，以便自己能享用更多食物。哥哥韩赛尔偷听了他们的谈话，决定在口袋里装满石子，好让自己在被父亲遗弃后找到回家的路。当孩子们返回家中，继母再次怂恿父亲抛弃他们。这一次，他们无法到外面捡石子，于是哥哥用面包屑在沿途留下了记号。在森林里，他们遇到了一个巫婆。她想把他们放进火炉里煮来吃，并准备首先把韩赛尔放进去，但葛雷特很快识破了巫婆的诡计，她灵机一动把巫婆推进了火炉。巫婆在尖叫声中死去。在小鸟的指引下，两个孩子带着巫婆的珠宝返回了家中。他们发现继母已经死去，父亲高高兴兴地把两个孩子和他们携带的珠宝迎入家中。从此以后，他们过着幸福的生活。

这些关于加害他人和巧妙脱险的德国童话传达了一则同样的政治信息。故事的开头讲述的是不公正的待遇和难以置信的贫穷，迫使德国人对他们最应爱护的人作出可怕的举动。接着，人们对造成这种不公正待遇的根源发起了对抗，并将其摧毁。在讲述坏人为非作歹的同时，这些故事还歌颂了德国人的勇敢、聪慧和最后的胜利。孩子们显然比他们道德败坏的父母更加聪明，因为前者象征着未来，而后者代表着过去。此外，这些故事也可以视作欧洲历史的传说。故事中，德国人试图从其他人手中夺回自己的财产，因为他们认为这些人曾经偷走了自己的财富。无论是过去还是今天，孩子们一直在读这些童话。其中的故事虽然令人胆战心惊，但是在家庭与更为广阔的社会之

① 《韩塞尔和葛雷特》又名《糖果屋历险记》或《糖果屋》，出自《格林童话》。

间架起了一座桥梁。

《格林童话》中的人物很少信仰基督教，大多都是异教徒。这本书继承了基督教以前的文化遗产，甚至可以追溯到远古时期。它与启蒙运动的联系在于，两者涉及的都是异教徒，而非基督教徒。启蒙运动以进步的名义逐渐摒弃了宗教，但正如彼得·盖伊所言，它最终发展成为另一种形式的异教。格林兄弟描绘的是基督教出现之前的时代，彼时德国森林里危机四伏、战事不断。那是一个险象环生、神秘莫测之地，而这些历史传奇也成为近代欧洲民族主义的基石。

启蒙运动试图让世界摆脱神话的束缚，但如果没有神话传说，国家就无法为自己正名。浪漫爱国主义设法应对这个问题，并从很大程度上解决了它。但一个新问题随之出现：如果人们对国家负有责任，那么这一责任的限度是什么？或者更确切地说，在处理与其他国家之间的关系时，一个国家权利的限度是什么？这一观点不可避免地导致一些人相信，他们的祖国比其他国家更加美好，或者他们曾经遭到了劣等民族的迫害。

浪漫爱国主义关注的是美感而非理性，因此放大了崇高感和受迫害感。肖邦通过奏鸣曲而非论文抒发了自己对波兰的热爱。奏鸣曲触动的是人们的灵魂，但每个人的灵魂对此将作何反应却往往不可预测。艺术的冷酷无情与理性不同。无论艺术看起来多么荒谬，最终都会产生合理的结果，而理性无论存在多少缺陷，都需要被人热爱。理性引导你自己得出结论，而艺术的目的在于产生美感，因此它本身就是结论。

最终，就像法西斯主义抬头时那样，国家本身变成了一件艺术品，而党的领导人变成了艺术家。法西斯分子杜撰了关于国家的神话，与理性的启蒙思想家如出一辙。尽管两者的根源和结果大相径庭，但它们都创造了某种思想体系。更加重要的是，两者都异常危险，因为理性会驱使人们走向逻辑的极端，而艺术一旦鞭策人们不择手段地追求美，就会产生可怕的事物。我们不妨想想斯大林和希特勒。然而说到底，人们还是需要社会，这个社会即国家，而这个国家就像一位善于嫉妒的主人。

哥白尼、哥伦布和路德分别对欧洲文明造成了冲击。这三次冲击最终粉碎了欧洲的秩序，使欧洲乃至整个人类摆脱了束缚，从而创造了单一的全球文明。其中最伟大的变化，就是把人置于宇宙万物的中心。通过将理性提升到人性的中心，整个人类也得到了提升，因为人是理性的化身，而科学和技术则是理性的产品。

然而，这种做法也制造了某种幻觉。人类虽然可以处于宇宙万物的中心，但每个人都不可能孤立存在。最终，个体的胜利与个人对社会的需要产生了矛盾，如此一来，必须有人重塑社会，并说服人们参与其中。欧洲人一反常态，变得日益分化，从而打碎了道德指针。当他们从思想上接受了建立在艺术和神话基础上的国家时，他们不再完美无缺，因为其道德指针被弃置不顾。艺术不分善恶，而虚构的爱国主义取代了形单影只的个体，如此美好诱人，但两者皆不能明辨是非。哥伦布、路德和培根所破除的东西不得不以某种方式重新结合起来。要想实现这一目标，其中一种途径是通过培根所赞美的科技及其带来的和谐的经济生活，另一种途径是通过国家及其带来的融洽的道德生活。遗憾的是，两者格格不入，以致世界充满了矛盾。

尽管矛盾重重，欧洲仍然令人叹为观止。它不仅征服了全球，还征服了人们的思想，让一切都发生了彻底变革。20 世纪初，世界岿然屹立，似乎国家和自然都处于其绝对控制之中。1913 年，人们似乎难以想象，这一切会改变。但事实却截然相反，因为世界不得不发生变化。一大批国家跃跃欲试。毋庸置疑，它们清楚什么是美好的事物，但误以为这就是合乎道义的行为，从而为接踵而至的恐怖铺平了道路。这一切都是上述三次冲击造成的意想不到而又顺理成章的结果。**虽然每一次冲击都值得赞扬嘉许，每一次冲击也都把理性奉为至宝，但是它们共同动摇了欧洲人的思想，并将其变得支离破碎。**

第二部分

三十一年腥风血雨

Flashpoints: The Emerging Crisis in Europe

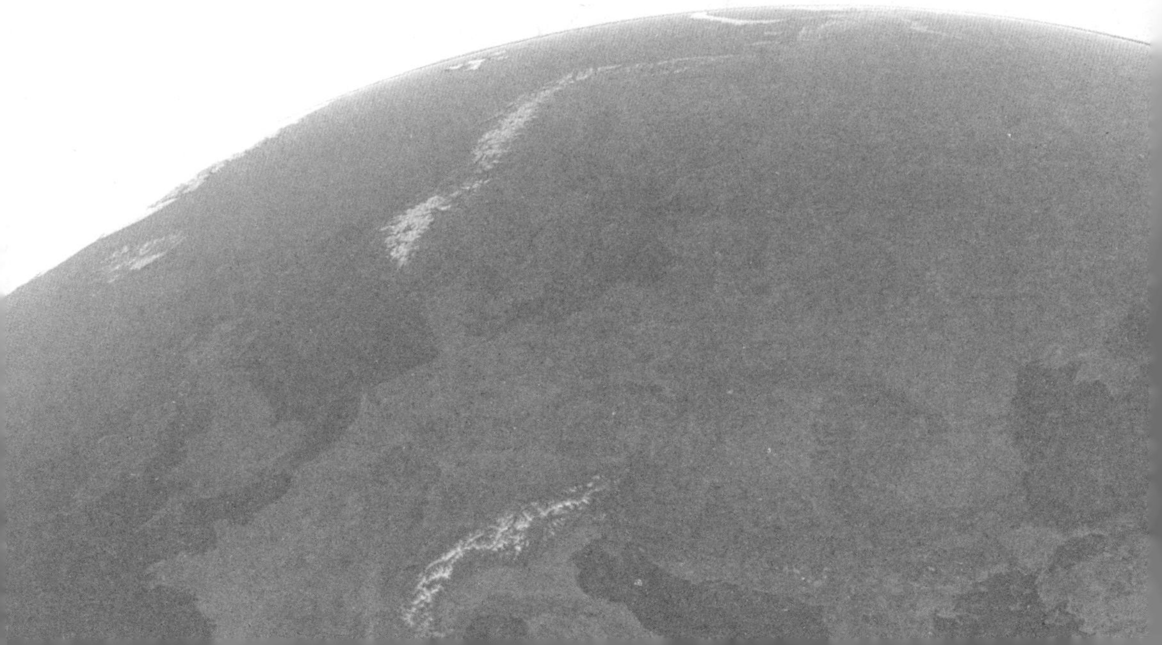

4

FLASHPOINTS

The Emerging Crisis in Europe

大屠杀
启蒙运动的罪与罚

曾经缔造了全球帝国，刷新了人类的辉煌成就，欧洲为何在 31 年间迅速坠落？而作为种族屠杀之典型，希特勒屠杀 600 万犹太人的逻辑何在？两次世界大战和无数骇人听闻的战争屠杀，最大的罪魁祸首竟并非希特勒们的野心，而是启蒙运动和工业革命的必然结果？

俄法夹击，肢解德国？

1912 年，当我父亲出生于匈牙利与乌克兰边境附近的小镇尼尔巴托尔时，这里粮食丰盈，上一次兵革之祸还发生在很久以前，且彼时暴力活动尚未泛滥成灾，人们的生活还很美好。这里不是巴黎，而是欧洲大陆最荒凉的地区之一，但启蒙运动的足迹还是出现在这片土地。据说当地的医生读过巴鲁赫·斯宾诺莎[①]的著作。这里还有一座火车站，乘坐火车可以前往布达佩斯。在合理的范围内，人们可以衣食无忧、制定规划，甚至憧憬未来。如果当时你出生在此地，可以说是生逢其时。

对欧洲，尤其是欧洲大陆的西部来说，1912 年是一个令人愉悦的年份。自 1815 年以来，近一个世纪过去了，欧洲大部分地区都国泰民安，虽非太平盛世，但至少在很长时间内没有兵荒马乱。这一年，民主共和思想开始广为传播，即使是德国这种皇帝仍然在位的国家，也出现了强大的议会、自由

① 西方近代哲学史重要的理性主义者，与笛卡尔和莱布尼茨齐名。

的媒体、著名的大学和繁荣的景象。此时，欧洲的经济增长令人惊叹，技术进步日新月异。

欧洲统治着整个世界。

欧洲的殖民地共有 4 000 万平方公里，其中被誉为“日不落帝国”的英国掌管着其中 2 500 万平方公里，弹丸小国比利时控制着刚果，荷兰统治着今天印度尼西亚一带数千万人口，法国在非洲和中南半岛建立起一个庞大的帝国。值得一提的是，上述数字还不包括欧洲非正式控制或影响的地区，例如埃及和中国，也不包括重获自由的殖民地。欧洲就像一个横跨全球的巨人，富有、强大、充满创造力。

然而，谁也没有料到祸不旋踵。1914 年 8 月，欧洲突然变成了一座屠宰场。截至 1945 年，这里共有 1 亿人死亡，不计其数的人受伤，整个欧洲大陆陷入极度惊恐之中。这场灾难的发生速度和破坏程度前所未有。作为启蒙运动的中心，欧洲亲眼见证了类思想取得了空前的发展。任何人都不会想到，这里竟然会发生如此惨祸。大约 400 年前，欧洲开始改变整个世界和人类，从而令举世震惊。这一次，欧洲堕入了地狱的深渊，同样令人触目惊心。20 世纪这场持续了 31 年之久的暴行不仅史无前例，而且使欧洲之前取得的一切成果都丧失殆尽。

1945 年，欧洲大陆被占领，暂时失去主权。战争、结盟和抵抗让欧洲变得支离破碎、满目疮痍。欧洲人对自己所变成的恶魔以及表现出来的怯懦和缺点大惊失色。然而，更令人惊愕的是，他们终于意识到，在一战爆发前，欧洲的阴暗面只是被其取得的卓越成就所掩盖，这一点对曾经的他们来说是不可想象的。在意识到这一点之后，欧洲对全球的统治日渐衰落。最终，他们心甘情愿地放弃了统治权。400 多年来，欧洲人亲手打造了一个庞大的帝国，在人力和物力方面都付出了令人咋舌的代价，但现在这一切似乎变得毫无意义。经过一番挣扎后，欧洲不仅丧失了对殖民地的控制权，甚至丧失了关注此事的能力。

与所有伟大的悲剧一样，那些让欧洲变得卓绝不凡的美德也是令其毁于一旦的重要原因。启蒙运动所推崇的国家独立原则和民族自决权，逐渐演变为对陌生人的愤怒。科学之所以能够取得如此巨大的进步，正是源于挑战一切道德限制的怀疑精神。技术不仅让世界面目一新，也制造出此前无法想象的种种惨剧。为了争夺全球霸权，欧洲内部冲突不断、烽烟四起。每一项伟大创举竟都为灾难埋下了伏笔。

即便灾难迫在眉睫，人们仍对此视而不见。英国著名作家诺曼·安吉尔曾在 20 世纪 30 年代荣获诺贝尔和平奖。1909 年，他在其名著《大幻想》（*The Great Illusion*）中提出，由于欧洲国家之间在投资和贸易上相互高度依存，所以欧洲内部不可能爆发战争。此外，他还假定，一旦欧洲内部爆发战争，随之而来的经济崩溃会将欧洲彻底摧毁。正因如此，欧洲不会有战争之虞。

这一“高明”的论断也引起了金融界精英的强烈共鸣。这不仅因为他们对经济关系推崇备至，而且这一论断让他们变成了世界的主宰，他们的利益将决定了历史的走向。这些金融大亨不仅掌控着全球的命运，而且为了防止其卑劣好战的本能造成破坏，他们还保卫着世界的安全。为此，他们建立了广泛的关系网，以免作法自毙。由于当时和现在一样，金融界考虑的只是如何赚钱，因此人们相信，只要有发财致富的机会，欧洲就不会爆发战争。安吉尔虽然聪明过人，但却大错特错。

毋庸置疑，安吉尔忽略了一点：如果两个国家间存在共同的经济利益，那么总会有人担心，其中一方利用自己的有利地位谋利，或者退出这种关系，转而与其他国家合作，最终打破原有的协定。双方互相依存的程度越高，他们就越希望确保对方信守承诺，并且即使在极端的情况下对方也不会对自己进行敲诈勒索。随着双方的互不信任感与日俱增，它们就会寻找更为有效的制衡措施，有时甚至会诉诸战争。由此可见，相互依存既能带来和平，也能导致冲突和战争。

1900 年，尽管欧洲国家在经济上相互依存，但一个不可忽视的基本事实是：

德国已经成为欧洲首屈一指的经济大国，仅有英吉利海峡对岸的英国能与其相提并论。尤其是在出口方面，英德两国的出口总量甚至远超其他欧洲国家。然而，英国建立了庞大的殖民帝国，德国却没有一块殖民地。

随着德国的经济实力迅猛增长、日益强大，并能将其轻而易举地转化为军事力量，欧洲平原的其他国家开始胆战心惊。具有讽刺意味的是，德国对其邻国同样感到提心吊胆。德国东邻俄国，西邻法国，并且其间几乎没有任何天然屏障。统一仅 40 年的德国担心，尽管它们之间存在跨国贸易和投资，但这两个敌国有可能同时从两面夹击。

德国的统一和崛起打破了欧洲的稳定状态，其东西边境成为一触即发的危险地带。此外，德国还改变了欧洲的经济秩序，引发了某种无法通过外交手段和新闻媒体平息的战略恐慌。人们的担忧不无道理，并且这种忧虑感随着互相依存的脆弱感变得愈发严重。安吉尔的论断大谬不然，欧洲并非没有战争之虞。由于各国的需求相互矛盾，摩擦随之产生，战争逐渐成为解决矛盾的必要手段。欧洲只有两种选择，要么削弱德国，要么调整现存体系，以增加德国的安全感。几个世纪以来，欧洲一直在应对此类冲突，这一次依然如故。然而，谁也没有料到，他们即将面临什么样的战争。

德国认为如果在敌人选择的时间和地点腹背受敌，其结果将是灾难性的。尽管没有任何迹象显示，法俄联盟准备对德国进行两面夹击，但德国仍然认为，形势不会一成不变，尤其是随着其经济继续迅猛发展，对手可能感到危险将至，从而斥之战争以解除潜在威胁。德国不能承担如此巨大的风险，所以唯一的解决办法就是先发制人，即按照德国选定的时间率先开战，迅速歼灭其中一个敌国，然后再抽身对付另一个。德国之所以会挑起战争，是因为担心其他国家会率先发难。为此，德国陆军元帅冯·施里芬制定了一项以自己的姓氏命名的作战计划，即“施里芬计划”。这虽然听起来荒谬无稽，但实际上不足为奇。

按照“施里芬计划”，德国将首先进攻法国，并迅速迫使其投降。随后，德国可以通过中立国比利时发动攻击，将主力部队放在右翼，横扫英吉利海峡沿岸地区，并直捣巴黎后方，从而彻底孤立法军，占领这座都城。这一切都要在英国出面干预前完成。德国人预计，届时俄国人会从东侧发起袭击，对此他们已经做好了撤退的准备，即便这意味着要暂时失去东普鲁士。一旦法国沦陷，该国境内的德军就可以通过德国四通八达的铁路网直奔东侧，并与俄国人决一雌雄。

就像其他所有人对这场战争的预期一样，德国人希望速战速决。然而，战争并没有按照德国人的设想发展。他们不仅没能速战速决，而且陷入了自蒙古人入侵以来欧洲闻所未闻的僵局和屠杀。从 1914 年 9 月 6 日到 9 月 14 日，仅在西线，德军就有 50 万人伤亡。

截至目前，欧洲有三个重大变化：其一，科技使人们具备了设计和制造新式武器的能力；其二，工业化使人们可以大规模生产这些武器；其三，民族国家的心理力量使欧洲的法国、英国和德国这三个大国得以控制并动员军队在血雨腥风的疆场上赴汤蹈火，即使他们的生命会因此变得肮脏、野蛮和短暂也在所不惜。

我们不妨回想一下，为了弥补步枪的不足，人们发明了机关枪。除非使用者训练有素，否则步枪的精确度差得惊人。正因如此，为了提高杀伤力，人们只得接连不断地急速发射大量子弹，导致到处血流成河。

美国内战中使用的格林机关枪是早期机关枪的雏形，而海勒姆·马克沁则发明了现代机关枪。1882 年，一位美国人告诉马克沁，如果他想大发横财，他就要发明某种“具有更大杀伤力、能够让欧洲人互相残杀的武器”。一挺机关枪便可以在冲锋的敌人靠近之前，造成数十人伤亡。但是，要想阻止对手的进攻，人们必须拥有这种大量的新型机关枪。

尽管机关枪的设想已经提出了一段时间，但当时尚不具备大规模生产的能力。如果不能批量生产，这一设想就毫无意义，因为罐装食物、枪炮弹药、卡车和铁锹的批量生产让现代战争成为可能。在工业革命和技术进步的共同作用下，战争发生了翻天覆地的变化，武器的杀伤力呈数量级增长。

此外，战争之所以会发生巨大变革，还是因为人们愿意为了国家出生入死，而这一行为也被国家视作正义之举。假如没有士兵愿意把国家利益置于个人利益之上，并将其视作道德的化身，即便世界上的技术再先进，也不会导致大屠杀。国家不仅意味着民众要使用同一种语言，而且成了某种道德上的纽带和共同的行政系统。这种纽带来源于从启蒙运动、社会契约论到同宗同源的语言所产生的种种观念。最终，个人的概念被国家的概念所淹没，而军队成为了国家的最佳象征。

过去，军队主要由一些极不情愿的臣民和雇佣兵组成。但是现在，士兵来自奉行道德准则的公民，而道德准则乃是国家精神的化身，背叛自己的职责无异于背叛自己的灵魂。此外，一个国家的行政机构，即政治制度的理性体现，在军队中也得以完善。国家即军队，军队即国家。因此人们应当视死如归、前赴后继，因为国家被提升为至高无上的道德准则，军队与职责、尊严与荣誉也随之产生。将士们宁可以身殉国，也不愿背弃、辜负上述责任。这一点在德国、法国和英国这些成熟民族国家的身上，要比在多民族、多语种的帝国民众身上，体现得更为明显。但即使是在奥匈帝国，其核心奥地利人也能感受到这种强大的吸引力。然而，这种吸引力在俄国十分微弱，所以其政权土崩瓦解。

在战争中，死亡是一件稀松平常的事，但一战却改变了死亡的规模、速度和概率。在如此短的时间内，运用如此高效的手段，造成如此众多人口的死亡，这一事实不仅加剧了战争的惨烈程度，而且让人、国家和死亡之间的关系大为改变。死亡的数量改变了死亡的性质，让它不再显得那么悲惨。假如每天都有数万人丧生，人们就会习以为常。而现实也的确如此，欧洲人麻木的神经已经不会再为之震动。死亡成为一件司空见惯的事情，正因为如此，大规模屠杀的禁忌随之打破。

欧洲人心甘情愿赴汤蹈火，甚至与敌人同归于尽，因此战事持续了很长一段时间，也使许多情况永远地发生了改变。但他们早已疲惫不堪，随着上百万生龙活虎的美军士兵的到来，胜负立即得见分晓。在东线，战争很快结束。由于苏军士兵尚未经历现代化和启蒙运动的洗礼，所以他们先是顽强抵抗，然后群起哗变，并丝毫没有为此感到羞愧。对他们来说，重返故土远比捍卫国家荣誉更加重要。但在西线，战争一直持续到 1918 年才结束。无论是战胜国还是战败国，此时只有一个共同点：起初，士兵们如释重负，但随后觉得自己受到了欺骗。

在这场战争中，任何一方都没有如愿以偿。德国未能消除两面作战的威胁，法国也未能肢解德国。战争的后果让所有人都出乎意料：德意志帝国、奥匈帝国、奥斯曼帝国和俄罗斯帝国先后分崩离析，而此前臣服于这些帝国中的一系列国家，如雨后春笋般纷纷出现。

“大清洗”运动

第一次世界大战的结束象征着民族自决权的胜利。那些曾经埋没于多民族、多语言帝国之中的国家，无论是否已经做好准备，都纷纷迎来了独立。但是，在长达几代人的时间里，这些国家没有自行统治的历史，甚至连专制君主也没有出现过，因此要想决定自己的命运，对它们来说殊非易事。波兰在经过数百年的奴役后再次赢得独立，波兰人自始至终拥有同一种语言和宗教，将他们联结在一起。19 世纪初，肖邦和其他浪漫主义者重新唤起了波兰人的民族自豪感。

然而，包括爱沙尼亚和罗马尼亚在内的其他一些国家虽取得了独立地位，但始终没有弄清其意义何在。更令人费解的是，形形色色的条约制造出了一些奇怪的产物：捷克和斯洛伐克合并为一个国家，而西巴尔干的所有斯拉夫人一起加入了南斯拉夫。后一种决定尤其令人匪夷所思，因为其中的天主教徒、东正教徒和穆斯林之间互相憎恨。随着更多国家的出现，欧洲比过去更加拥挤，而这些国家之间充满了糟糕的记忆和宿怨。毫无疑问，西欧的任何问题都没有解决。无论人们曾经如何幻想以这场战争来结束所有战争，实际情况却截然相反。就像法国元帅斐迪南·福煦一样，那些具有远见卓识的观察家们都认为，这场战争的结束只不过是一份为期 20 年的停火协议。

欧洲陷入了迷茫。这里的自由民主国家民生凋敝，民众对领导人丧失了信心。德国人对战争结果耿耿于怀，对导致他们失败的政权以及他们认为暗地反戈的军队恨之入骨。苏联刚刚经历了一场翻天覆地的革命，将马克思主义引入并控制了欧洲大陆。这种混乱不堪的局面几乎不亚于战时，甚至有过之而无不及。现在的欧洲群情激愤、筋疲力尽、满腹怨恨又怅然若失。

所有欧洲国家中，只有刚刚诞生的苏联有着明确的目标：通过工业征服自然，并建立起人人平等的社会。苏联人认为，如果能够克服物资匮乏的情况，他们就有可能实现平等。但实际上，苏联远未像自己想象的那样征服了自然。如果不考虑这一事实，马克思主义哲学可以说是对启蒙运动的总结。科学与技术彻底改变了人类的处境，开辟了通往平等的道路，消除了人们之间的人为差别以及由于出身造成的悬殊状况。

启蒙运动创造了意识形态一说，即通过对人类进行理性分析建立起对正义的世俗信仰，从而对世界的运行规则和人们应当如何应对作出前后一致、环环相扣的解释。其世俗性质尤为关键，因为启蒙运动与宗教格格不入，它通过否认上帝让思想家们摆脱了束缚，并按照理性的指引界定正义的概念、分析人类的处境。

此外，意识形态还要做到前后一致。这就是说，它能够解释人类思维的所有方面，从婚姻的本质到艺术的美感，乃至冶炼钢铁的方式。如果你能够制定一套基本原则，并将其毫无例外地运用到所有事物当中，那么一切事物和行动都可以得到合理的解释。你的目标越宏伟，逻辑就要越连贯，对原则的应用就要越坚决、越彻底。卡尔·马克思作为一名知识分子，从未有过任何暴力行为，但他却考虑使用暴力迫使他人接受自己毫不感情用事的思维方式。

然而如果你了解他的生平，你就很难断定，他的内心是否真正理解自己的学说。不过对于他的继承者来说，情况却并非如此。他们对广义和狭义的意识形态都知之甚深，并毫不留情地将其付诸实践，而这在 1914 年以前是难以想象的。

意识形态导致了另一件大事的发生：革命。启蒙运动热衷于条理分明的思想，从而热衷整齐划一的政治，并渴望将其加诸世界各国。自法国大革命和美国独立战争以来，欧洲其他国家也开始将革命视作道义上的当务之急。但上述两场革命，即使是法国大革命，也相对温和。为了建立和完善新政权，革命者不惜夺去成千上万人的生命。这两场革命爆发时，人们感觉世界末日已经来临，但他们只是未能预见到接下来即将发生更可怕的事情。

一战用革命重新界定了“合理”一词的意义。它消除了革命的界限，使其成为一种无限的运动，并泯灭人们可以想象的伤亡人数的极限。此外，它还削弱了那些有可能遏制大屠杀的机构和习俗，例如教堂和家庭，颠覆了简单的常识。根据传统制度，人们无权支配国界以外的任何事情。然而，战争解开了刚从战地返回的士兵以及知识分子身上的束缚，使其可以按照自己的想象去塑造这个世界，而他们的想象无论是从范围还是目标上来看，都是令人惊心动魄的。

在“民众”这一概念上，法西斯主义构建了系统的思想，即把人视作整体而非个体。个体在职责上虽然千差万别，但都有着同样的渴望、幻想和恐惧。人们之所以要建立党和国家，其作用就是带领乌合之众走向人类的未来。莫斯科或纽伦堡群众集会的片段显示出当权者利用民众谋求权力的渴望，彼时人们为幻想所控制，而恐惧似乎就潜藏在咫尺之遥的地方。纳粹党是一战中的非常规力量，这支由群众组成的部队可以按照国家意志投入使用、进行布置。他们最渴望的是生存。由于害怕上级、畏惧敌人，他们不得不遵从上级的命令。这个群体能让个人变得更加强大，但首先他们必须付出血的代价。

苏联共产党最初主要来自两个社会阶层，而这两个阶层都是卡尔·马克思未曾料想到的，即暴动后发动革命的士兵和控制革命党的知识分子。战争结束后，苏联士兵返回国内，在工厂和农庄谋生，但戎马生涯对他们产生了深刻影响。他们学会了两件事情：一是在面对逆境时训练有素，二是对死亡甚至大量人员伤亡习以为常。一旦发生革命，这些人随时可以投入战场，在这个准军事化社会中承担自己的职责，甚至坦然面对祖国带来的死亡。因为在此之前，他们已经做过这一切。

苏联共产党的领导权掌握在诸如列宁等知识分子的手中。他写过一本名为《唯物主义和经验批判主义》(*Materialism and Empiro-Criticism*) 的著作，这本书内容艰深，无疑能够使他跻身知识分子之列。启蒙运动将知识分子提升到精神世界的中心，取代了此前神父的位置。既然理性是启蒙运动的核心，那么那些将实践理性视为己任的人们就是启蒙运动的典范，而位于该阶层中心的知识分子则需要面对成为神父的诱惑。如果他的事业位于万事万物的中心，那么由他来统治岂不更好？柏拉图虽然提出过哲学王[①]的观点，但他本意并非如此。启蒙运动认为，这种极为激进的观点是可能的，因此知识分子也有可能进行统治，并用理性推导出来的意识形态取代神赐的经文。

列宁等知识分子希望填补战争留下的真空，寻求改造世界的力量，与那些形同散沙、温文尔雅的知识分子截然相反。列宁不是漫不经心的大学教授，而是通过逻辑的棱镜不动感情地观察这个世界。他的革命同志托洛茨基写了一本有关波德莱尔的书，而且相当不错。托洛茨基也是红军的缔造者之一，并且发起了苏俄内战。

他们作为一类新型的知识分子，既是思想者，又是行动者。对他们来说，世界仿佛一张帆布，而他们将在上面创造崭新的、更优秀的人类。无论是从思想上还是行动上，此前存在于帆布之上的一切都要被完全抹去。对列宁和托洛茨基等思想家来说，由于要恪守逻辑，所以才会毫不留情；感情用事只会使其受到束缚，因此绝对禁止。对全人类的爱要求他们更关注全人类，而

① 哲学王即哲学家为王，是柏拉图理想国家的核心内容。根据柏拉图设计的社会政治结构，哲学家垄断城邦全部政治权力，被置于等级结构的顶端，其他各等级则完全被排斥在城邦权力体系之外。

非个体。正如列宁所言，如果不打破几个鸡蛋，你就无法做出煎蛋卷来。

启蒙运动的威力强大，而一战则让欧洲人为了更伟大的事业对死亡和苦难变得麻木不仁，从而对世界产生了深刻的影响。据估计，约有 900 万人死于苏俄内战。在 1914 年之前，这个数字根本无法想象。但是在 1914—1918 年欧洲发生大屠杀后，这个数字不再令人难以置信，甚司空见惯。一战让毫无节制的大屠杀变成了活生生的现实，人们不再只是坐而论道，而是为所欲为。他们所做的只是他们必须要做的事，这一切都那样合乎理性，又那么冷漠无情。

革命结束后，就像其他知识分子一样，那些缔造并控制苏共的知识分子经过辩论和争执，谁也无法独揽大权。其中唯一的强势人物当属格鲁吉亚人约瑟夫·朱加什维利，后来更名为斯大林。列宁去世后，斯大林开始有组织地铲除知识分子，并下令将他们杀害。俄国士兵自 1914 年起就接受了战火的洗礼，因此对斯大林的响应要远比对沙皇热情。他们相信了斯大林的诺言，认为他们开展屠杀甚至牺牲生命，是为了创造属于自己的壮丽的未来。

斯大林延续并强化了俄国滥杀无辜的传统。除了屠杀知识分子，为了抢夺粮食，他还不惜杀害农民，随意迁徙那些可能怀有敌意的民族，并对工人阶级和军人危言恫吓。斯大林清楚，假如苏联政权不复存在，共产主义就会消亡。从这个意义上来看，他也许是一名共产党员。但是，为了捍卫政权，他发动了令人难以想象的大清洗运动，令无数人死于这场运动。

20 世纪 30 年代，苏联面临着另一场战争。如果不能完成工业化，它将在这场战争中一败涂地。粮食既可以让工人填饱肚子，也可以出售谋利，再从西方购买技术，因此极其重要。因为没有足够的粮食兼顾上述目标并养活农民，所以斯大林下令征用粮食，导致大量农民饥饿至死。毫无疑问，知识分子既缺乏团结，又不够冷酷，因此不可能完成这项任务。布哈林是布尔什维克党的创始人之一，绝非怯懦之辈，但仍然为斯大林对农民的做法感到惊骇。按照斯大林的意见，为了继续推行这一政策，布哈林和其他政见分歧者都遭到了处决。

欧洲其他国家的左翼知识分子竟然宽恕了斯大林开展的屠杀，其中有的人否认发生过类似事件，有的人认为此种恶行不可能出现，还有的人赞同斯大林的思维方式。假如他们亲眼目睹当时的惨状，或者奉命亲手执行杀人任务，他们是否仍作此想，不得而知。逻辑常常只有在置身其外、不殃及自身时才最为有效。然而，尽管斯大林杀人如麻，其中自有其理由。

希特勒上台的理论支撑

不可思议的是，当时的欧洲并非只有苏联血流漂杵。事情的确如此，其原因也许十分简单，因为俄罗斯是一个落后的国家，它生性凶残。但更令人惊讶的是，无论是在精神、社会还是经济发展上，在欧洲内陆都堪称首屈一指的德国，也同样陷入了噩梦。德国人与苏联人同时失控，但直到后来德国才挥起屠刀。

在苏联，革命是从士兵的手中夺权的。然而在德国，革命却是由在战壕里出生入死的无名小卒发动的，他们绝非昔日的军界显贵。在一战战前，他们本一文不名，而战后，他们仍然一无所获。关于希特勒是如何对德国人的思想产生强大影响的，一直存在颇多争论。最初，希特勒只不过是前线的一名下士，从战场载誉归来，并荣获铁十字勋章。战前的他还一无所有，战后他甚至险些因毒气双目失明。就像不同时代的许多军人一样，他感到自己所作出的牺牲毫无意义，因为有人夺走了他们应得的奖赏。

希特勒无法接受，在自己付出一切之后，德国仍输掉了这场战争。他不能容忍牺牲和失败的想法，更何况愚蠢的《凡尔赛和约》不仅从经济上摧毁了德国，还将国家交到由自由派组成的政府手中，而这些人根本毫无执政能力。因此，阿道夫·希特勒及其战友虽然幸免于难，但他们既震惊又怨恨，甚至从许多方面开始怀念过去的军旅生涯。

早在 19 世纪初，德国出生的犹太诗人海因里希·海涅就曾对德国将要发生的事作出了预言：

> 事实将证明，德国革命不会比其他国家的革命更加温和、平缓，因为在此之前产生了康德的批判哲学和费希特的先验唯心主义。这些学说致力于发展革命力量，一旦时机成熟，这股力量会破土而出。基督教虽然压制了德国人野蛮的战争热情，但并未将其彻底扑灭。当控制这种热情的法宝十字架被摔成碎片，狂暴斗士将再次横空出世。昔日石雕的神像也将从被人们遗忘的废墟中崛起，抹去数百年来蒙在双眼上的尘土。雷神托尔会带着巨大的铁锤再次出现，将哥特式的教堂砸成碎片。
>
> 不要嘲笑那些告诫你当心康德主义者、费希特主义者和其他哲学家的空想家们。不要嘲笑那些预言现实世界也会像思想领域那样爆发革命的人们在白日做梦。思想先于行动，正如闪电先于雷声。德国的雷声必将合乎德国的真正特征。它不会疾如旋踵，而是较为缓慢地轰隆作响。然而它终将来临，当你听到史无前例的一声巨响，你就会知道，德国的雷电终于落下。

德国的雷电也许是摧毁欧洲的最后一击。正如海涅所言，这最后一击来自一个遍布哲学家和教堂的国度，但是却产生了史无前例的巨响。

对那些经历过战火的人来说，战争让他们饱受精神创伤，但他们仍然经常怀念过去战火纷飞的岁月。在他们的记忆里，战争和军队是一个充满了友谊、归属感、纪律和秩序的地方。战争失败后，他们退伍回国，却发现大家认为正是他们输掉了这场战争。他们不属于这个混乱不堪的世界，甚至开始怀念往日的战友之情。

在与希特勒同时代的人之中，凡是干练之才无不出身行伍。其中大多数人都对《凡尔赛和约》与魏玛政府感到愤怒和轻蔑，因为该条约让德国付出了难以承受的代价。由于德国经济一蹶不振，那些希望通过参军来寻求慰藉和荣誉的人们变得穷困潦倒。然而更糟糕的是，他们的双亲也变得一贫如洗。对于穷人来说，即使失去一切，他们的人生也没有太大改变。但对于中产阶级来说，失去一切就意味着他们的人生发生巨大转折。为德国战败付出代价的绝不是达官显贵和黑市骗子，而是普普通通的平民百姓。魏玛共和国的自由主义只不过是一种无能的表现。

阿道夫·希特勒是一个出生于奥地利的德国人。他曾在一战中赴汤蹈火，但负伤回国后却发现，当时的德国对军人不以为然，而其政治中枢也出现了巨大的权力真空。虽然德国贵族和实业家仍然存在，但就像欧洲其他各国的统治阶层一样，他们已经在战争中失去了民众的信任。魏玛共和国自由派既没有拒绝签署《凡尔赛和约》，也未能迫使当权者确保德国民众达到最低生活标准，从而同样失去了民众的信任。在希特勒生活的时代，文化正处于裂变之中，理性化的享乐主义占据了主导地位，军队的准则被弃置不顾。

希特勒不属于学究式的知识分子，而是自学成才，内心对世界有着乖僻的见解。从这个意义上来说，他也是一名知识分子，但被科班出身的学者斥作怪人。希特勒的历史观和世界观具有骇人的力量，就连 20 世纪登峰造极的思想家马丁·海德格尔也对其臣服。许多人认为，海德格尔只是投机取巧而已。也许的确如此，但他并非只有这样才能生存。我猜想，海德格尔之所以支持希特勒，是因为他在某种程度上对其感到信服，即使此人的观点缺乏高深的学术分析，甚至很不成熟，但无疑是强有力的。

随着旧体制逐渐丧失权威，德国出现了巨大的权力真空：左派对这一体制嗤之以鼻，因为正是它们让德国陷入战争；中间派为了生存早已精疲力竭，心灰意冷；右派认为，如果能够复辟君主制和贵族统治，一切就将重回正轨。然而，希特勒重新界定了这个问题。他独辟蹊径，不再谈论体制，而是谈论国家本身。浪漫民族主义依赖于共同的文化、语言和宗教，在这一点上德国与其他国家毫无二致，所以德国并不比任何国家优越。对于已经发生的事，德国感到愤愤不平，因此对这样一个悲观失望、疲惫不堪的国家来说，浪漫民族主义很难再次触动其神经。

希特勒认为，为了复兴德国，他必须重新激发人们的自豪感。因此，他利用文化和血统、真实的历史和虚构的神话，重新界定了德国的统治基础。希特勒辩称，民族存在血统之分，并且这一模糊的概念与遗传有关。同时，他强调血统及其产生的种族是一个国家的核心。他进一步提出，血统也有高下之分：日耳曼人，尤其是德国人，天生具有独特的才能，因此有权统治世界。此外，希特勒还杜撰了德国历史，不过他并非臆造了神圣罗马帝国或路德宗的历史，而是复活了条顿骑士、德国森林以及传说中的英雄，以便构建起血统和种族的观念。如此一来，历史成为一件人为创造的艺术品，虽然在许多方面纯属虚构，但其中真实的成分引起了德国人的共鸣。格林兄弟将神话视作国家的要素之一，而希特勒将神话和血统视作国家的本质。

血统、种族和神话填补了旧体制瓦解后所产生的真空。纳粹党对筋疲力尽的中间派和孱弱无能的魏玛共和国不屑一顾。他们在巷战中与共产党针锋相对，并将其彻底击垮，正是这些巷战激发了士兵的热情。他们在训练中毁掉了过去的自我形象，然后一点一滴地用德军昔日光荣的传说和对军队、国家的自豪感将其重新建立。其中有一点十分重要，希特勒是以一名军人的身份向同时代的战友发出号召，呼吁他们拿起武器纠正过去的错误，并向他们保证德国人能够征服其他任何种族。德国士兵经历过血与火的锻炼，加之德国将自身与军队视为一体，希特勒的观点和说教引起了广泛共鸣。

同样，希特勒对冷酷无情的号召也引起了人们的共鸣。军人在战场厮杀时必须毫无同情心，这是他们出生入死换来的教训，而现在希特勒使其成为一条历史准则。尼采和希特勒都认为，基督教通过向人们灌输仁慈之情，削弱了他们的意志力。希特勒企图消除德国人的这一弱点，用雅利安人的冷酷无情取代基督教的悲悯之心。发动战争不只是一项可供选择的国策，还可以作为考验军队及其强大国力的一种方式。由于憎恨基督教，希特勒反对宗教信仰，并投身于启蒙运动，但其目标与启蒙思想家截然不同，而是为了制造种族歧视。

屠杀 600 万犹太人的逻辑

在一战中，德军向士兵分发了尼采著作的复印件，其中包含有关“超人”的学说和对基督教的攻击思想。此外，尼采还提出了“视界”的观念：所有人都需要一个“视界”，即视觉上的某种幻象，从而将世界缩小到一个易于控制的范围里。启蒙运动创立了人类的概念，但这一概念过于广博，个体很难在其中发现自己。因此，德国士兵需要一种相对较小的概念。希特勒肯定读过尼采的著作，虽然我并不认为尼采会欣赏希特勒，但希特勒无疑对尼采十分钦佩。在《我的奋斗》一书中，希特勒就创造了一个“视界”，但正如一切有效的“视界”一样，希特勒忘记它本身便是一种幻觉。这是一种纯粹的虚无主义，因为希特勒毫无信仰，所以他可以不受约束地信奉任何学说。他认为，德国人需要相信日耳曼民族是世界上最伟大的民族。人们不禁要问，席勒和贝多芬的故乡怎么会信仰这类学说？这仅仅因为席勒和贝多芬乃至整个启蒙运动，都无法带领德国走出地缘政治、战争和失败的深渊。

魏玛共和国是启蒙运动的化身。希特勒痛恨魏玛共和国，认为它是失败和无能的象征。法西斯主义正是对启蒙运动的反抗。启蒙运动反对出身论和社会不平等，从而提升个人地位，但希特勒信奉血统、不平等和群众。从某种意义上来说，他也反对科学与技术，尽管他并不反对对其加以利用。因此，他用模糊而未知的神秘主义取代了科学与技术。希特勒清楚，启蒙运动和现代科学赋予了他征服世界的武器，但同时也腐蚀了德国人的灵魂，在潜移默化中令其失去深度，并用物质主义取而代之，而这与有关血统和种族的国家神话格格不入。

对希特勒来说，启蒙运动就像基督教一样，削弱了德国人民的意志，而自由主义者和社会主义者曾向德国军队放过暗箭。希特勒试图让德国人相信"种族是人类生活的核心"，但他必须寻找一种合理的解释。于是，犹太人不幸首当其冲。犹太人是一个十分独特的民族，这不仅因为他们没有祖国，还因为他们在保持自己种族身份的同时混迹于其他国家。希特勒辩解道，犹太人四海为家，他们所到之处，当地人无不为之蒙受苦难，因为犹太人的策略是利用他们所居住的国家谋取私利，他们带来灾难的同时聚敛财富。希特勒认为，犹太人是启蒙运动的最大受益者。在启蒙运动之前，犹太人一直四处流浪，但这场运动主张人人生而平等，约翰·洛克等人更是撰写了《论宗教宽容》（*A Letter Concerning Toleration*）等著作，以致犹太人在启蒙运动期间盛极一时：斯宾诺莎完成了最杰出的著作；罗斯柴尔德家族建立了最殷实的银行；马克思对享乐主义者的革命进行了最激进的反证。为此，希特勒指责犹太人要为资本主义和共产主义负责，因为他认为两者的源头同为启蒙运动。

希特勒指责犹太人为了一己之私建立起现代世界，但这无疑是强词夺理。事实上，犹太人的确受益于培根、哥白尼和路德等人建立的现代世界。这些人为他们创造了空间，并让他们获益良多。然而，在希特勒炮制的神话中，犹太人绝不仅仅像其他人那样从中受益，他们还是现代世界的缔造者。希特勒指出，正是在这个世界里，德国人遭到犹太人控制的银行、共产主义和自由主义的背地中伤。按照希特勒的逻辑，犹太人成为首席替罪羊：1914 年为什么会爆发战争？因为犹太人蓄谋已久；德国为什么会输掉这场战争？因为犹太人削弱了德国人的力量；犹太人为什么要这样做？因为他们想要从中谋取私利。

其中许多问题有待回答，但对希特勒来说，最重要的问题是：在犹太血统中，哪些因素促使他们作出上述举动？但这不是一篇科技论文，而是一件蛊惑人心的艺术品，因此无法根据逻辑或道理判断是非，而需根据其引人共鸣的方式进行评价。由于这种说法引起了广泛的共鸣，以至于不需要任何证明或逻辑上的一致性。它只需要成为一件引人入胜、卓有成效的艺术品。

令人匪夷所思的是，虽然德国人受教育程度极高且精明世故，但仍然对这种说法表示信服。虽然现在看来这荒唐至极，但与当时的德国极为契合。不可否认，希特勒激励了德国人，使其重振旗鼓，同时也为无穷无尽的恐怖打开了大门。就像其他激进的思想一样，这件艺术品无法忍受任何限制。希特勒为下述观念的确立奠定了基础，即德国人天生优越、虽败犹荣，而犹太人即便获胜也仍是次等人种。希特勒企图矫正以往的不公，并根据自己的幻想重建欧洲。因此，席卷欧洲的德国国防军不仅仅是一支军队，而成为了这件艺术品的化身。

这虽然听起来荒谬绝伦，但二战既是一起地缘政治事件，也是一件艺术品。跟随德国国防军进入苏联境内、围剿“次等人种”的别动队，正是根据希特勒的构想重新划分欧洲的边界，而希特勒也曾经希望自己成为一名设计师。德国国防军穷兵黩武，正是为了让希特勒这位艺术家开展创作。

欧洲的问题在于，文明的德国人何以堕落至此，沦为一头丑恶的怪兽。其答案是，这头怪兽是欧洲卓越成就、庞大帝国和启蒙运动顺理成章的结果。欧洲霸权建立在欧洲内战之上，而这场内战在一战期间达到顶峰。启蒙运动创造了给人类带来空前浩劫的科学与技术。此外，启蒙运动的无限性不仅最终削弱了人类对理性的信仰，而且打开了怀疑之门，让人们认为理性本身也不过是一种幻觉。

虽然这头怪兽具有独特的德国形式，但我认为，尽管欧洲的历史取决于一战后哪个国家伤亡惨重、实力弱小，但不可避免的是，欧洲必然出现这样一个国家，而这个国家也必然要为自己的“视界”创造一件艺术品，从而恢复元气。我还认为，假如这件艺术品是为了复兴国家而炮制出来的伪历史，那么它就如同一头残酷无情、桀骜不驯的野兽。尽管我的家人在大屠杀中命途多舛，但我始终认为，如果换作其他国家处在德国的位置上，也许就不会出现奥斯维辛集中营那样的惨剧，但也有可能导致类似的结果，其受害者也许会改变，也许不会。

苏联对历史作出了论断，并有志于对人类进行救赎。为此，他们不惜一切代价。为了完善自己的国家，德国人不仅驱逐了外国人，甚至还对那些没有祖国和家园、损害了寄居国利益的人进行屠杀。毋庸置疑，德国人为此也不惜一切代价。骇人听闻的是，为了实现这一神圣的目标，造成的伤亡甚至与一战相当，但战争只是带来了无穷无尽的灾难，而对于大屠杀，至少在纳粹主义者看来，无论如何都有所收获。

意识形态是冷酷无情的，为了满足其逻辑的要求，它不仅不择手段，而且对此引以为荣。所有意识形态和宗教都概莫能外。我们可以想象，任何一种自以为肩负至高无上使命的宗教都无所不用其极。在此，我们不妨设想一下渡过约旦河的希伯来人、基督教徒的十字军东征和穆斯林的圣战。虽然在美国等国家意识形态可能受到常识的约束，但在德国、苏联等国家，某些意识形态却可以肆无忌惮。

二战只不过是一战的延续、扩大和强化，其模式大同小异。由于地处法国和苏联之间，德国极度缺乏安全感，并首先对法国发动袭击，只不过这一次它是通过阿登森林进入法国。但与一战不同的是，法国在 6 个星期内迅速沦陷。由于英国拒绝与德国媾和，以致德军无法渡过英吉利海峡，所以德国决定先消灭苏联。不曾料想，欧洲大陆广阔的地形吞没了希特勒的军队，而苏联更是以排山倒海的兵力将其碾作齑粉，德军功亏一篑。随后，德国对美国宣战。美国在参战两年多后，横渡英吉利海峡，入侵欧洲内陆。而在此之前，美国还入侵过北非和意大利，但其重要程度显然稍逊一筹。最终，德国被美苏两国击溃并占领。总而言之，这两场大战的起因如出一辙，结果也大同小异，但不可否认，二战的伤亡人数远超一战。无论是对德国还是对欧洲来说，二战更加惨绝人寰。

一战基本上限于欧洲，但二战无疑是一场全球战争，因为太平洋和大西洋沿岸国家都被卷了进来。然而最重要的是，二战更加惨烈。谁也无法准确估算，在二战中欧洲究竟出现多少亡魂，但较为合理的估计是，约有 5 100 万人死于种族灭绝、轰炸和常规战斗，其中包括士兵和平民。1939 年，包括中立国在内的欧洲国家总人口约为 5.5 亿。由此，我们可以推算，从 1939—1945 年的 6 年间，有近 10%的欧洲人殒命，这一数字令人瞠目。

然而，这还不是最骇人听闻的数据。据统计，在二战中，波兰丧失了 16%的人口，德国牺牲了 10%的国民，而苏联的死亡率则为 14%。不仅如此，在欧洲各大半岛和欧洲大陆之间的边缘地带，也就是双方交战的主要场所，伤亡最为惨重，而波罗的海国家、罗马尼亚、匈牙利和捷克斯洛伐克尤甚。此外，甚至西欧国家也损失了大量人口：法国约为 50 万，意大利和英国为近 50 万。

战争已经达到了鼎盛时期，而欧洲强国已经实现了工业化。制造武器的工厂要比任何一种武器都更为致命，而制造武器的工人也要比任何训练有素的士兵更加危险。工业化在变得日趋重要的同时，也创造了自取灭亡的方式。尤为重要的是，载人轰炸机的问世抹杀了欧洲曾经制定的平民与军人的区别：首先，那些在工厂工作的平民间接参与了战争；其次，轰炸机的精确度极低。英国最初对德国发动空袭时，因是空地遇袭，所以德国人甚至不清楚英国人的轰炸目标究竟是什么。由于轰炸机的投弹精度极低，为了摧毁德国的工厂，盟军必须派遣大批轰炸机投掷大量炸弹，以致许多与战争工业无关的平民也惨遭横祸。战争结束后，德国的城市几乎片瓦无存，仿佛是被蓄意摧毁一般。

然而，最可怕的伤亡还是出自德国人之手。柏拉图曾经说过这样一句话，其大意是发动战争是一个国家的天性。但毫无疑问，虽然发动战争的方式多种多样，德国却无一例外地选择了极其残忍的手段。假如血统决定德国人是优等民族，那么他们对劣等民族的所作所为就不存在任何道德问题。波兰战败后遭到了残暴的镇压。与苏联交战时，德国的做法不仅极其残酷，而且毫无必要，这一点不能不令人震惊。乌克兰十分痛恨沙俄的统治和苏联的意识形态，尤其是在苏联时代，斯大林为了出口粮食以筹集资金，使乌克兰人蒙受了极大的苦难。如此说来，乌克兰人本可成为德国的盟友，但希特勒并不想与劣等的斯拉夫人厮混，并坚信自己打败苏联易如反掌。因此，他对乌克兰人进行了残暴的欺凌。相比之下，他对法国和北欧国家的占领则较为温和，这种做法显然符合他的思想主张。

纳粹大屠杀的罪恶罄竹难书。总体而言，它没有任何军事目的，虽然从某种程度上来看，希特勒的其他行为都存在一定的军事理由，但他有组织地屠杀600万犹太人以及数百万其他种族的人口，则不具有任何军事理由。兴建诸如奥斯维辛集中营之类的地方对战争毫无裨益，反而耗费了大量资源，因为即使德国为集中营囚犯分配的粮食微乎其微，也需要占用大量人力、车辆和其他资源。

不难发现，希特勒的观点中存在某种奇怪的逻辑。他认为，犹太人与欧洲各国的关系盘根错节，并且犹太人出于血统和天性而压榨并破坏收容他们的国家，因此他必须将他们从欧洲清除出去。希特勒表示，犹太人不仅引发了一战，还发动二战以完成前者未竟的目标。此外，他还认为，正是犹太人迫使英法两国因波兰问题而参战，并阻止英国与德国媾和。

希特勒亲手打造了一件艺术品，并深陷其中不能自拔。这件艺术品的力量不在于它的真实无虚，而在于它能够震撼人心。希特勒笃信，自己所说即为真理。他警告世人，假使犹太人在欧洲挑起另一场战争，欧洲人将面临灭顶之灾。他提出，犹太人已经发动了一场战争，为了终止他们的邪恶举动，他必须彻底消除犹太人这一心腹大患。

如果将启蒙运动崇尚的技术和无神论的神话放在一起，我们就会发现，那些看似荒谬的结果成了顺理成章的事情。正是这些神话让德国人大开杀戒，而工业化让集体屠杀成为可能。在希特勒编造的神话中，所有犹太人都具有相同的种族缺陷，而且对德国和欧洲来说，呱呱坠地的犹太婴儿与正值盛年的犹太成人同样危险。因此，希特勒派出大批爪牙搜捕犹太儿童，并将其送到集中营进行集体屠杀。

战争达到了恐怖的顶峰：在广岛和长崎，逾 10 万人在顷刻间殒命；在东京，3 天的常规轰炸也导致超过 10 万人丧生。毫无疑问，原子弹让战争走向了极限。由于工业奠定了战争的基础，而工厂位于城市中，那么为取得战争的胜利，就有必要摧毁这些城市。原子弹能够更加有效地完成这一任务，因此成了一种合理且必要的做法。有人曾经把广岛的惨祸与大屠杀相提并论，但两者截然不同。不管我们是否认同轰炸广岛的军事理由，但人们普遍认为，如果美国没有入侵日本，二战就不可能结束，而参战方也将有不计其数的人员死亡。我认可这种观点，但也有一些理性的人表示反对，因为他们指出，袭击广岛仅具备看似合理的军事意图。

纳粹大屠杀之所以绝无仅有，因为除了匪夷所思的荒谬借口外，它不具备任何合理的军事意图。然而，对于希特勒的血统与种族神话，大多数德国人竟然都表示接受，只有少数人提出了反对。当德国的年轻人追忆历史时，他们为祖父祖母曾经的信仰感到惊骇万分，但老一辈人在当时的确相信了希特勒的说法。其实，在其他时代，也有人相信某个种族、宗教或政治团体会带来危险。西班牙的宗教裁判所就处死了成百上千的异端，区别只在于，当时尚不具备导致数百万人丧生的技术。归根结底，让大屠杀成为可能的不是希特勒炮制的神话，而是先进的杀人技术。

1913 年曾令人闻之色变的事，如今变得不再可怕。1914—1945 年的 31 年间，约有 7 100 万人在常规战争中死亡，其中，一战约为 1 600 万人，二战为 5 500 万人。如果加上斯大林统治下遇害及饿死的约 2 000 万人，这一数字将飙升至 9 100 万，其中还不包括俄国和西班牙内战以及各种各样其他冲突造成的伤亡，例如土耳其独立战争。否则，即使保守估计，这一数字也将高达 1 亿之多。即使实际死亡人数比这一数字多出或少出 100 万，也只不过是一件微不足道的事情。

纳粹大屠杀让欧洲一蹶不振，但这些死亡数字也预示着欧洲曙光在望。二战结束后，美苏两国军队仍然盘踞在欧洲的大部分国家中，其中包括驻扎在英国的美军和散布在欧洲大陆的英军。战后的欧洲满目疮痍、元气大伤，不仅沦落为被占领土，而且无法继续主宰自己的命运。欧洲各国的命运竟然取决于美苏两国军队的驻扎位置，很显然，欧洲霸权已经岌岌可危、大厦将倾。

在这31年间，欧洲的地位一落千丈，从战无不胜的全球中心没落为穷困潦倒、颓唐侘傺之地。1945年，当欧洲从肆虐的暴力中惊醒，并惊异于过去的所作所为时，他们猛然发现，就像昔日哥伦布发现新大陆那样，整个世界的版图发生了翻天覆地的变化，欧洲不再是万众瞩目的中心。

霸业成空
从权倾天下到仰人鼻息

曾经权倾天下的欧洲，战后竟出现多达 30 万的战争新娘？美国的杜鲁门主义、马歇尔计划复苏了欧洲经济，但并未得到欧洲人的感激之情？曾经身为全球霸主的欧洲，战后却丧失主权、沦为任人摆布的角色。随着美苏争霸的局面展开，面对昔日的手下败将与如今的“恩人”，欧洲更是百感交集……

30 万“战争新娘”

1945 年 5 月 5 日，阿道夫·希特勒自杀身亡，从而结束了欧洲的战事，也为 31 年的风雨飘摇划上了句号。这段长达 450 年的历史从此宣告终结。然而，欧洲却被美国和苏联占领，主权已不再完整。在随后的几十年中，欧洲霸权土崩瓦解，其世界影响化为乌有。尽管苏联的全球影响力仍然存在，最终也将灰飞烟灭。转眼之间，曾经烽烟四起的欧洲火药桶偃旗息鼓，只有德国中部还剩下一块潜在的边地和一片一触即发的危险地带。

在 1913 年，这一切都无法想象。早已支离破碎的欧洲，在这 31 年间因战乱、危机、虚无缥缈的和平、人为饥荒以及内战变得更加内外交困，民众家贫如洗、食不果腹、流离失所。昔日全球经济体系中的佼佼者，如今甚至比其他大部分国家还要拮据，一度权倾天下的欧洲变得如此虚弱无助，这不能不说是一种莫大的讽刺。

大英帝国诗人鲁德亚德·吉卜林敏锐地预感到了这一切的发生，并在诗篇

《曲终人散》(*Recessional*) 中告诫世人：

远去了，我们的军舰消隐；
海峒和沙丘上的烟火低沉；
啊，我们昨天所有的煊赫，
与尼尼微和推罗一同消尽!
万国的审判者，还求饶恕我们，
恐怕我们忘记，恐怕我们忘记!

如果眼前的权力使我们沉醉，
放肆的口舌对你失去敬畏，
像外邦人那样的夸口，
或像没有律法的贱胚——
万军之神啊，还求与我们同在，
恐怕我们忘记，恐怕我们忘记!

欧洲的确不乏鼓唇摇舌之辈，但实际上，即使是那些没有挑拨煽动者（除了丘吉尔早期的一些演说被认为过于狂热）的战胜国也同样是这场战争的失败者。1913—1945 年，欧洲的地位迅速式微，其迅疾程度令人难以想象。

在二战中，欧洲最非同寻常的一点在于：随着希特勒身亡，过去的一切突然烟消云散。此人苟延残喘之际，德军仍在负隅顽抗，但就在他死后的几个小时或至多几天内，德国的抵抗旋即停止。为了让德国东山再起，希特勒谱写了一段虚构的历史，并用尽毕生的精力深入过去。在他所杜撰的神话中，他的意志即德国本身，而德国本身即他的意志。然而，他命赴黄泉后，德国还只是一个共同使用德语的地区。随着那条将德国与往昔英勇壮举联系在一起的纽带被切断，德国似乎魔法般冰消瓦解。这一刻，作为艺术作品和幻想产物的德国也最终寿终正寝。

大英帝国的传奇也曲终人散。它发起的声势浩大的殖民运动及教化落后民族的梦想也随之付诸东流。即使英国没有像德国一样猝然倒地，但无疑气数将尽，既是因为战争摧毁了它曾盛极一时的经济，也是因为它已经意识到自身虽胜尤败、满盘皆输。从 1914 年起，一连串事件让英国在经济和道义上都耗尽元气，以致到了 1945 年，人们对英国肩负“白人负担”的信心已经荡然无存，对政府执政能力的信任也化作泡影。无论丘吉尔的表现曾经多么振奋人心，事实却是，他在战后的大选中遭遇惨败。

美国两次出兵欧洲，严重削弱了英国的实力。虽然美国第一次出兵欧洲时没有驻军英国，但二战期间美军在英国驻扎了三年之久。据说，当时的驻英美军“报酬过剩，性欲过剩，赖着不走”，这虽然是句调侃，但并非空穴来风。美国人不仅夺走了英国人的权力，还总是趾高气扬。最令人不快的是，美国人对自身的傲慢态度竟然浑然不觉。他们认为自己拯救了孤立无援的英国，并希望英国知恩图报。但糟糕的是，英国并没有感激涕零。

在一战中，法国人虽然浴血奋战了 4 年之久，但最终他们不得不承认，其战胜国身份名不副实，就连美国人也比他们更有决定权。1940 年，法国在 6 个星期之内迅速沦陷。尽管关于法国人团结一致、英勇抵抗的说法广为流传，但不可否认，法国军队在如此之短的时间内即一败涂地。最终，是美国、英国、波兰和其他国家解放了法国。虽然法国的确存在抵抗力量，但美国充裕的物资和庞大的军队使英国，尤其是法国相形见绌，而且确实是美国帮助他们夺回了主权。法国人继承了查理·马特和拿破仑的血统，马特曾经在图尔大败穆斯林军队，而拿破仑虽败犹荣。然而，在这两场世界大战中，法国并没有赢得任何荣耀。法国人对此心知肚明，并为此耿耿于怀。在诺曼底战役的登陆日，夏尔·戴高乐拒绝向法国民众宣读事先为他准备好的广播稿，似乎有些傲慢、忘恩负义。因为他不顾一切地想要在法国战败、被占领和解放后夺回主权，所以感恩无疑是难以忍受的事情。

其他欧洲国家大都处于震惊之中。西班牙仍在佛朗哥的统治之下，力图从内战中复原。虽然墨索里尼的跋扈独裁较希特勒稍逊，但意大利同样元气大伤。波兰接二连三地遭遇悲剧，甚至被迫将主权和边境地区拱手相让给苏联。总之，那些曾经叱咤风云的大国失去了昔日的辉煌，那些企图崭露头角的国家一无所获，而那些仅仅希望国泰民安的国度也大失所望。在过去的 31 年间，无论是合理的还是荒谬的梦想，全都化作了泡影。

一般来说，战争的结束往往意味着些许希望的来临，至少对某些欧洲国家来说应该如此。然而，随着二战结束，大部分欧洲国家都意识到，他们的损失十分惨重，并且许多欧洲人由于贫困潦倒而命悬一线。即使不包括维持庞大帝国、国家主权和民族独立付出的代价，欧洲国家仅是人员伤亡就难以估量，尤其是有些家族的全部成员都在战争中惨遭横祸，这些人的名字被永远从历史上抹去。诚然，我不会忘记犹太人，但是又有多少德国人在空袭中丧身火海？党卫军又杀害了多少被捕的苏联游击队员？此外，又有多少孩子变成了孤儿？

欧洲整整一代人的余生都处于震惊之中，这 31 年仿佛是挥之不去的梦魇。我认识一名来自罗兹市的犹太人，他自幼就躲藏在波兰的森林里，受到一个波兰基督教家庭的保护，他的家人全部在战争中丧生。二战结束后，他来到了美国，但始终一蹶不振。他经常感到恐惧和自责，每当此时，他就会反复念叨：“一切都没有希望了。”他总是戴着一条领带，而疯狂和悲痛就像那条领带，紧紧地攥住了他的脖子。

我还认识一位妇女，她从孩提时代起就住在汉堡市。当时，英国准备用火焰弹在夜间对德国各大城市发动空袭，而汉堡作为德国最大的港口，自然是英军的袭击目标之一。她的父亲是一名党卫军成员，在参战后一去不返。在危急关头，就像我的姐姐一样，她藏到了地下室，最后得以死里逃生。

我刚认识她时，她出奇地沉默寡言，既不需要也不想要任何东西。在找到毕生的爱人后，她倾尽全力去爱他，甚至与他形影不离。在她看来，由于身心俱疲，她所能给予对方的十分有限，因此不惜倾其所有，但她仍然终生饱受孤独的折磨。

上述两人中一位是犹太人，另一位是党卫军的女儿。在我眼中，他们都是无辜的，而且都很不幸地因为过去 31 年的苦果备尝艰辛。我认为，德国人因其所作所为罪有攸归，但我无法让她为这些罪恶负责。这就是国家主义的悖论。一个年仅 5 岁的孩子永远是无辜的，但她的国家恰恰相反。所谓“国家”，还应当包括这个国家的历史，而不仅仅指仍然健在的人。在我看来，他们两人都是受害者。从某种意义上来说，他们是平等的。我对他们颇为熟稔，在认识他们以后，我从未见过他们哭泣。

美国人喜欢使用医学术语描述人体的状态。由于恐惧导致的精神障碍被称作“创伤后应激障碍”。毫无疑问，上述两人都饱受创伤后应激障碍的困扰，而且永远无法治愈。实际上，罹患这一病症的人数多达百万，这些人的记忆被悉数抹去，这才是欧洲烽火遍地的真正后果。一个是由于精神失控而丧生的男人，而另一个是对任何人都不信任的女人，这才是欧洲 31 年烽火连天的真正代价。欧洲霸权固然很重要，但这才是事实的真相。对欧洲而言，正是其 1913 年的骄矜自负导致了 1945 年的彻底绝望。

战争结束后，生活不得不继续。不同国家民众的生活境况有着天壤之别，而这取决于你身在何方以及被谁征服。只有屈指可数的几个国家躲过了那 31 年的劫难，其中包括瑞典、葡萄牙，或许还有爱尔兰。虽然，一些国家损失较少，另一些国家却苦难深重，但欧洲各国无疑都陷入了困境，它们的命运将由各自的占领国决定，尤其是美国和苏联。当然，在 31 年间，美苏两国的遭遇也截然不同：美国人不仅参战较晚，而且本土没有遭到破坏，苏联人却经历了一战、内战、大清洗、大饥荒和二战。战后，美国变得比以往更加强大，而苏联是损失最惨重的国家之一。因此，对欧洲各国来说，由哪个国家占领就显得极其重要。

美国控制了欧洲最富庶的地区，但从许多方面来看，这是一种艰辛的责任。

起初，美国人希望像一战结束后那样重返故土。与此同时，苏联人控制了欧洲最贫穷的地区，但毫无疑问，他们认为自己取得了重大进展：首先，他们以沉重的代价赢得了二战；其次，他们成功地向西推进了许多。

作为占领国，苏联通常显得残暴。1945年，欧洲各国本已惨不忍睹，但苏联却开始拆卸占领区的工厂，并将其运回国内。不仅如此，苏联士兵还将偷来的手表从海上运回家中。他们对手表极为痴迷，因为对尚不熟悉时间概念的农民来说，手表象征着财富与知识。毋庸置疑，被占领国家的财富让苏联士兵感到心醉神迷。他们当中有许多人平生从未见过室内水暖设备，因此认为被占领国家普通市民的住宅极尽奢华。他们对自己的所见所闻感到嫉妒，从而使被占领者在心理上产生了某种优越感。尽管这些国家被苏联征服，但却受到了占领国的羡慕。这种羡慕的心态以及随后许多年里欧洲的悲惨境遇都真实无虚，并且产生了深远的影响。

但美国的情况大相径庭。美国人把德国的科学家和武器运回国内，因为欧洲的工厂已经不再需要这些。不可否认，就像所有士兵一样，美国士兵也会顺手牵羊，但比起食物，他们更想要的是纪念品。平心而论，美国占领者给予欧洲的比他们从欧洲盗走的要多。欧洲人急需美国的一切，但他们手中几乎没有美国人想要的东西。

即使欧洲已经穷困潦倒，但苏联士兵还是对欧洲的富有惊叹不已。即使欧洲比以往任何时候都更不自信，但美国士兵还是对欧洲的文化肃然起敬。一战后，美国整整一代知识分子对巴黎趋之若鹜，这一点在海明威《流动的盛宴》（*A Moveable Feast*）中有着深刻的体现。那些读过或听说过父辈故事的士兵希望故地重游，而且有些人的确到过巴黎、罗马和佛罗伦萨。

美国人至多是想要在回国前在欧洲各地游览一番。美军对欧洲深感同情，这从他们随手馈赠的礼物中可见一斑。众所周知，他们慷慨地把口香糖、巧克力和食物送给儿童和刚刚结识的人，而不只是女人。这既是因为美国士兵补给充足，也是因为他们对欧洲人不像欧洲人彼此之间充满敌意。一盒午餐肉对美国士兵来说可能不值一提，但对欧洲人来说可能攸关生死，所以他们毫不吝惜。更何况欧洲人对美国士兵的感激之情溢于言表，尽管他们心中也不无怨恨。在许多欧洲人看来，美国士兵的富有足以证明，他们几乎没有遭遇任何挫折。

苏联军队就像被占领国家的人民一样饥肠辘辘。在波兰和匈牙利，很少有妇女与苏联士兵甚至军官结婚。究其原因，部分在于苏联的禁令，部分在于这种做法无法解决任何实际问题。然而，许多德国、意大利、英国和其他欧洲国家的妇女却愿意和美国人结婚。据估计，约有 30 万欧洲妇女成为“战争新娘”。对女人来说，这是一种寻求解脱的方式；对美国人来说，这充满了异国情调。但对许多欧洲男性来说，这是欧洲女人对男人的背叛以及美国人妄自尊大的体现。无论是对战胜国、被占领国还是昔日的敌国来说，情况莫不如此。

在欧洲人看来，美国人似乎浮华肤浅，但实力强大、科技发达。凡是见过大批美军涌入欧洲领空和街头巷尾的人们都无法对其视而不见，但欧洲人认为,即使是美国军官也不够高雅。在欧洲人的观念中,所谓高雅与阶级有关。就像其他任何地方一样，欧洲人对高雅的定义也不外乎上流社会的言行举止和价值观念。

美国白人是欧洲流离失所的难民的后裔。他们的祖先正是诗人爱玛·拉扎露丝笔下那些“可怜的垃圾”，其中包括英国的探险家和叛乱者、爱尔兰籍苏格兰农民、饥饿的爱尔兰人、失业的意大利人等。德怀特·D. 艾森豪威尔出生于堪萨斯州的一个穷苦家庭，奥马尔·布拉德利在密苏里州的父母一贫如洗。乔治·巴顿虽然出身豪门，甚至还会写诗，但是按照欧洲人的标准，他仍然是个粗鄙不堪、缺乏教养的家伙。在欧洲人看来，美国人就是牛仔。他们从美国电影中了解到有关牛仔的事情，但这些电影往往出自生平从未见过牛仔或印第安人的欧洲移民之手。欧洲人还看过德国作家卡尔·麦的西部小说，当时他的著作在欧洲广为流传，但此人仅在美国待了 6 个星期，而且从未到过美国西部。

欧洲人虚构了一个关于美国人的神话，并且信以为真。在他们眼中，牛仔粗野强悍、脾气暴躁，没有接受过良好的教育。总之，欧洲人对世界的看法过于简单，思维方式非黑即白，无法理解那些精妙复杂的东西，而且凡事喜欢诉诸武力。他们自以为十分高雅，认为美国人粗俗不堪。这种观点虽然不无讽刺，但考虑到欧洲的历史，也在情理之中。欧洲即使风雨飘摇，也难以纡尊降贵。无论美国人的实力如何强大，欧洲人对其慷慨之举如何感激，仍然会对他们的粗鄙深信不疑。这无疑是欧洲人的一种防御手段，而且从某种程度上来看，这种手段行之有效。按照欧洲人的观念，美国人固然不够高雅，但美国人也并不希望像欧洲人那样高贵。

人们很容易把美国人与那些简单淳朴的欧洲人混为一谈，但他们已经不再是欧洲人，而是老于世故的美国人。从教育培养到餐桌礼仪，欧洲和美国形成了迥然不同的文化和价值观。与欧洲文化迥异，美国文化以技术为核心。因此，在美国男孩摆弄汽车的时候，出身名门的欧洲男孩正在学习古典文学。欧洲人最多只会把美国人看成一名商人，而美国人则把欧洲人看作屡战屡败的输家。先进的技术和大规模的生产让美国打赢了战争，所以对美国文化来说，一个摆弄汽车的男孩要远比一位受过良好教育的古典学者更加重要。因此，欧洲人对美国人既充满感激之情，又夹杂着嫉妒、憎恨和轻蔑，而美国人对欧洲人只有傲慢和冷漠。

苏联人强大而危险，但他们的粮食极其匮乏。虽然许多欧洲左派都对斯大林和苏联抱有浪漫的幻想，忽视甚至宽恕了他所开展的大屠杀，但被苏联占领的国家对苏联人却不抱任何幻想。苏联人毫不掩饰自己的企图，他们与德国人的区别最多只是程度不同而已。尽管东欧国家人民的生活异常困苦，但占领者与被占领者之间的心理关系却毫不复杂，因为被占领者恐惧并蔑视苏联人，因此双方一般相互隔离。总之，美国人与欧洲人之间的关系相对复杂，其间充斥着矛盾的感情，而苏联人与被占领国之间的关系却简单明了。

超级大国角斗场

与德国人不同，美苏两国都没有试图直接统治被占领国家，而是允许它们保留主权。苏联人虽然故作姿态，但也并不指望别人会相信他们的伪装。他们虽然也会在被占领国家举行选举，但一旦结果像匈牙利选举那样出乎预料，他们就会危言恫吓，并重新举行选举，直到最终如愿以偿。毫无疑问，在苏联看来，它所占领的国家理应维护苏联的战略利益。

美国与欧洲没有直接的利害关系，但它有一个极其消极的目的，即不希望欧洲被苏联占领。美国清楚，欧洲的均势已经难以为继，因为自 1914 年起，强大的德国先后两次打破欧洲的平衡。而现在，苏联取代了德国的位置。假如美国作壁上观，苏联就会出兵征服欧洲其他国家，当地的任何军事力量不足以阻挡他们。此外，苏联还可能通过强大的共产党施加政治影响，削弱其他欧洲国家的力量。二战期间，在打击德国的地下战争中，共产党已经形成了一股长期存在的力量。

美国绝不能坐视上述情况的发生，因此像一战结束后那样完全撤出欧洲的提议很快便销声匿迹。美国清楚，除非异想天开，否则苏联绝不会从东欧撤军，所以美国必须巩固其在西欧的力量。与苏联占领的东欧国家不同的是，美国占领的国家的意向在很大程度上与美国的想法相互吻合，因为这些国家不希望被苏联征服并建立共产党政府。此时，东西欧之间的边缘地带已经大幅西移。

这些被美国占领的国家无疑清楚，如果美国控制了欧洲，那么包括美国自身在内的任何国家都不会再把资源浪费在侵略欧洲上。它们也清楚，美国将会帮助该地区从经济上复苏，即使这只是为了巩固美国自身的战略地位。从这个意义上来看，美占区要远比苏占区更精诚团结。因此，这两个区域之间的边缘地带成了新的火药桶，一场核战一触即发。

冷战建立在相互恐惧之上。为了克服这种恐惧，美国人建立起稳固的结盟体系。在这个体系中，其盟国发挥了主要作用，在美国的支持下有效阻止了苏联的扩张。而苏联人的战略主要依靠自身，就像1914年和1939年那样，他们组建起以针对德国为重心的庞大的地面部队。美国最担心的是，苏联会发起突袭，踏出德国范围，席卷英吉利海峡各大港口，从而有效封锁欧洲，并将其纳入自己的麾下。果不其然，这一噩梦变为现实，因为苏联将实现此前任何国家都未能完成的目标，即统一欧洲。欧洲人有可能面临另一场战争，但这一次他们完全无法控制局面。

在经历了大萧条[①]和二战之后，美国人只希望继续自己平静的生活。虽然美国军队不得不参与欧洲急需的人道主义救援，但从总体上来说，他们并不认为自己对欧洲的重建负有责任。然而，苏联的地缘政治让美国别无选择。无论西方知识分子对约瑟夫·斯大林作何感想，不可否认的是，他的意志始终控制着苏联，而斯大林控制之下的政权绝不会受到任何人的约束。实际上，苏联人同样别无选择。他们已经将控制权扩展到德国中部。他们需要战略纵深，从而控制并瓜分德国，而德国在过去的31年间曾经两次入侵苏联。然而，随着苏军不断向西推进，他们变得越来越不堪一击，因为他们的补给线所穿过的其他国家都对苏联十分仇视，尤其是波兰。

美苏两国分别根据对方可能采取的措施和假定的意图制定了战略。苏联的解决方案是在德国维持大批驻军，以镇压反抗、维持优势地位和抵御美国袭击。对于美国的核力量，苏联人需要某种制衡，但他们尚不具备核武器以及能够向美国发动核打击的轰炸机战队。战争一旦爆发，欧洲势必成为双方角逐的战场。对苏联人来说，最佳的防御就是迅速出击，占领德国西部、法国和低地国家，形成美国核武器所无法逆转的既成事实。至少这是苏联的设想。

苏联并不希望再发动战争，二战已让他们心力交瘁。但他们无法确定美

① 大萧条指1929—1933年的世界经济大危机，首先爆发于美国，随后迅速蔓延到整个欧洲和除苏联、蒙古以外的全世界。它是迄今为止人类社会遭遇的规模最大、历时最长、影响最深刻的经济危机。

国的意图，但希望自身大规模的军事部署能够吓退美国。这是他们唯一的选择。无论苏联人的主观用意何在，实际效果是他们所制造的假象在美国人看来，他们有能力像德国一样，发动闪电战迅速攻占西欧。对于苏联的威胁，美国不可能无动于衷，否则苏联就有可能占领整个欧亚大陆，从而严重打破美苏均势，危及美国长期以来对海洋的控制权乃至美国的国家安全。1945—1947 年，美国的对外战略发生了重大转变，不再是在战后从欧亚大陆撤退，而是遏制苏联向边缘地带扩张，尤其是在战略要地欧洲与苏联展开对峙。

美国的这一战略产生了两个关键问题。为了保护欧洲免遭苏联入侵，美国需要保卫德国，因此必须控制荷兰、比利时和法国的港口。此外，美国还需要在英国建立空军基地，这个位置虽然仍位于潜在的作战范围内，但是足以为美军提供攻击预警。为了阻止苏联人派遣海军进入地中海，他们必须确保博斯普鲁斯海峡的安全，并对希腊和土耳其进行严密防守。为了便于在地中海使用海上力量，美国必须将意大利纳入结盟体系，因为西西里岛能够阻挡苏联进入地中海东部，这就像西班牙曾经占领直布罗陀海峡，从而彻底封锁地中海。

冷战于 1946 年开始初具雏形。由于希腊和土耳其发生共产党起义，再加上苏联大兵压境，美国不得不向这两个国家运送补给，并在暗中提供支持。从地理上看，苏联无法将大批海军开进地中海。这就意味着南欧相对安全，尤其是共产党势力日益壮大的意大利，但美国无法封锁苏伊士运河。一旦土耳其或希腊成为共产党国家，苏联就可以进入地中海，而美国将面临着更为复杂的战略挑战。因此，1947 年，为确保希腊和土耳其的安全，杜鲁门主义宣告出笼。此时，美国断定，苏联已经成为欧洲的威胁，因此竭尽全力想要封锁苏联。

与此前的 31 年不同的是，在冷战期间，两个超级大国之间并未爆发真枪实弹的战争。火药桶并没有爆炸，美苏之间虽然剑拔弩张，但最终引而未发。地缘政治与意识形态成了至关重要的问题。双方均历经两次世界大战，而且装备精良。战争似乎总是迫在眉睫，甚至不可避免，但美苏之间并未真正爆发热战。这是因为在地缘政治方面，美苏两国不像欧洲那样压力重重，双方都存在转圜的余地。

还有一个原因很少为人所提及。较之于1914年和1939年的欧洲人，美苏两国的政治家更为谨慎。他们亲眼目睹了31年的惨状，并了解核武器的风险，因此格外谨慎，竭力避免擦枪走火。一旦形势恶化，他们就会主动退却。1945年，世界发生了决定性转变。其中一个标志就是，与欧洲国家以往不计后果的做法不同，新的潜在参战国表现得异常谨慎。

嫌隙渐生

二战是一场全面战争。所谓全面战争，即所有社会力量均投入战斗，包括工业、社会和军事力量。当欧洲人征服全球并互相争斗时，全面战争既不必要，也不可能。

即使在拿破仑时代，法国也没有动员全社会参战，否则所有人都将处于危险之中。但二战的情况截然不同。实际上，全面战争动员从经济上和情感上摧毁了欧洲人的意志，是导致欧洲实力衰微的原因之一。

如今欧洲人及其国家将继续在全球范围内开展行动。但与欧洲国家相比，世界上其他许多国家幅员更辽阔，机构更庞大。美国和苏联都井然有序，可以开展欧洲国家无法独立开展的行动。第三次世界大战必然将是一场全面战争，其规模将超过二战。正因如此，吉卜林的担忧变成了现实。

在二战中，英美两国同仇敌忾，但在一个问题上却判若水火：英国人参战是为了保卫大不列颠，打败德国人，维护大英帝国；美国虽然也希望保护英国、打败德国人，但对于维护大英帝国毫无兴趣。这一分歧使双方在战略上的冲突日益显露。美国倾向于入侵法国，但英国对此举棋不定。首先，英国人担心重蹈一战的血腥覆辙，继而摧毁他们仅剩的少量地面部队。其次，他们尤其看重地中海。对英国来说，直布罗陀海峡和苏伊士运河是通往印度的干线，所以保卫这条通道是他们的当务之急。因此，英国倾向于攻打北非，然后入侵西西里岛和意大利。总之，英美两国的战略方针截然不同：美国希望对德国予以迎头痛击，但英国宁愿通过意大利和南斯拉夫发动间接袭击，以保存自己的实力，并确保对地中海的控制权。

其实，早在参战之前，美国就已经向英国暗示了自己在有关大英帝国问题上的态度。美国的《租借法案》有如下规定：第一，美国向英国出借驱逐舰，以保卫北大西洋的海上通道，打击德国的 U 型潜艇；第二，英国将其在西半球除了哈利法克斯和新斯科舍以外的所有空军基地租借给美国。事实上，这就意味着英国将其在加勒比海的殖民地拱手让给美国，虽然仍然保留了对这些岛屿的正式管理权，但它们现在实际处于美国的控制之下。毫无疑问，在慷慨相助的同时，美国也趁机削弱了大英帝国。

1945 年后，欧洲的霸业摇摇欲坠。为了谋求独立，印度拉开了长达数年的抗议运动。在被日本占领后，印度拒绝继续由法国统治。在荷兰统治的东印度群岛，当地民众发起了反抗荷兰的起义。最为突出的是，随着欧洲在东南亚被日本战败，亚洲国家开始抵抗欧洲试图在这些地方恢复殖民统治的行动。越南和马来西亚反对由欧洲继续统治，而印度和中国则希望将欧洲人驱逐出去。这股风潮不止出现在亚洲，阿拉伯世界和撒哈拉沙漠以南的非洲同样风起云涌。

尽管冷战让欧洲停滞不动，但在人称“第三世界”的诸多国家，冲突却从未停止。这些国家既不是发达的工业强国，也不是社会主义阵营的组成部分，其中包括刚刚获得解放的殖民地，还有一个世纪以前解放的拉丁美洲殖民地。20 世纪 50 ～ 80 年代，美苏两国在第三世界国家就由谁继承欧洲霸业的问题展开了持续不断的斗争，以致许多边缘地带成为两个超级大国斗法的场所，例如朝鲜半岛、越南以及阿富汗。

其中不乏讽刺意味。美国在反抗殖民主义战争中建国，苏联则推翻了沙皇封建专制统治。尽管现在它们仍然打着反帝的旗号，实际上却开始扮演帝国的角色。美国希望救困扶危，使自己免遭苏联的统治和压迫，而苏联也希望救民于水火，使自身免遭美帝国主义的践踏。最终，双方的逻辑及道德使命不再有任何关系。当然，两国都意识到了这样一个事实，即从土耳其到伊朗的欧洲前线已经成为一道铜墙铁壁，他们唯一的选择是在动荡不安的第三世界决一雌雄。

截至 1970 年，欧洲霸权已经名存实亡。实际上，在 1960 年以前，欧洲的大半江山就已经不复存在。显然，欧洲不再是一支全球力量。除苏联以外，任何一个欧洲国家都不再称得上是世界大国。与此同时，欧洲的经济逐渐复苏，尤其是美国占领的欧洲国家。人们开始懂得，欧洲即便失去了昔日的光辉，他们仍然可以生存下去，甚至蒸蒸日上。事实上，欧洲人最终得出了结论：他们已经开辟了人类生存的新维度，即在无需冒险和发动战争的前提之下走向繁荣。

1991 年，随着苏联解体和冷战尘埃落定，欧洲人恢复了过去的自豪感。他们以为自己已经从 31 年的浩劫中吸取了足够教训，即不值得为了从权力中获益而付出如此惨痛的代价，而他们的自豪也正是建立在这些教训的基础上。

此外，欧洲人还相信，无论欧洲如何小国林立，他们都可能完成从前看似不可能的目标，即促进欧洲一体化，形成一个单独的实体，并永远根除欧洲内部的战争。

欧盟旨在完成昔日罗马人、查理曼大帝、拿破仑和希特勒未竟的事业，以建立统一的欧洲。按照欧盟的计划，欧洲人不仅要完成上述目标，而且不需要再付出血的代价。总而言之，一方面，欧洲放弃了从前的幻想，不再把战争这一极端手段作为解决问题的方法；另一方面，欧洲变得更加激进，梦想着在无需发动战争的前提下实现同一个目标，即欧洲一体化。

欧洲一体化
美国抗苏的卫星国？

欧洲走投无路之时，美国“雪中送炭”。马歇尔计划旨在复兴欧洲，但却遭到了欧洲各国的质疑。想要不事事唯美国马首是瞻，富有远见的欧洲领导人意识到欧洲必须建立更加紧密的联盟，然而这意味着国家主权遭遇挑战。从欧贸联到欧共体，再到欧盟，联盟前途未卜，欧洲的未来又将何去何从？

别有用心的“橄榄枝”

据记载，1945—1946 年冬是欧洲最寒冷的一个冬天。彼时，欧洲的煤炭极其匮乏，粮食和御寒衣物也奇缺。无家可归的难民在欧洲四处游荡，他们走投无路，处境危险。尤其是在德国等地，许多人忍饥挨饿。饶是如此，这个冬天似乎还是难以熬过。当然，法英等国的情况稍好一些。但毫无疑问，所有欧洲人都面临着可怕的贫困。

这些欧洲国家都建立在旧式的民族国家之上，政府往往是由回国的流亡人士组成。对于比比皆是的人道灾难，他们根本无能为力。东欧各国在苏联的统治下联合了起来，但西欧国家仍是一盘散沙。西欧没有人考虑过统一的问题，他们关注的只是如何生存以及怎样重建国民政府。

美国人不太关心占领的问题。有传言称，战争结束后，美国将立即着手与苏联开展冷战。然而，这一传言显然不符合实际，因为若事实果真如此，美国就不会遣散部队。无论联合国有多么不可靠，富兰克林·罗斯福也发自内心地信任联合国，况且美国并没有其他战略。虽然美国的确会对重大事件作出反应,但很少主动开展行动。有时,这种反应甚至与其大国地位极不相称。美国人往往需要很长时间改变自己的战略信条，所以，虽然罗斯福已经辞世，但其影响依然存在。

自美军入驻欧洲后，他们举目四望之地都混乱不堪，因此美国理所当然地认为自己有义务施以援手。平心而论，如果认真研读当时美国国会以及其他部门的记录，你就会发现，人们确实认为美国在那时应当有所作为。美国的首要援助渠道是联合国善后救济总署，而急救物资也被送往除德国以外的欧洲国家。尤其是对德国，美国本可以表现得冷酷无情，但战争结束后，它却将投降的德国人认定为“被缴械的敌军”，而非“战争俘虏”。按照美国的既往政策，战俘与美军的口粮配给相同，但被缴械的敌军却没有任何给养。然而，随着 1946 年严冬降临，美国意识到，一场人道灾难正在德国和其他欧洲国家上演，因此开始为德国提供救援。

此时，美国国内出现了两种自相矛盾的愿望，即美国人既希望离开欧洲，又希望伸出援手。虽然美国最终选择了留下，但其中的战略原因并不明显。现在看来，这个决定极易遭到驳斥，或者被视作美国冷战战略的组成部分，但现实情况却是，这只是斯时斯地美国的选择而已。无论如何，这个决定进一步影响了欧洲人对美国的看法。当然，美国需要付出的代价并非不可忍受，而当时的社会舆论也认为,美国“必须为那些可怜的人们做些什么”。有时候，美国的做法只能被理解为利他主义，但这种看法很快发生了变化。

我还记得，从小到大我经常听父母讲述这样一个故事：当我们一家在维也纳避难时，难民营供应的是美国剩余的奶酪，并且一直供应到 1949 年。按照父母的说法，这种奶酪的质量不算上乘，颜色已呈深黄。母亲不愿给我喂食这种奶酪，但是家里的其他人都吃过。这无疑是威斯康星州的切达干酪，因为当时美国政府为了帮助奶农销售，购买了大量干酪，并将其运往欧洲。当时，世界上几乎所有其他国家都无力为难民提供援助，所以，美国向欧洲伸出了援手。多年以后，我的家人仍会谈起这种奶酪。

然而，随着年深日久，美国的慷慨义举演变成了某种战略。1947 年，美国越来越清楚，苏联人不仅将自己的意识形态强加于东欧，而且企图向西扩张其势力，尤其是在希腊和土耳其。美国认为，这就是苏联的战略，并开始制定计划进行抵抗。此时，西欧国家的经济状况不再仅限于是否需要援助的问题，而是关系到美国的国家安全。显而易见，如果欧洲经济脆弱，那么就避免不了会发生社会动荡，从而在面对苏联时不堪一击。与此同时，西欧也希望证明，资本主义比共产主义更加富有成效，能够为人民提供更高的生活质量。更为重要的是，美国不希望孤军奋战，而是希望将欧洲国家重新武装起来，以共同对抗苏联。为此，欧洲需要增强经济实力，美国也开始进行筹划。

1947 年，负责经济事务的国务次卿威廉·克莱顿向国务卿乔治·C. 马歇尔递交了一份备忘录：

> 如果美国不能迅速提供大力援助，欧洲的经济、社会和政治就会彻底崩溃。这一状况不仅会为世界未来的和平与安全带来可怕的后果，而且会对美国国内经济造成灾难性的直接影响：剩余产品的市场将不复存在；堆积如山的战争债务将会引发工人失业、经济萧条和国际收支严重失衡等问题。所以，这种情况绝不能出现。

随后，他继续指出：

> 该计划应当建立在类似比、荷、卢三国关税同盟的某种欧洲经济联盟之上。如果欧洲经济继续如今天这般相互防范、各自为营，欧洲就不可能从战争中复兴并重获独立。

克莱顿是马歇尔计划的关键人物，他试图通过向欧洲投入资金并鼓励贸易往来以振兴欧洲经济。该计划正式确立了美国在此前与苏联对峙时的做法，并极大地扩展了规模。同时，该计划也是促进欧洲统一的真正起源。

在美国国会最后批准的马歇尔计划中，还包含以下内容：

> 考虑到美国过去从不存在内部贸易壁垒的大规模国内市场中获益，并且相信欧洲国家也可以同样受益，我们在此宣布，美国人民的政策是：鼓励接受马歇尔计划援助的国家通过联合机构开展共同行动……以迅速实现欧洲经济合作，而这对持久的和平与复兴都必不可少。

马歇尔计划既没有试图让欧洲成为美国的翻版，也没有打算制定复杂的管理制度，而是希望建立欧洲自由贸易区以及协调欧洲经济发展的联合机构。自由贸易与合作政策需要的不是某种共同身份，而是某种共同利益。这些就是欧盟建立的思想基础。

欧洲人虽然乐于接受美国提供的援助，但对后者促进欧洲经济一体化的计划感到忐忑不安，其中英国人尤其心存疑虑。英国曾经在帝国内建立了自由贸易区，并使用统一的货币英镑。1947 — 1948 年，英国政府仍不愿承认，大英帝国已经名存实亡，因为对英国来说，大英帝国仍是其经济体系的基础。由于在这一范围内，英国人可以按照有利自身的利率确定币值，所以他们仍然相信，大英帝国能够渡过难关继续存在。因此，为了维护帝国的地位，他们必须将其他欧洲人排除在外。

几个世纪以来，凭借英吉利海峡的天堑阻隔，英国人一直操纵着欧洲的政治天平，推行大陆均势政策。对英国来说，统一的欧洲大陆是一种威胁，更何况其中还包括法国和德国的部分领土。长期以来，英国始终和德法两国保持着适当的距离，并在双方之间巧妙斡旋。毋庸置疑，欧洲一体化的想法令他们震惊不已。一想到自己要在单一的经济结构中，夹在复兴的德法之间左右为难，英国就会本能地退缩。

英国是二战的战胜国之一，所以英国人认为自己可以一如既往地享有特殊待遇。他们无法接受大英帝国已经不复存在的事实，也不肯承认英国的基本政策早已落后于时代。他们固执己见，认为美国有关欧洲一体化的想法既幼稚又危险。然而，考虑到美英之间深厚的盟友关系，他们希望参与马歇尔计划，但又要求该计划必须建立在类似《租借法案》那样互利互惠的基础上，并且要给予英国同等的优先权。由此可知，英国无法接受自身与法德相提并论，因为这两个国家都曾在二战中一败涂地。

法国同样对经济合作的前景感到担忧，更何况这一体系还将德国纳入其中。在德法两国经历了三次战争后，法国丝毫不愿意看到德国复兴。此外，那些信奉戴高乐主义的人力主恢复法国主权。然而，法国如今已经千疮百孔，尽管它不喜欢马歇尔计划，但急需美国援助。法国人希望保持帝国的辉煌，但也清楚自己不可能单枪匹马使经济复苏。

无论法国对德国的复兴如何畏惧，美国关注的都是依靠欧洲抵御苏联。从地形上看，德意志联邦共和国（简称“西德”）将成为美国防御苏联的堡垒。因此，德国急需人力和军队，以修建防御工事。这就意味着，德国的经济实力将日渐增强。受此影响，1947 年，许多欧洲人和美国人都认为，战争似乎迫在眉睫。当然，也有人认为，避免战争的唯一途径，就是在德国建立堡垒。

法国人虽然明白其中的道理，但他们仍为美国重新武装和建设德国的想法感到惊恐不已。这无疑是可以理解的，因为如此一来，法德之间的火药桶可能一触即发。然而，美国人认为，法德之间的宿怨固然是急需解决的问题，但并非需要顾及的重点。在美国人眼中，如果不能复兴德国，那么它将仍然一蹶不振、不堪一击，欧洲经济复苏便不可能实现。因此，欧洲必须促使德国经济复苏，并完成德国与其他欧洲国家，尤其是法国的一体化。从表面上看，这似乎是诺曼·安吉尔的理论，但同时也是美国人根深蒂固的想法，即建立某种不仅仅是相互依存，而是某种将德法两国结合起来的正式体系。

法国人不认可这种做法，但也清楚本身所面临的现实。他们意识到，要想发展经济、避免战争，欧洲就必须改变整体结构。因此，无论他们对德国人多么恨之入骨，在这一点上，法国和西德的利益是一致的。从政治上来看，如果法国政府不能在战后减轻贫困，已经在法国政坛上颇有影响的法国共产党就有可能控制政府，从而严重削弱法国防御苏联的能力。

此外，法国人还有两种考虑。首先，因英国选择不加入欧洲一体化组织，法国便自然是欧洲的龙头老大。因此，法国人认为与其勉为其难，不如因势利导。其次，法国人清楚，他们无法独自重新获得主权。更何况，如果法国一意孤行，美国就会利用自身强大的实力，迫使欧洲采取不利于法国的行动。为了抗衡美国，法国需要与其他欧洲国家联合起来。随着时间的推移，法国人越来越意识到，对于日趋一体化的欧洲，他们的最佳选择是成为其主导力量，并施加自身的影响，而不是尾随他人或自我孤立。

一旦苏联入侵，美国的战略是由欧洲盟国展开主要战斗。届时，尽管美国将向欧洲部署若干兵力，但主要还是提供增援、空中力量和后勤补给，以及在紧急关头提供核武器。苏联入侵必然向西穿过西德，因此后西德必须被纳入同盟体系，因为该国领土将成为主战场。为了实施这一战略，美国需要成立两个组织：其一是将西欧军队合为一体的军事联盟，由美国主导的联合司令部进行指挥；其二是一体化的经济体系。最终，德国也将加入这两个体系。

1947年7月,欧洲各国首脑在巴黎会晤,成立了欧洲经济合作委员会。然而，该委员会未能满足美国的期待，因为它不是开展欧洲重建的一体化和过渡机构。反之，这只是一个毫无实权的委员会，一个由独立国家讨论合作计划的论坛。但这无疑是一个良好的开端。令人出乎意料的是，很快法国便一反常态，转而支持美国的设想，不仅同意与德国合作，而且接受了以马歇尔计划为主导的一体化方案。当英国人继续做着帝国梦，德国人等待着其他国家决定自己的命运，其他欧洲国家墨守战前的不可靠模式时，法国率先转变了态度。

欧盟的成立常常被归功于时任法国总理的罗伯特·舒曼，因为他曾经积极致力于欧洲一体化运动。但不可否认的是，舒曼的后盾是戴高乐，而此人十分清楚 3 件事情：首先，没有美国以及某种集体防御机制，欧洲将无法抵御苏联的进攻；其次，北大西洋公约组织一旦成立，德国最终必将复兴，因此法国参与德国的复兴，并与其建立紧密关系，就成为必要之举；其三，他意识到，如果由法国主导欧洲的一体化进程，并将德国纳入其轨道，法国就可以利用自身地位主宰欧洲，使其发展成为对抗苏联和制衡美国的有效力量。当然，实现这一目标的道路必将曲折艰难，随着这一过程逐步展开，戴高乐很可能已经不再当权，但他本人对此了然于心。

戴高乐的影响是巨大的，而戴高乐主义的力量也不容小觑。舒曼希望欧洲成为美国的翻版，但戴高乐对此毫无兴趣，他关注的是如何利用欧洲达到法国的目的。因此在这一点上，法国人顺理成章地与美国人达成了一致。法国对欧洲未来的模式作出了明确阐释，即在一体化的欧洲，主要国家能够为己所用。这是欧洲历史上一个崭新的阶段，将过去的民族利益置于全新的框架之内，从而平衡了爱国主义和欧洲一体化思想，促使欧洲所有力量在无需放弃国家利益原则的前提下，朝着一体化的方向发展。

法国人在委员会组建过程中发挥了主导作用，但该委员会力量薄弱，其成员国只是迫于美国的压力以及对苏联的恐惧才被捆绑在一起。所以，只有少数成员国对欧洲的未来有所展望，况且这种憧憬传播有限、缺乏活力。相反，狭隘的国家利益、机会主义以及对美国压力的屈从占据了上风。在这个委员会中，穷困潦倒的战败国、日暮途穷的帝国和企图借结盟增强实力的国家混杂在一起。

最终，美国不断增强的国际实力促使欧洲朝着军事与经济一体化的方向发展。除北约以外，欧洲人从未实现过军事一体化。在随后的半个世纪里，他们在经济一体化方面的成就虽然超越了美国设立的框架，但不可否认的是，欧洲经济一体化的根源并非来自欧洲国家的设想。实际上，欧洲今天所获得的一切正是源于美国的设想和战略，但美国在促进和实现欧洲一体化过程中所扮演的角色以及欧洲人所做的抵制，常常为世人忽略。

戴高乐的欧洲计划——谁将主导欧洲？

欧洲国家最不情愿的一件事就是放弃国家主权，成为某个全面联盟的一部分。当然，也有少数颇有影响的人士梦想在欧洲建立真正的联盟，但他们没有足够的政治权力将其付诸实践。对国家主权的渴望十分普遍，而英国尤其强烈。英国认为自己赢得了二战，因此不应该与其他欧洲国家等量齐观。即使大英帝国已经难以为继，他们仍然不希望过多卷入欧洲事务。英国外交政策的依据是，只有平衡欧洲列强的势力，才能保证自身的安全。同样，英国也将自己视作平衡两个超级大国的力量。

与此同时，法国人虽然在主权问题上的态度同样坚决，但他们比英国人乐于参与更多的欧洲事务。随着欧洲日趋繁荣稳定，二战后下野的戴高乐于1958 年复出。他很清楚，法国要想拥有真正的权力，就要率领欧洲联合起来，而所谓真正的权力，是指不再依靠美国与苏联打交道，而是独自对付苏联人。戴高乐看到，欧洲已经不再需要美国的经济援助。由于精明老练的欧洲人有效利用了救济资金，如今欧洲经济蒸蒸日上。对欧洲来说，现在的危险是美苏争霸，因为战争与和平不再由欧洲各国决定，而是令出莫斯科与华盛顿。作为法国新任总统，戴高乐希望，以法国为首的欧洲能够收回全部主权。

戴高乐希望将欧洲的两方对峙转变为三方博弈。在这场博弈中，欧洲虽然不会在苏联扩张问题上保持中立，但也不再唯美国马首是瞻，完全依赖美国进行防御。他尤其不希望欧洲被美国人占领。因此，1958 年，戴高乐下令所有北约军队离开法国领土。当然，他并没有退出北约组织，而是在数年后率领法国退出北约军事委员会。此后，法国继续与北约开展合作；而一旦爆发战争，法国的参与计划仍然存在。但是，如果真的爆发战争，他已经下定决心，法国和欧洲将自行作出决定，而不是等待华盛顿与莫斯科的命令。

要想实现这一目标，戴高乐认为，有两件事情必须完成。首先，欧洲需要拥有自己的核计划。鉴于欧洲国家无法齐心协力制定核计划，戴高乐坚持认为，法国应当扩大本国的小型核项目。他表示，在现有战略下，一旦苏联发动常规袭击，要想保住欧洲，唯一的办法就是由美国发动核打击，但他不相信美国会为了欧洲放弃芝加哥。更重要的是，苏联人也不相信美国人会这样做。因此，美国的核保护并不可靠，只有依靠法国自身的核力量才能达到目的，否则法国和其他欧洲国家将面临一场浩劫。戴高乐主张，欧洲人必须让苏联人清楚，欧洲很可能会动用核武器。只有这样，苏联人才会三思而行。正如戴高乐所言，法国不需要具备摧毁苏联的能力，而是需要具备壮士断臂的勇气。正因如此，他坚持认为法国应当发展独立的核计划。

其次，戴高乐意识到，欧洲经济一体化极其重要，尤其是法德两国的密切合作。一旦爆发战争，德国必将成为战略要地，其领土需要加强防御。同时，他认为，只要法德两国团结一致，就能保卫整个欧洲，因为它们要远比其他欧洲国家幅员辽阔、实力强大。正因如此，他十分乐意将英国排除在欧洲大陆的政治事务之外，从而给予法国更多操纵的余地。他相信，只要德国与法国联手合作，其他西欧国家将不得不向核心集团靠拢。

戴高乐清楚，法国不具备竞争力强的现代经济，而德国的经济如日方升。他诚恳地希望德国出现所谓的“经济奇迹”，从而带动法国经济发生转变。经济一体化不仅将增强欧洲的经济实力，减少其对美国的依赖程度，而且将形成某种联盟，将欧洲的防御权夺回到欧洲人手中。更何况，这一联盟不一定就是一个过渡性组织。

此外，还有一个至关重要的问题。法国将成为欧洲的主导力量，而欧洲也将跻身世界超级强权之列。鉴于法不责众的观念，德国人受到了宽宥。这一原则是指，德国作为一个整体不应当为纳粹的罪行负责，需要负责的是那些犯下滔天罪行的个人。尽管如此，德国人仍然为他们的所作所为感到震惊和羞愧。因此，法国人顺理成章地成为欧洲的政治领袖，德国人毫无颜面争夺地缘政治的领导权。其他国家也不可能反对法德联盟，因为这种关系为他们带来了巨大的经济利益和以欧洲为基础的防御体系。英国人摇摆不定，与美国的关系过于复杂，并热衷于维护本国利益，所以试图从中作梗。按照戴高乐的计划，在二战中被打败和占领的法国，最终将东山再起，率领经济繁荣、军事强大的欧洲联盟，捍卫自己的全球利益。

然而，事情并没有完全按照戴高乐的计划发展。在东部的危险地带，德国几乎没有部署任何兵力，更何况美国对德国的影响要远远超过欧盟。同时，其他小国也不希望成为法德联盟的卫星国，甚至认为美国所扮演的角色比该联盟更加温和。此外，法国发展缓慢的经济与德国蒸蒸日上的经济存在根本冲突。戴高乐主义信奉者曾经梦想建立一个独立而强大的欧洲，但这一宏图并没有完全实现。

问题的关键在于，戴高乐主义才是欧洲一体化雄心勃勃的真正源头。戴高乐认为，欧洲不应当仅仅是美国的卫星国。自 1871 年起，民族主义就让欧洲祸起萧墙。为了避免重蹈覆辙，并让欧洲变得更加强大，德国和法国必须建立密不可分的关系，而广泛的欧洲联盟必须围绕法德联盟这个中枢进行运转。当然，对戴高乐来说，如果没有军事同盟，就无所谓经济联盟或一体化。所以，他希望将北约重新界定为一支欧洲力量，并逐渐减少美国的驻军。但他最终未能如愿以偿，其中也暴露了欧洲潜在的弱点。

理性繁荣——一个欧洲人的联盟

欧洲一体化正式开始于 1957 年，其标志是《罗马条约》的签订。在此之前，欧洲还出现过一些其他类似组织，包括 1951 年成立的欧洲煤钢共同体。然而毋庸置疑，《罗马条约》涉及的范围更广、程度更深，其中蕴含的远大梦想最终促成了欧盟的形成。

该条约将法国、德国、荷兰、比利时、卢森堡和意大利这6个国家联结在一起。最重要的是，德国与法国建立了密切联系。而比利时、荷兰与卢森堡只不过是这两个国家之间的边缘地带。

对欧洲人来说，这代表德国与法国达成了谅解。自1871年来，甚至从拿破仑战争以来，双方在边境地区的敌对状态就对欧洲产生了重大影响。欧洲共同体（简称“欧共体”）在《罗马条约》中对和平与繁荣作出了承诺，这无疑是向欧盟又迈出的重要一步。欧洲人现在的理想如同他们父辈前往美国时的希望一样：生命安全和谋生的机会。但该条约还有一个更加雄心勃勃的目标，即在欧洲各民族之间建立起更加紧密的联盟。

无论是欧共体，还是随后成立的欧盟，都存在同样的问题。它们承诺给予欧洲人民和平与繁荣，而为了获得和平，各民族之间必须建立更加紧密的联盟。但是，该条约中并没有对所谓“更加紧密的联盟”作出限制，而每一个国家都是独一无二的，因此上述提议必然会对各国的独立性造成挑战。然而，如果不能建立更加紧密的联盟，有着深仇宿怨的法国和德国怎样才能获得和平与繁荣？从一开始，这就成了欧洲无法解决的问题。

欧共体也是冷战的工具。它将法国和德国置于北约之内，让德国位于前线保卫北欧平原，而使法国位于后方，以便美国的增援部队可以在法国登陆并继续前进。此外，欧共体还将意大利也吸收进来，从而使欧洲的防御变得更加全面。在起草条约的过程中，比起其他国家，意大利的参与度虽然很低，但极为关键，因为它控制着北约的南翼。除了正式表示中立的瑞士与奥地利以外，将意大利纳入欧共体，就意味着在整个欧洲大陆筑起了一条防线。

英国人仍然游离在欧共体之外。他们虽然希望继续控制本国经济，但同样需要自由贸易区。他们担心，欧洲大陆的自由贸易区会缩减对英国的出口量。为此，20世纪50年代中期，英国发起成立一个类似欧共体的组织，名为“欧洲自由贸易联盟”（简称“欧贸联”），并于1960年正式成立。成员国包括英国、奥地利、丹麦、瑞典、挪威、芬兰、瑞士、列支敦士登公国和葡萄牙。欧共体和欧贸联的区别十分明显，欧贸联不仅只有英国一个大国，而且它由位于欧洲边缘的国家组成，其中大部分成员国均不在欧洲大陆。长期以来，英国一直担心被卷入欧洲大陆错综复杂的事务中，并渴望通过支配其他国家来掌控本国的经济政策，成立欧贸联正是英国对欧共体作出的回应。

最终，欧贸联功败垂成，其失败的最主要原因是美国对欧贸联的反对以及对欧共体的支持。美国不希望欧洲四分五裂，所以较之于欧贸联，美国更偏爱欧共体的法律体系和贸易政策，尤其是地理布局，因为这更符合美国的利益。总之,欧贸联只是试图在欧共体之外提供另一种选择,但最终不了了之。

实际上，欧贸联的失败标志着英国希望成为欧洲领导者的最后一搏落空。不可否认，大英帝国气数将尽，它缺乏强大的政治经济实力，无法争夺欧洲霸权。此外，随着英国日渐衰微，其集结起来建立自贸区的国家总共只有 5 200 万人口，而英国的人口为 9 400 万。尽管英国、丹麦、葡萄牙等国家最终退出欧贸联加入了欧共体以及之后的欧盟，但挪威、冰岛、瑞士和列支敦士登公国仍是欧贸联的成员国，足以证明该国际组织并未消亡。欧贸联的发展虽然不尽如人意，但它的成立无疑表明，英国对欧共体不无担忧，而其一贯奉行的原则是不愿过度卷入欧洲大陆事务。然而，这一次，历史站在了不利于英国的一方。让英国始料不及的是，欧共体不断壮大，最终演变为欧盟。

虽然欧共体成员国之间的关系日趋密切和复杂，但直到 1973 年，随着英国、丹麦和爱尔兰的加入，欧共体才开始渐渐扩大。其缓慢扩张一直持续到 1991 年，在增加了西班牙、葡萄牙和希腊之后，共有 12 个成员国。欧共体的增长缓慢而谨慎，始终力图确保其成员国自给自足并适合加入。该组织既未向其成员国索取巨额资金，也没有给予它们过多优惠，而是创建了一个稳定的贸易区，以促进经济繁荣和地区和平。无论在政治上、历史上还是地理上，这些国家之间的关系都错综复杂，而这种复杂性撕裂了欧洲社会。但随着时间的推移，欧共体的雄心也在与日俱增。

1991 年，冷战宣告结束，曾经对欧共体发展尤其是在其成立之初产生了重大影响的美国，不再显得那样重要。与此同时，欧共体潜在的激进性质暴露无遗。同一年，《马斯特里赫特条约》出笼，标志着现代欧洲联盟的框架初具雏形。

马斯特里赫特是荷兰最南端的一座小镇，毗邻比利时边境，位于阿登森林的边缘，而阿登森林是两次世界大战西线战事真正结束的地方。此外，这座小镇还靠近亚琛，即查理曼大帝的加冕之地。马斯特里赫特距离特里尔仅有一小时的车程，后者是康斯坦丁大帝首次定都的地方。这里是欧洲大陆的心脏地带，也是诸多欧洲思想的发源地。

同时，马斯特里赫特既是法德之间边境地区的中心区域，还是大多数欧盟主要机构的所在地。欧洲议会的官方地点便坐落于莱茵河畔法国阿尔萨斯省的斯特拉斯堡，而欧盟委员会则位于比利时的布鲁塞尔。这里现在虽然安静祥和，但在过去的一个多世纪里曾经暗流涌动。如果欧洲想要实现和平与繁荣，一切都要从马斯特里赫特开始。人们毫不怀疑，这里就是问题的症结所在，也是欧盟的生命力所在。《马斯特里赫特条约》的签订，标志着欧盟的诞生，而马斯特里赫特在地理上恰恰位于欧洲的心脏地带，这也并非出于偶然。

《马斯特里赫特条约》，俗称《欧洲联盟条约》，是对“在各民族之间建立更加紧密的联盟”这一观念的合理扩展。它旨在超越欧洲在经济领域的联盟，走向社会与政治领域的合作，这不能不说是一个激进的构想。但归根结底，最重要的还是它在道义上的目标，即成立一个欧洲人的联盟，而不只是欧洲国家的联盟，从而使欧洲人的身份认同与其国籍同样重要。它希望欧洲不仅是一个地理概念，而且是某种将欧洲人联合起来的文化现实。该条约为欧洲人提供了欧洲公民的权利和身份，但并不排斥国家公民的权利和身份，力图在保留民族认同的同时克服这一难题。

欧盟距离成功仅有一步之遥。世界各国在提起欧盟时，仿佛其成员国拥有共同的政治身份，而不只是一个主权国家的集合体。也许更为重要的是，欧盟虽然没有废除国籍，却创造了“欧洲性”这一包罗万象的观念，从而使欧洲人开始相信，他们拥有共同的命运。该条约希望把国籍视作处于共同欧洲文化背景之下的某种民族特性。这的确是一种巨大的进步。

有意思的是，美国内战中也出现了类似的情况。美国人在参战时以州为单位，但认为自己来自同一个经历浴血奋战后共同缔造的国家。但是，这一点在欧洲很难实现，其主要原因在于：首先，欧盟并非浴血而生，而是建立在和平与繁荣的思想之上；其次，美国各州之间的差异与那些难以改变的因素无关，譬如语言和文化，而是关系到那些可以通过战争解决的问题，比如取缔奴隶制和改变经济结构。

欧盟从一开始就遭到了抵制。时任英国首相的约翰·梅杰反对在条约中使用“联邦目标”一词，为此欧洲议会主席将其更改为“联邦使命”，但梅杰仍大为光火。显而易见，英国人无意加入某个联邦，或者某个朝着这一目标发展的组织。他只准备签署一项能让英国从中获益的条约，而不打算让英国成为统一欧洲的一个州，因为届时欧洲的权力将处于欧洲议会而非英国人的掌控之中。但是，欧洲当时尚不具备从这个民族国家的混合体中缔造一个多民族国家的能力。

然而，那些可以直接达成的目标也可以通过复杂的体制来实现。这种管理体制越复杂、越难操作和理解，就越难以反对。因此，作为折中方案，欧盟制定了一套极尽复杂的管理体制，不仅设立了轮值主席国，还成立了欧洲议会和法院。但轮值主席国的权力混淆不清，而欧洲议会和法院的权力就像美国联邦最高法院一样，随着时间的推移才逐渐显现。

更为重要的是，欧盟建立了一套决策机制，在某些情况下需要成员国一致同意才能通过决策，而在另一些情况下则多数成员国通过即可，所以这种制度并未固定，而是在慎重地发展演化。除此之外，欧盟还建立了一套官僚制度，甚至可以在无需投票的情况下，暗中施行针对全欧洲的方案。由于欧盟尚且没有能力建立某种制度，在保留各国主权的同时确保全体通过，所以只能建立一套极其复杂、难以理解的管理体制，而这一体制只能由行家里手操纵。

来自欧元的主权挑战

随着《马斯特里赫特条约》的签订，欧元无疑对各国主权形成了挑战。不难发现，这种货币上没有统一的头像。虽然大多数国家的货币上都印有历史上的政治、文化名人，但欧元没有，因为欧洲各国无法就在欧元上印制谁的头像一事达成共识。然而，硬币似乎不太重要，所以各国在欧元硬币的反面印制了不同的头像。在美国货币上，人们一致认为应当印上华盛顿、林肯、杰克逊、富兰克林等美国名人的头像。这是因为美国人拥有共同的历史，但欧洲人没有。不难理解，一个国家不一定会喜爱另一个国家的英雄，正如拿破仑在法国也许声名赫赫，但在西班牙很可能不受欢迎。

欧元无疑是对国家主权的僭越。一般来说，一个国家必须在某种程度上控制本国货币币值，而使用某国际组织的通用货币就意味着其关键经济决策将处于另一政治实体的控制之下。更何况，这还表示，欧元的对内和对外币值将由欧洲中央银行（简称“欧洲央行”）统一确定，而税收政策、公共开支和其他财政政策由主权国家自行确定。

目前，欧盟共有 18 个国家正在使用欧元[①]，使用欧元的国家集中于西欧西部，东部的一些国家基本被排除在外。但即使在欧元区内，各国的经济发展水平和社会状况也天差地别。比如，发达国家作为国际市场上的净债权国，通常希望货币保持稳定，以保护该国贷出款项的价值。而相对贫困的发展中国家也许希望货币疲软，从而减少出口成本，或者希望通货膨胀，以减少尚未结清贷款的价值。毫无疑问，货币是操纵经济的重要杠杆，一个国家可以偶尔利用这一杠杆，让市场朝着有利于自己的方向发展。在大规模经济危机中，货币贬值甚至还可以增加出口和稳定经济。

人们很难完全理解，欧盟为什么将欧元区向南部和东部扩展，以及这些国家为什么会同意加入欧元区。唯一的解释是，欧洲人具有轻率的乐观主义

① 2015年1月1日，立陶宛加入欧元区，成为欧元区第19个成员国。

和欧洲梦。这种乐观主义建立在某种信念之上，即认为欧洲在某种程度上已经消除了经济危机，再也不会面临由谁来承担经济紧缩重任的艰难抉择。此外，还有人认为，加入欧盟和欧元区，就意味着成为了欧洲的一部分。也就是说，他们可以在无需放弃本国文明和生活方式的前提下成为西欧的一部分，并且拥有西方的价值观、财富和文明。正是出于这种乐观精神，人们对欧盟和欧元区成员国身份的陷阱视若无睹。如此一来，那些难以度过经济危机的国家开始大声疾呼，要求获得成员国资格，并且得到了批准。

如此众多的国家使用同一种货币，不免会出现一些重大问题。例如，由于德国和希腊处于发展的不同阶段，存在各异的经济问题，拥有不同的税收政策，所以两国需要不同的货币政策。然而，在欧洲央行，德国的影响远大于其他国家，因此欧洲央行是围绕德意志联邦银行的理念成立的，而该银行的主要目的是对抗通货膨胀。德国的经济规模在欧洲首屈一指，所以对欧洲来说，德国经济健康与否至关重要。相比之下，希腊的经济状况就显得不那么重要。因此，欧洲央行制定的货币政策不可避免地向德国倾斜，而不利于希腊的发展。总而言之，只有将上述情况与欧洲所有的变数结合来看，你才能发现问题的症结所在。

二战结束后，欧洲的许多梦想都化作泡影，甚至只剩下对安全与繁荣的渴求。启蒙运动的世俗梦想建立在对生活和欢乐的热爱之上，超越了用理性洞察万物的渴望。如今，欧洲人已经对抽象的梦幻感到厌倦。于是，他们砍下了启蒙运动的胳膊，只保留了它的双腿。虽然他们极不情愿，但除此之外，他们又能怎么做？

欧盟的盟歌是贝多芬《第九交响曲》中的《欢乐颂》，歌词出自德国诗人席勒的手笔。席勒在开篇写道：

> 欢乐女神圣洁美丽，
>
> 灿烂光芒照大地！

我们心中充满热情，
来到你的圣殿里！
你的力量能使人们，
消除一切分歧，
在你光辉照耀下，
四海之内皆成兄弟。

显而易见，《欢乐颂》中歌颂的欢乐来自“四海之内皆成兄弟”以及人们克服不同习俗所造成的分歧。若事实果真如此，人们的确应当感到欢欣鼓舞。

所谓四海之内皆兄弟，意味着人们将同呼吸、共命运。如果和平与繁荣能够让人们齐心协力，那么他们就永远不应偏离这一轨道。然而，假如各国间贫富悬殊，或者有的国家兵荒马乱，有的国家国泰民安，那怎能称为共命运？因此，对欧盟来说，关键在于让命运将所有的成员国团结起来，而不是使其彼此分离。当然，只要和平与繁荣长存，就不会产生诸如国籍和命运等棘手的问题。

欧洲向成员国民众承诺，欧盟将会为他们带来更美好的未来。对此，欧洲人深信不疑，但美国人清楚，不仅和平本身不是目的，而且社会也无法保证始终繁荣。在欧洲，有关“更加完善的联盟”和“不可剥夺的权利”等观念将欧洲人联结为一体。然而，与此截然不同的是，美国按照一套超越一切的原则，联合不同民族共同缔造了国家。不仅如此，它还从未向民众承诺和平与繁荣，它承诺的只是获得和平与繁荣的可能性。

欧盟的问题在于，除一曲《欢乐颂》（即和平与繁荣）以外，欧洲无法为其人民提供其他任何东西。然而，如果欢乐不再，和平与繁荣消逝，接下来的欧盟将何去何从？到那时，什么才能让“四海之内皆成兄弟”，什么才能让欧盟屹立不倒？

从天堂到地狱
欧债危机撕裂欧盟

声称捍卫欧洲安全的北约，在俄军亮剑格鲁吉亚的时候却毫无动静？由次贷危机引爆的欧债危机波及欧盟各主权国家，头号强国德国为何拒绝施以援手？各有打算的欧洲各国，面对如此危机与分歧，昔日同心同德追求的繁荣之梦是否已破碎？

1991 年 12 月，苏联宣布解体。同月，欧洲完成了《马斯特里赫特条约》的起草工作。随后，苏联的所有加盟共和国纷纷宣告独立。这是几个世纪以来，欧洲国家首次全部摆脱俄国大陆的控制。最重要的是，这些使用不同语言的民族都成立了自己的国家。同样，这也是近 500 年来欧洲第一次缺乏一个真正的全球强国。欧洲本来面积狭小，如今更是小国林立。

不出所料，《马斯特里赫特条约》签订后，欧洲开始迅猛发展。它不仅建立了新的政治框架和更加强大的管理体制，而且开始使用新货币。更加重要的是，欧洲经济越来越趋于一体化，有人甚至提议像美国那样成立欧洲联邦。在 21 世纪初，这种想法似乎有可能实现。

为此，欧洲人变得极其乐观。苏联解体后，欧盟以东的国家摆脱了苏联的统治，迫不及待地希望加入欧盟。毫无疑问，欧洲已经进入繁荣时期。此时，尽管欧洲各国间发展并不均衡，但不可否认，所有欧洲国家都兴旺昌盛。由于这些国家不愿放弃掌控自身命运的基本权力，所以它们仍然保留着主权。与此同时，欧洲没有整体的防御或外交政策，严格来说，欧洲的统一只是经济意义上的统一。然而，在欧洲人眼中，这些似乎并不重要。他们认为欧洲已经不再需要进行防御，而其外交政策就是贸易政策，两者的区别似乎仅限于纸上。此外，他们坚持经济才是重中之重。正如欧盟承诺的那样，现在的欧洲和平而繁荣。

从成立之初到 2008 年，欧盟如日中天。随后，在短短的 6 个星期里，欧洲曾经把握十足的所有事情开始化为乌有。当繁荣的景象烟消云散，欧洲陷入一场生存危机中。除了加入欧盟带来的满足感，其成员国不得不陷入痛苦之中，被迫作出牺牲，此时的它们怎样才能同舟共济、患难与共？

俄格战争挑战北约

2008 年 8 月 7 日，俄罗斯格鲁吉亚战争（简称俄格战争）爆发。紧接着，9 月 15 日，雷曼兄弟公司宣告破产。从表面上看，这两起事件毫不相干，更不会有人将其视为一个时代的终结。然而，与此截然相反，这两起事件不仅至关重要，而且的确昭示着一个时代的终结。事实上，俄格战争改变了欧洲与俄罗斯的关系，而雷曼兄弟公司破产也绝非无关紧要。此外，战争还打破了欧洲人的幻想，即欧洲国家之间不可能爆发战争，而雷曼兄弟公司破产导致欧盟首次陷入金融恐慌，最终削弱了欧洲的经济体系，打破了欧盟与主权国家之间的微妙平衡。总之，这两起事件共同酿成了一场无法解决的危机，动摇了欧洲的和平与繁荣。更重要的是，时至今日，我们仍然活在这两起事件的阴影之中，比如 2014 年的乌克兰冲突以及欧洲经济增长放缓就与这两起事件息息相关。毋庸置疑，它们对我们整整一代人的生活造成了重大影响。

欧洲存在一个自相矛盾之处。自始至终，它都对民族主义感到惶惶不安。随着苏联的瓦解，欧洲不仅有一些国家重获自由，还有一批新兴国家如雨后春笋般成立。彼时，欧盟在担心民族主义泛滥的同时，也为这些国家感到庆幸，而后者的利益关系错综复杂，尚未完全界定清楚。这些新兴国家既没有加入北约，也没有加入欧盟。而大多数东欧国家，甚至苏联都希望加入北约和欧盟，以保证自身的安全与繁荣，并基于欧洲的价值观建立自由的政治体制。当然，它们也希望保留刚刚获得的主权。一言以蔽之，其中的利益关系盘根错节，但这些并没有吓倒欧洲人。

欧盟现有成员国认为，东扩能够确保欧洲和平，既可以封锁俄罗斯并建立牢固的屏障，防止其卷土重来，也可以为俄罗斯以外的欧洲国家带去繁荣与自由。不仅如此，一些人甚至认为，在适当的时候，可以将俄罗斯也纳入欧盟。由此可见，欧盟扩张和新兴国家加入欧盟的欲望同样强烈，并且二者都是基于同样的假设，即繁荣意味着和平，而欧盟能够保证繁荣。至于主权究竟意味着什么，这个问题仍然悬而未决，也没有人要求作出确切的解答。

欧盟没有制定统一的防御政策。尽管冷战已经结束，但北约仍然存在。毫无疑问，北约是一个奇怪的组织，因为它过去的目标是对付苏联，而此时苏联已经解体。美国是北约的成员国，其军事实力远超欧洲各国，所以美国发动了阿富汗和伊拉克战争。如此一来，美国严重扰乱了北约的秩序，并将该组织分为几派：选择与其合作的国家；拒绝与其结盟的国家；阿富汗战争参战国；伊拉克战争参战国。作为一个国际机构，北约虽然能力十分有限，但仍然囊括了大部分欧洲国家，尽管严格来讲，这些国家并不属于欧洲。

截至 2008 年，北约和欧盟经历了急剧东扩。它们肩负着一个共同使命：将刚刚获得自由的东欧国家乃至苏联解体之后独立的加盟共和国纳入一体化进程，使其与西欧成为一个整体。这一过程并不仅仅意味着防务和经济上的一体化，还有精神和文化上的一体化。在北约和欧盟的成员国看来，新加入的成员国即将融入世俗的、多民族的与和平的欧洲。而在新加入的成员国看来，它们即将分享欧洲繁荣的经济、和平的环境以及发达的文明。

欧盟与北约极其相似，除了美国没有加入。总体来看，两者最大的区别在于，土耳其加入了北约，但它并非欧盟成员国。其次，这种差别还存在于斯堪的纳维亚半岛。除此以外，这两个组织大同小异。随着两者的疆界向东推进，它们全都忽略了俄罗斯以及白俄罗斯与乌克兰之间的边境地带。俄罗斯被排除在北约与欧盟之外，因此出人意料地重演了昔日的历史。

对俄罗斯来说，20 世纪 90 年代无异于遭遇了一场空前的经济和地缘政治灾难。苏联垮台后，俄罗斯经济崩溃，其巨大的影响也不复存在。弗拉基米尔·普京之所以能够掌权，是因为他掌管着苏联少数几个仍在运作的部门之一，即克格勃。该组织曾是苏联共产党执政的基础，使整个国家得以维系在一起。许多特工曾在 20 世纪 90 年代浑水摸鱼，参与了对俄罗斯经济的掠夺，而现在他们不得不保护自己以及和他们沆瀣一气的人们所窃取的东西。截至目前，普京和俄罗斯联邦安全局仍大权在握，而他所建立的政权仍然决定和影响着俄罗斯的方方面面。

普京和俄罗斯联邦安全局承诺，他们将保护俄罗斯的国家利益。虽然俄罗斯的领土已经大为缩减，但人们仍然担心它会进一步分崩离析。普京一面着手稳定经济和社会，一面重建俄罗斯维护其地缘政治利益的实力，从而保住了俄罗斯的边境地区，使已经将波罗的海国家招致麾下的北约和欧盟无法继续东扩。

21 世纪初，北约和欧盟东扩的势头不减。美国和一些欧洲国家试图在乌克兰建立亲西方政府。如果乌克兰加入北约，并恢复军事实力，俄罗斯的卧榻之侧就会受到威胁。因此，俄罗斯绝不会坐视不理。美国开始支持乌克兰境内那些在美国和欧洲国家看来支持民主的政治团体，但俄罗斯却认为，美国妄图在基辅扶植反俄政府，为瓦解俄罗斯联邦进行铺垫。2004 年，乌克兰爆发橙色革命[①]，最终掌权的恰恰是美欧看好的政府。

乌克兰的橙色革命改变了俄罗斯对美国和欧洲的看法。革命爆发时，美国正深陷伊拉克和阿富汗战争的泥沼，而欧洲国家的军事力量仍十分疲弱。俄罗斯需要传达一条信息，但这条信息与其说是针对美国，不如说是针对乌

① 橙色革命，又名栗子花革命，是指2004—2005年因乌克兰总统大选中各种舞弊行为而导致的一系列抗议和政治事件。

克兰和其他的苏联加盟共和国。最终，俄罗斯选择在格鲁吉亚传达信息，而该国是美国在高加索地区的盟国。战争的形势十分复杂，俄罗斯的表现也不尽人意，但它并不需要面面俱到。俄罗斯的表现足以达到目的，因为它打败了格鲁吉亚，清楚地将自己的意图传达了出去。

对此，乌克兰和苏联的卫星国心领神会。格鲁吉亚向北约寻求支援，但徒劳而返。此时，北约早已形同虚设，但还没有人会向其发出挑战，所以尽管该组织十分虚弱，人们对此却视而不见。欧洲统一的前提是：欧盟应对经济问题，北约应对安全问题。然而，当俄罗斯对北约发出挑战，并且没有国家对格鲁吉亚进行支援时，这一前提变得越来越令人怀疑。诚然，格鲁吉亚不是北约国家，但美国和北约的主要盟国英国一直在乌克兰问题上与俄罗斯展开角逐，并且对格鲁吉亚表示支持。不可否认，北约的缺陷已经暴露无遗。总之，上述因素共同导致了 2014 年乌克兰危机的出现。

北约的新成员国一直以为，俄罗斯绝不敢挑战北约或者北约主要成员国的利益，但格鲁吉亚事件无疑给了它们当头一棒。虽然在法国的斡旋下，俄罗斯和格鲁吉亚达成停火协议，但俄罗斯悍然违反该协议，只是为了表明它完全可以对北约国家置之不理。对此，北约没有作出任何回应，这无疑让刚刚加入该组织的国家感到更加震惊。曾经，人们想当然地认为，俄罗斯已经支离破碎，所以它不愿再承担任何风险。然而，在 2008 年 8 月，这一设想以及北约能够有效御敌的假设全都不攻自破。出人意料的是，格鲁吉亚事件固然令人深受打击，但更沉重的打击还在后面。

俄格战争暴露了北约的无能，改变了苏联地区的战略动态，对西方国家形成了长期挑战。然而，接下来发生的事件对欧洲各国的生活方式和欧洲一体化的意义产生了直接影响。总之，这两次打击结束了后冷战时代，将所有国家带入了新的未知之境。2008 年 9 月 15 日，由于无法兑现债务，雷曼兄弟公司宣布破产，导致全球金融系统陷入了混乱。

次贷危机持续发酵

金融危机一旦爆发，原本十分保险的投资也会具有极大的风险。自二战结束以来，住房价格持续攀升。美国人认为，这种状况会永远持续下去，因此购买住房成为一种增值方式。此外，他们还认为，向购房者贷款是一种毫无风险的投资。

然而，随着时间的推移，抵押借贷的方式发生了巨大变化。过去，借方向银行贷款，然后进行偿还。银行有责任确保借方有能力偿还贷款，或者以住房作为抵押。但这一制度不断演变，最终银行家不再从贷款中营利，而是通过交易本身赚钱。借方拿到贷款后，再将其出售给其他机构。由于交易一旦达成，贷方、抵押经纪商和所有相关人员都可以从中大赚一笔，所以他们从不担心，借方是否能够偿还贷款。这种模式下，借出的贷款越多，各方营利就越多。既然他们不需要担心借方是否能够偿还贷款，他们就会希望尽可能多地发放贷款，而不去考虑信用度和期限等问题。最终，贷方和经纪商放出了所有贷款，导致 5 年期房产抵押贷款不仅低于房产的价值，而且几乎没有任何利息。这样一来，购买者也被拖入市场，房价随之飞涨。

这些贷款被廉价捆绑出售给保守的大型投资机构。没有人认真调查其中到底捆绑了什么，因为他们认为这里不存在任何风险。由于金融机构可以从每笔交易中获利，他们发明了利用抵押贷款赚钱的新途径，但这种方法过于复杂，几乎没有人能够弄清。既然所有人都认为房价持续看涨，那么其中就不存在任何风险。由于其中没有风险，投资银行家和养老基金也开始买卖这些贷款。因此，那些本来买不起房子的人们得到了房屋贷款，而投资者完全不清楚其中的风险，只是盲目地坐等财源滚滚来。

然而，2008 年 9 月 15 日，3 件事情不可避免地发生了：首先，房价下跌；其次，对于分期付款中最后一笔大金额付款，大批不合格买家面临着拖欠的风险；第三，人们突然意识到，他们对抵押贷款的价值一无所知。大型投资银行雷曼兄弟公司虽然掌握着一大批此类文件，但无法再凭它们借入贷款进行短期交易。由于政府拒绝斥资帮助雷曼兄弟公司走出困境，该公司只能宣告破产。由于雷曼兄弟公司没有偿还任何债务，这一事件迅速波及外界。随后，没有人继续贷款，而许多人不得不拖欠还款。

很久以前，荷兰也发生过类似的事情。1637 年，郁金香球茎的价格持续上涨。人们开始在郁金香球茎交易所进行交易，其售价甚至达到了天文数字。人们痴迷于购买郁金香球茎，由于它的价格居高不下，以致许多人一夜暴富。因此，几乎所有人都相信，郁金香球茎的价格只会看涨。最终，有些人的确大发横财，但更多的人却因郁金香球茎价格猛跌而倾家荡产。所以，次级抵押贷款市场崩溃的事古已有之。

当然，美国也有过同样的前车之鉴。二战结束之后，这是美国第 4 次某种“稳赚不赔”的资产价格猛跌，并引发了金融危机。20 世纪 70 年代，州、市两级出售的地方政府债券面临着拖欠债款的危机。然而，在这之前，人们一度以为，政府绝不会拖欠债款。20 世纪 80 年代，第三世界发生了债务危机。随着能源和矿物的价格飞涨，大量资金涌入发展中国家，资助当地政府和商人进行资源开发。投资者认为，他们不可能亏本，因为价格只涨不跌。但事实却截然相反，最终他们纷纷破产，第三世界开始拖欠债款。此外，80 年代还发生过一次储蓄和贷款危机，主要归因于银行允许向商业房地产投资。同样，投资者们以为这是一桩万无一失的买卖，谁料市场崩溃，银行随之破产。

美国联邦政府一向以同样的方式应对此类危机，即印制钞票，为银行提供资金。虽然这是一种痛苦、混乱而又无能的做法，但效果的确显著。2008 年金融危机来临之际，美国已经建立起应对此类危机的模式，即政府和联邦储备银行同舟共济。尽管每一场危机都各不相同，并且都带来了灾难性后果，但政府可以从政治上和技术上按照路线图进行操作。金融危机是雷曼兄弟公司破产后出现的危机，因此美国政府和美联储召集大型投资银行的总裁，共同制定了解决方案。这一方案的优势在于美联储能够应对金融问题，而政府部门也会从政治上予以配合。于是，所有人都开始朝着混乱的方向前进。

欧债危机引爆

欧洲国家也发生了房地产危机，因为它们也买进了美国捆绑销售的抵押贷款。然而，它们没有现成的路线图。事实上，欧盟还从未遭遇过程度如此严重的金融危机。截至此时，欧洲央行成立不足 10 年，其政策涉及多国政府，决策程序缓慢而复杂。更何况，欧盟要服务于众多主权国家，这些国家的利益千差万别。这一点是不争的政治现实。

欧盟并没有囊括所有欧洲国家，其成员国也并非都在使用欧元。即便使用欧元的国家，就像希腊与德国那样，各国间的情况也存在着天壤之别。由于欧盟没有足够的管理权限，所以它不可能制定统一的方案，这暴露了欧盟的自相矛盾之处。欧盟的成员国都保留了基本职权，而欧盟控制着欧洲央行，或者说至少某些国家可以对欧洲央行产生影响。这些国家不愿将主权拱手让给欧盟。这就意味着，主权国家虽然具有足够的权限，但它们不能代表整个欧洲的利益，而那些能够代表欧洲利益的机构，却没有任何实权。

欧盟的核心是法德关系，但这两个国家不再是平等的合作关系。德国的经济要远比欧洲其他国家强大，而欧盟主要致力于经济问题，所以德国自然成了欧洲最强大的国家。法国不仅落在德国后面，其内部分歧也让法国人很难齐心协力。德国虽然拥有欧洲最大的话语权，但德国总理并不代表欧洲，德国的利益也不等于其他欧洲国家的利益。

目前，德国的出口量相当于其 GDP 的 35%～40%。无疑，这一比重很大。相比之下，美国的出口量仅相当于其 GDP 不足 10%，而中国的出口量约占其 GDP 的 30%。尽管一些小国的出口率超出了德国，但其他所有大国的出口率都低于德国。德国是一个极其高效的生产国，但经济状况极其依赖进口国，因为德国的生产能力远远大于消费能力。如果商品无法出口，或者进口国不能或不愿购买其产品，德国就会面临经济危机。只有明白这一点，我们才能理解欧洲接下来发生的事情。

德国出口的一半商品都是在欧盟自由贸易区销售的。对德国来说，自贸区让经济繁荣成为可能。无论德国的生产效率有多高，如果市场受到关税保护，那么德国就无法维持国内的经济水平，失业率随之攀升。因此，德国比其他出口依赖程度较低的成员国更需要欧盟。德国是欧洲最大的经济体和最后贷款人，但它对欧盟政策的影响与其地位极不相称，因为它只能影响欧洲的各种规章制度和欧洲央行的货币政策，以迎合自身的需求。

2008 年金融危机席卷欧洲后，德国人不希望为银行系统提供过度担保。彼时，德国的国内形势良好，问题出在其他国家。但德国总理默克尔不是其他国家的选民选出的，她需要对她的选民作出回应，而选民不一定清楚，他们的福利和工作有赖于欧洲其他国家购买德国产品的能力。从德国的角度来看，欧洲其他国家的问题源于它们的懒惰和放纵。但在其他欧洲国家的一些人看来，问题出在德国身上，因为该国操纵欧盟以维护自身的利益。这正是欧洲当前问题的症结所在，导致德国与欧盟其他成员国之间的隔阂日益加深。

由此，抵押贷款问题演变成为主权国家的债务危机。为此，这些国家不得不实行经济紧缩政策,以稳定金融系统,从而导致欧洲经济增长减缓。然而,削减公共开支则意味着减少政府雇员和政府采购，从而进一步放缓经济发展速度。由于税收下滑，一些欧洲国家政府难以偿还债务，从而引发新一轮金融危机。欧洲银行购买了大量欧洲债券，认为这是稳赚不赔的投资，所以如果希腊或西班牙等国拖欠偿还贷款，银行就会破产，并将导致整个金融体系的崩溃。

上述情况有三种解决办法：其一，由欧洲富有的国家，尤其是德国，为希腊和其他南欧债务国偿清贷款；另一种极端的做法是，希腊大幅削减政府开支，以偿还贷款；第三，由银行承担贷款以及其他呆账的费用。但欧洲不会考虑第三种办法，因为如果由欧洲银行为自己的过失买单，它们就会遭受严重损失，甚至彻底破产。德国倾向于第 2 种方案，而希腊倾向于第 1 种。最终，各方达成妥协：银行免除希腊的部分债务，其他大部分债务由欧盟、欧洲央行和国际货币基金组织出资偿还，希腊也将削减开支，实行经济紧缩政策。

这似乎公平合理。但希腊削减政府开支的影响远远超出人们的预期。正如许多欧洲国家一样，希腊的许多经济活动都由国家经营，包括医药和其他必不可少的服务业。希腊的医生和其他医疗保健从业人员都是政府雇员。因此，希腊政府削减公共领域开支和裁减政府雇员严重影响了本国的专业人员和中产阶级。

在随后几年中，希腊的失业率一度高达 25%，甚至超过了美国在大萧条期间的失业率。但是，也有人认为，希腊的黑市经济弥补了这一差距，情况也许没有那样糟糕。从某种程度上来说，这的确是事实，但黑市经济的规模远没有人们想象的那样庞大，它只不过是其他经济行业的一种延伸，更何况当时希腊国内的各行各业都很不景气。事实上，希腊的情况比表面上更加严重，许多政府员工虽然没有被裁减，但大幅降薪，其中许多人的薪酬甚至减少了三分之二。

西班牙重蹈了希腊的覆辙，接着还有葡萄牙、法国南部和意大利南部，只不过后者的情况稍好于西班牙。地中海沿岸的欧洲国家在加入欧盟时，期望入盟后能够提高生活水平，向北欧国家看齐。但主权国家债务危机却对它们造成重创，因为在自由贸易区内，该地区的经济并没有按照预期发展。因此，第一场经济危机就摧毁了它们。

这场危机让欧洲产生了严重分裂。《马斯特里赫特条约》签订后看似前途光明的一体化遭遇了首次金融危机，这次危机打破了来之不易的欧洲统一。符合德国利益的事情不见得符合西班牙的，反之亦然。这个问题在很大程度上成了“德国问题”，因为德国是欧洲最大的经济体和最大的出口国，并坚决主张经济紧缩是解决欧洲问题的唯一出路。然而，德国不需要承担经济紧缩的负担，这一负担将不同程度地由地中海国家担负。

然而，这种做法可能产生的影响将比金融危机更加深远，因为这意味着要打破欧盟基本的社会契约：首先，欧盟对繁荣的承诺以及人们对成为欧盟成员国后的期望悉数破灭；其次，此前任何关于同呼吸共命运的观念都烟消云散。希腊和奥地利发生的事情就像两种极端，它们的情况截然不同。无论是对所有欧洲国家还是对所有家庭来说，欧盟当初所做出的或明确或隐含的承诺，都已经不复存在。

我们不妨设想，一个在家中负责养家糊口的男人是一名年逾不惑的专业人员，他拥有一处住宅、几部汽车和一栋很小的避暑别墅。他偶尔会去度假，过着中产阶级的生活。突然之间，这个人失去了工作，无法偿还房屋贷款和汽车贷款，甚至不得不搬进狭小的公寓，靠微薄的薪水挣扎着继续生活。假如他还有几个孩子，那么他让孩子接受良好教育的计划和对未来的憧憬都会消失不见。人们虽然尚未完全理解，但已经感觉到，这个问题不会迅速解决。20 世纪二三十年代的全球大萧条是通过法西斯主义和战争解决的，而人们花了 10 ~ 15 年的时间应对这一难题。也许，这个 45 岁的男人不会意识到，他的余生都将生活在赤贫之中。

穷人本就一贫如洗，很难变得更加贫穷，即使真的发生这种情况，其境况也不会有太大改变，因为他们对生活本来就没有多少期望。但是，对一名四五十岁的专业人员来说，突如其来的危机会深刻地改变他对自我的认知。他不仅丧失了辛辛苦苦积累起来的财富，也迷失了自我。假如他不再是一名律师、一位医生或一名店主，他又是什么人？当中产阶级莫名其妙地沦为失业的穷人，而且更为糟糕的是，这一变化似乎永无转机，政治动荡就随之出现。

因此，他需要对此作出某种解释，而这个世界似乎总是难以理解，他只能编造理由，或者接受那些声称找到问题答案并且能够匡时济世的人们的说法。20 世纪二三十年代，当全球陷入萧条时，罗斯福表示，除了恐惧本身，我们不需要惧怕任何事情。这不只是危言耸听，因为罗斯福清楚，这是一场真正的灾难，而这场灾难才刚刚开始。如果不能作出明确的解释或给出合适的理由，民众就会感到恐惧，并渴望了解事情的真相。然而，欧洲央行的解释既让人难以理解，又毫无说服力。对于 20 世纪二三十年代发生的大萧条，有些人的解释是，它源于资本主义的贪婪或者犹太人的本性。至于为什么会发生这种事，没有人作出明确的解释，哪怕是错误的解释。在这个难以理解的世界里，人们急于接受任何能够被理解的解释，即使这一解释荒谬不堪。

在希腊和西班牙，25 岁以下人口的失业率徘徊在 50%至 60%之间。这意味着这两个国家中半数以上的年轻人没有工作，或者没有希望找到工作。相比之下，法国的情况要好得多，在 25 岁以下的人口中，只有 25%的人没有工作。失业的年轻人十分危险，因为他们很容易成为窃贼，或者被吸引到极端组织中去。他们本身缺乏形成政治威胁的力量，但是与那些遭受重创、年长一些的中产阶级结合起来，两者就会具备危及现状的智慧和能量。

在当前的危机中，有两件事情遏制了这股势头。首先，人们仍然相信，这一切都是暂时的、技术上的失误，而不是严重的体制故障。如果他们耐心等待，总有一天噩梦会成为过去。欧洲人笃信精英政治，即当局清楚他们在做什么。虽然其中经常夹杂着怀疑，但从总体来看，人们仍然没有丧失信心，并且愿意耐心等待。

其次，一些管理欧盟的技术官僚认为，局势已经在 2010 年得到控制，并将很快完全处于掌控之中。从他们的角度看，问题已经得到解决，因为银行已经具备偿还能力且相对稳定，而金融系统仍在运行。这些技术官僚极度缺乏同情心，这不由得让人联想起过去的欧洲贵族。技术官僚并不真正理解失业的重大意义，而是过分沉迷于金融体系的健康。奇怪的是，这种看法反而有助于稳定政府部门对金融体系所作的回应。当权者的自信进一步强化了民众的想法，他们认为，当权者清楚自己在做什么。

经济紧缩使复苏成为可能。要想经济正常运行，就需要基础建设和相关机构。假设政府希望出资修建桥梁，除了技术和工人以外，还需要对该国国有或私营建筑企业进行管理。然而，在遭受经济危机重创的国家，建筑公司被迫停业。其建设能力大为降低，至于倒闭是由于预算削减还是破产，几乎没有任何差别。通常情况下，经济低迷的应对办法是刺激经济发展，即通过建立项目、进行拨款或削减税收向新的需求项目注入资金。但是，如果经济遭受重创，导致某些关键领域甚至整个生产系统不复存在，那么任何刺激都无济于事。

欧洲爆发的危机缘于德国重新获得了欧洲大陆的领先地位。作为最后贷款人，对于如何处理这场危机，德国有决定权。尽管刺激经济的做法可能奏效,但德国表示反对。它希望保留本国资源,以应对国内失业可能引起的问题。统一后的德国和奥地利是欧洲失业率最低的国家，因此它们当然希望继续维持这一状态。

同时，法德之间冲突不断。由于失业率较高，法国希望制定一揽子刺激计划，但遭到了德国的反对。在 1947 年，最坏的可能就是：德国再次成为欧洲最强大的国家，法德联盟从此破裂。但这不一定意味着爆发战争，因为德国不希望发动战争，甚至也无意占领欧洲。但无论德国作何想法，它都是欧洲最具影响力的国家，因此法德之间的摩擦十分强烈。欧洲共有 4 个区域：德奥地区、北欧、南欧和东欧。每个区域都有各自不同的利益，而在每个联盟内部，不同国家之间也会产生冲突。

欧盟仍然存在，但没有人为其代言。每个国家都在算计自己的利益，并与其他国家形成了独立于欧盟之外的各种联盟。此时，欧盟已经无法再作出重要决定，而是由各国领导人根据各自的国家利益进行选择。欧洲又回到了民族国家时代。事实上，1992 年之后，欧洲出现了更多民族国家，它们比从前更加珍惜本国主权。这场危机复活了人们心头的怀疑和恐惧，而这种情绪在一些国家比其他国家表现得更为严重。但是它们都清楚，一定有什么地方出了严重的问题。随着时间的推移，人们不禁开始怀疑，无论欧盟如何发展，也不可能解决自身的问题。

在此，我们需要提出如下问题：欧洲是否可能重返过去的状态？如果欧盟不复存在，或者像联合国那样由于相互抵触而陷入瘫痪，接下来会发生什么？如果东欧国家对北约丧失信心，认为有必要与日渐崛起的俄罗斯媾和，情况又会如何？在 2008 年以前，这些都是异想天开的问题。

边境海关或将重启？

有人表示，欧洲国家早在 1945 年就认识到，民族主义摧毁了欧洲，因此欧洲人绝不会重蹈覆辙。同时，也有人认为，欧洲已经筋疲力尽，不再相信任何事情，所以不可能发生冲突。也许事实的确如此。但不可否认，德国重新成为欧洲大陆头号强国，并招致了诸多怨恨，俄罗斯也正竭力让欧洲大陆重回自己的怀抱。这一切都历历在目，仿佛就发生在不久之前。

时光荏苒，民族主义情绪的热度不断衰减，但并未消失，而且有可能被重新点燃。对于那些被剥夺了意识形态、不得不割地求和的国家来说，恐惧和仇恨依然存在。你可以跟一名波兰人坐下来，谈谈他的家人在德国和苏联占领时期的经历，或者同苏格兰的民族主义者聊聊，听听他们对英国长篇大论的谴责。你也可以问问波斯尼亚人，他们对塞尔维亚人怎么看。了解这些后，你就不会再认为，民族仇恨在欧洲已经烟消云散。很久以前发生的事情甚至比现在更加真切，并且这些记忆会再次浮现。它们虽然不像过去那样充满敌意，但其影响力是巨大的。

欧洲人的情感与美国人不尽相同。美国人痴迷于未来，过去的经历似乎微不足道。正因如此，在美国内战爆发地弗吉尼亚州的马纳萨斯，如今建起了一座大型购物中心。美国人不会遗忘历史，但在回首往事时，他们不像欧洲人那样充满悲痛或自豪。自 1945 年以来，欧洲人试图集体失忆。这种做法在一段时间里行之有效，但世易时移，往日的记忆正再次浮现。

这一点在边境地区表现得尤为突出。所谓边境地区，是指各国交汇融合的地方，它是一个地区，而非一条界限。欧洲有许多边地，而欧盟试图使其成为过去，仿佛国家之间的差异已经被抹平。但是，在昔日的边境地区，老式的简易海关仍然存在，很容易勾起人们对往事的怀念，而重新启用它们也并非难事。在欧洲，随着德国实力的急剧增长，尤其是出口量的激增，多久以后人们会重新启用过去的海关？无论是在欧盟以内还是以外，在各国之间的边境地区，譬如斯洛伐克与乌克兰，情况又将发生哪些变化？

2011 年 9 月的一天，我穿越了斯洛伐克与乌克兰的边境。从乌克兰方面过境需要好几个小时。对进入欧盟的乌克兰人，斯洛伐克的卫兵显得格外警惕，态度就像冷战时期一样生硬。由于过境处没有洗手间，人们往往急不择路。我走到附近一座出售黑方威士忌的楼前，那是一家国营商店，里面也没有洗手间。于是，我只得绕到楼后。事有凑巧，一名女性卫兵立即跑了过来，制止我作出这种有损乌克兰尊严的举动。我挥了挥手中的美国护照。她顿时安静下来，然后转身离开。我感觉就像回到了 1975 年，一本美国护照要么害你遭到拘留，要么为你带来皇室般的礼遇。

等待过境的人们操着各种各样的语言。其中一群匈牙利人正站在汽车旁边剥花生吃。他们边吃边把花生壳丢在地上。刚才那名卫兵立即冲上前来大声呵斥，好像是在喝令他们捡起花生壳。显然，双方存在某种恩怨，但我不清楚是为什么。那群匈牙利人会讲乌克兰语，而乌克兰人也会讲匈牙利语。一些罗马尼亚人也过来凑热闹，而且明显能够听懂双方的语言。于是，我用匈牙利语向那群匈牙利人打听情况。这才得知，他们把货物装在汽车的后备箱里，定期从欧盟向乌克兰运送。他们已经“做好了安排”，但我怀疑，那名边检人员十分清楚他们的身份，所以才会因花生壳大发雷霆。

这些人显然互相认识，并且听得懂彼此的语言。他们仿佛故意对边界视而不见，其中自有缘由，但不只是私人恩怨，而是更加深刻的历史原因。这里混杂着斯洛伐克人、匈牙利人、罗马尼亚和乌克兰人，一旦机缘凑巧或者出于某种需要，就会发生爆炸性事件。过去并非没有先例。几个世纪以来，这段历史就蛰伏在那里，但并没有消失。

边地的消失需要很长时间，这是欧盟潜在的问题。人们可以试图遗忘、假装忘记，甚至原谅过去，但记忆、恐惧和仇恨并没有销声匿迹。每逢时局艰难，这些记忆就会与恐惧和仇恨一同浮现，而这种情况在世界各地并不鲜见。欧洲人认为，他们不会重蹈覆辙。他们试图忘记南斯拉夫和高加索发生的事情，并且对乌克兰视而不见，但这一切早已积重难返。

第三部分 一触即发

Flashpoints: The Emerging Crisis in Europe

8 巴尔干与高加索 永不磨灭的宿怨

欧盟的成立会使欧洲人获得他们期盼已久的和平吗？事实上，欧盟成立之际，巴尔干半岛和高加索地区发生了两场欧洲大战。而自欧盟成立之后，欧洲爆发战争的次数甚至比 1945 —1992 年更加频繁。最终，我们不得不认为，欧洲的战争并没有随着苏联的解体与欧盟的崛起而结束。

南斯拉夫内战

《马斯特里赫特条约》的起草、签署和实施旨在使欧洲迎来一个和平的时代。但极具讽刺意味的是，欧盟成立之际，巴尔干半岛和高加索地区发生了两场局部战争：波黑战争以及车臣战争。在 20 世纪 90 年代的巴尔干冲突中，约有 25 万人丧生；而在高加索地区，亚美尼亚和阿塞拜疆兵戎相见，导致 11.5 万人遇难，数十万人流离失所。尽管《马斯特里赫特条约》并没有引发这些战争，参战的各方也不是欧盟成员国，但欧盟成立之际也是战争爆发之时，这是不可否认的事实。实际上，在欧盟成立之后，欧洲爆发的局部战争甚至比 1945—1992 年更加频繁。

许多欧洲人有意回避这一现实。他们认为，南斯拉夫只是个例，无法反映当代欧洲的现状，而高加索地区并不真正属于欧洲。过去的历史让欧洲渴望寻求某种能够引以为傲的事物，渴望证明除了帝国主义和大屠杀以外，欧洲还有某种卓绝超伦的东西。越来越多的人相信，欧洲人已经得到了教训，由于战争得不偿失，他们规划的欧洲社会已经摒弃了战争。同时，他们认为自己即将作出某种壮举，从而垂范世人。随着欧洲逐渐恢复昔日的繁荣，和平是否能够持久成为欧洲复兴的关键因素。欧洲人拒绝承认这两场战争属于欧洲，这一点在他们看来非常重要。但事实恰恰相反，并且它提醒着人们，和平其实脆弱不堪。

此外，欧洲人还有一种回避事实的态度。在科索沃战争中，北约向塞尔维亚发动了袭击，美国在其中发挥了举足轻重的作用，而一些北约盟国也参与了战争。在欧洲人看来，这场战争从心理上很快转变为一场美国战争。他们既强调集体安全，又认为战争中的实际行动属于他人，比如美国，从而否认这是一场欧洲战争。

巴尔干半岛和高加索地区都属于欧洲的边境地区，而这两个地区内还藏着更多边境地区，仿佛层层相嵌的俄罗斯套娃。每一个边境地区都比上一个更小，但令人惊异的是，总是有更小的边境地区出现。最终，就连弹丸之地的村庄也被划分为不同家族和派系，历史和冲突进一步加深他们的分歧，而这种宿怨永不磨灭，他们也很难握手言欢。

毫不奇怪的是，这两场战争都发生在山区。那些蕞尔小邦之所以能够在战争与征服中得以存活，有赖于崇山峻岭的屏障和庇护。但山区难以建立国家，因为绵亘不绝的群山既可以遮风挡雨，也会让当地变成一盘散沙。在山区，家族和宗派的势力甚至比国家实力更加强大。千山万壑间往往隐藏着国家的雏形，即前现代的社会实体。在这些实体中，不同的宗族被共同的语言和宗教联系起来。

山区经常是法网不及之地。如果征服者不能彻底铲除四分五裂的小国，就根本不可能在当地推行法律。这些小国仍然维持着独立，所以能够自行执法。但在山区，这就意味着执法权掌握在家族和宗派手中，他们的法律常常由当地的习俗构成。一旦遇到困难，除了附近山区的盟友，他们没有其他人可以求助。由于地处偏僻，山区的人们性格坚韧，骁勇善战。在这些地区，各大帝国相继兴起和衰亡，其重大地缘政治力量固然会对山区部族产生影响，但从未泯灭其存在的现实。因此，山区充斥着人数较少、凶猛彪悍又四分五裂的民族，而能够遏制各派矛盾的压力稍有松懈，它们就会爆发出来。

苏联解体和《马斯特里赫特条约》签订后爆发的战争还有一个特点：它们都发生在欧洲各国边境地区基督教与伊斯兰教混杂的地方。波斯尼亚、阿尔巴尼亚和科索沃是穆斯林地区，塞尔维亚和克罗地亚是基督教地区；阿塞拜疆是穆斯林地区，亚美尼亚和格鲁吉亚是基督教地区。苏联解体后，最初几场战争都发生在基督教与伊斯兰教之间。这些战争预示着，伊斯兰教与欧洲之间的矛盾将重新出现。这种冲突与其说与宗教有关，不如说与民族有关，但仍不属于新型战争，而是旧式战争的复兴，也是昔日的火药桶死灰复燃。

巴尔干战争不仅更加血腥，而且令举世震惊。一战结束后，巴尔干半岛西部被更名为南斯拉夫。就像欧洲的其他地方一样，这个国家由不同民族、不同宗教、历史上有着深仇宿怨的共和国组成。为了解决这一问题，战胜国将这些国家组成了联盟，并认为联盟可以克服彼此的矛盾。但 1991 年，也就是《马斯特里赫特条约》签署的同一年，南斯拉夫联盟共和国（简称“南联盟”）解体，从而表明，欧洲人曾经信以为真的一面已经消失不见。

许多人认为，巴尔干地区不是欧洲真正的组成部分，那里发生的事情也不能代表欧洲。然而，将巴尔干半岛逐出欧洲的想法固然令人欣慰，但并不正确，因为它不仅是欧洲的一部分，而且对欧洲历史十分重要。我们不应忘记，1888 年俾斯麦曾经说过：“假如欧洲再次爆发战争，一定是巴尔干又出了什么该死的蠢事。”

父亲过去经常告诫我远离巴尔干地区。他说，那是一个无法无天的地方，你会因为口袋里的零钱或者不经意的一瞥而丧命。在二战前的法国，“巴尔干”一词会让人联想到暴力和野蛮，人们甚至把暴徒称作“巴尔干”。但我认为，之后的情况有所好转。在冷战期间，南斯拉夫被公认是较为开明的共产主义国家。但到了 20 世纪 90 年代，巴尔干人，至少南斯拉夫地区的巴尔干人，开始再度声名狼藉。

巴尔干半岛位于三个大国之间：其东南部是土耳其，东部和东北部是俄罗斯，西北部是日耳曼国家。虽然欧洲的几个帝国都曾在这里展开对峙与角逐，但历史上没有任何一个大国在在这里久留。它们只是借道巴尔干半岛前往更加重要的地方。换言之，巴尔干半岛就像一座防御堡垒或者跳板，而不是大国争霸的目的地。14 世纪，奥斯曼帝国经过这里，前往北部的战略要地。哈布斯堡王朝也穿越这里，将奥斯曼人击退。20 世纪，苏联人希望夺取亚得里亚海的港口，但遭到了南斯拉夫共产党的阻挠和严词拒绝。最后，苏联人只得绕道罗马尼亚和保加利亚。

在经过巴尔干半岛时，这些国家也留下了各自的印记。这里既有穆斯林，也有天主教徒和东正教徒，就像一个宗教与民族的大杂烩。在巴尔干地区的崇山峻岭间，新的征服者在留下自己印记的同时，却没有能力或兴趣抹去旧的印记。其结果是，对于这里诸多人口较少、相互仇视的民族之间所形成的地缘政治问题，一批又一批征服者并没有进行干预。因此，这些民族变得愈发坚韧强悍，被征服的次数越多，他们就越冷酷无情。想要彻底将其铲除不仅难以实现，而且过于棘手。

外界压力一旦不复存在，巴尔干火药桶就会爆发。随着苏联解体，美国漠然置之，德国忙于统一，土耳其相对封闭，巴尔干地区不再处于压力之下，南斯拉夫获得了自建国以来最大的自由。巴尔干半岛外部压力的缺失与其内部战争存在某种联系。冷战期间，北约和华约组织都试图将南斯拉夫置于势力范围之内。南斯拉夫畏惧苏联的统治，而北约可以成为制衡苏联人的力量，但南斯拉夫只有在铁拳之下才能团结一致。苏联垮台后，北约对南斯拉夫失去了兴趣，而铁托早在 10 年前就已辞世。压抑已久的仇恨再度浮现，南斯拉夫的火药桶突然爆发。

南斯拉夫境内存在许多边缘地带，几乎所有的事情对于不同的人来说都有不同的意义。就连一座小桥也会成为导火索。波斯尼亚人伊沃·安德里奇曾经因其著作《德里纳河上的桥》(*The bridge on the Drina*)荣获诺贝尔文学奖。在这本书中，作者通过德里纳河上的一座桥描述了波斯尼亚穆斯林和基督教徒的生活：

> 我们可以看到，对镇上的居民来说，他们的生活就是在这座大桥和“卡皮亚”(桥中央加宽的部分，人们可以在此聚集)四周或者与桥有关的地方，不断流淌和展开……基督教儿童出生在德里纳河的左岸，他们从人生之初就开始过桥，因为在降生的第一周，他们就要被抱过大桥接受洗礼。但出生在右岸的其他孩子和穆斯林儿童不需要接受洗礼，他们童年的大部分时光，就像他们的祖祖辈辈一样，都是在大桥附近度过。

在这段文字里，安德里奇刻意传达出了井然有序与太平安宁的感觉，但不无反讽的意味。他清楚这两个群体之间的差异，以及他们之间的新仇旧恨。边境地区总是令人不寒而栗，而位于边地之内的边地更加令人恐惧。因为即使躲过其中一场冲突，你还是会来到一个更加危险的地方。由于担心失去自己熟悉和热爱的东西，这里的人们紧紧团结在一起。但这种莫名的恐惧让他们对大桥另一面的人感到愤恨，他们恐惧的对象不只是远方同样惶惶不安的人，还有那些高枕无忧或权势亨通的人。与此类似，在世界各国的边境地区，生活从来都不是那样轻松，恐惧之情也并非不合情理。

我们已经多次看到，这种仇恨与恐惧在欧洲引起了共鸣。1912 年，塞尔维亚和黑山共和国与希腊结盟，对奥斯曼帝国发起了攻击，当时奥斯曼帝国仍盘踞在巴尔干地区。战争很快结束，奥斯曼帝国继续进行长达一个世纪的撤退。1913 年，战争再次爆发。这一次，出于对上一场战争结果的不满，保加利亚向马其顿发起了袭击。希腊也与保加利亚结为盟国，一致对抗马其顿。

罗马尼亚和奥斯曼帝国也参与进来，与保加利亚一同作战。总之，这些小国及其内部四分五裂的派系组成了各式各样的联盟，如万花筒般不断变换。1914 年，塞尔维亚秘密组织“团结或死亡”成员加夫里若·普林西普在萨拉热窝刺杀了斐迪南大公夫妇,从而引发了一场欧洲战争。此后,人们互相恐惧，并作好了最糟糕的准备。显然，他们的担心不无道理。

一战结束后，战胜国决定在西巴尔干建立一个多民族国家。信仰天主教的斯洛文尼亚和克罗地亚、信仰东正教的塞尔维亚和马其顿，以及波斯尼亚和黑塞哥维那（人们认为该国民众信仰伊斯兰教，但其中相当一部分人口为塞尔维亚人，信奉东正教）联合起来成为一个国家，但它们统一的原则本身就充满矛盾。这些国家全都不是单一民族，而且都拥有许多飞地。这些飞地中的人口属于其他民族，并且信仰其他宗教，所以都想独立出去。

欧洲对巴尔干问题的解决方案是建立联盟，希望借此打破俾斯麦的谶言。该联盟成立于 1918 年,最初被命名为塞尔维亚－克罗地亚－斯洛文尼亚王国，其分裂程度从名字便可窥一斑。奇怪的是，在这个国王已经丧失权力的时代，欧洲却决定由塞尔维亚国王掌管这几个四分五裂的国家。于是，亚历山大在此实行独裁统治，直到 1941 年德国入侵。随后，该联盟在外界压力下解体，所有潜伏的仇恨重新出现。其中的一些群体与德国人结盟，另一些与其对抗，还有一些对德国人视而不见，专注于内部争斗。

二战结束后，该联盟恢复统一，各方的冲突被另一个政权镇压下去。约瑟普·布罗兹·铁托元帅领导的共产主义政权用铁腕手段对国内冲突进行镇压，并作出了慎重妥协，从而建立了南斯拉夫联邦人民共和国。但他继续让南斯拉夫处于苏联的统治之下。从某种程度上来说，南斯拉夫比其他共产主义国家拥有更加自由的经济政策，因此在 20 世纪 60 年代，该国经济在共产主义世界最为活跃，但这也许无法说明什么问题。

但 1974 年，当我前往贝尔格莱德、萨格勒布和卢布尔雅那时，我发现，这几座城市与华沙或布拉格的对比十分鲜明，与苏联城市的对比则更加明显。

尽管受到地理条件和意识形态的约束，巴尔干半岛的这些城市仍然取得了较大的进展。此外，我还记得，尤利安山脚下有一座美丽的小镇叫布莱德。在其他东欧国家，我很难见到这样安逸舒适的生活情景：有人在湖边漫步，也有人在可以俯瞰山光水色的餐厅里用餐。餐厅的价格不菲，甚至连我也负担不起。一开始，我认为在里面用餐的都是南斯拉夫的上流人士。但是，当我与他们交谈后，我才发现他们不过是一些中层官僚和小商人。当时，我住在当地一座价格低廉的小型寄宿学校，里面有羽绒床垫和精美的窗户。店主们住在其他地方，他们还拥有好几栋房屋。奥地利与这里仅有一山之隔，两国之间有无数条地图上没有标示的小路。南斯拉夫人不在乎哪些人会离开境内，但奥地利人却担心有人潜入国境。1974 年，在一个共产党统治的边地国家，这种情况不能不令人瞠目结舌。

1980 年，铁托逝世，之后南斯拉夫岌岌可危。南斯拉夫联邦人民共和国决定不让任何人接替铁托，而是成立了由 8 人组成的南斯拉夫联邦主席团轮值主席之职。这也是各方能够达成的唯一方案，该方案消除了自成立之日起将南斯拉夫合为一体的君主制和独裁制。现存的民族差异为社会所认可。

1989 年，随着苏联在东欧的势力趋于瓦解，南斯拉夫潜在的矛盾被释放出来。苏联解体后，当局丧失了道德威信，只剩下南斯拉夫的几个联邦以及联邦内相互仇视的社会群体。当时，该地区的许多家庭都持有武器。20 世纪 70 年代，我站在克罗地亚首都萨格勒布的一座火车站，看见许多士兵带着从家中拿来的武器，正准备离开这座城市。战后的南斯拉夫曾经是个由游击队员建立的党派国家，其道德规范也存在于军队中，并激起了战火。当地盛产梅子白兰地，这种烈酒足以让人的肠胃翻江倒海。此外，许多家庭都在前厅的洗手间里藏有自动手枪。以上种种因素让各方切实存在的矛盾迅速演变为暴力事件。

1991 年，昔日的敌国克罗地亚与塞尔维亚兵戎相见，在相对和平的联邦内展开了小规模的屠杀。双方的仇恨可以追溯到很久以前。二战期间，克罗地亚对纳粹主义较为友好，而塞尔维亚则是抵抗法西斯的中心。长期以来，信仰天主教的克罗地亚一直与欧洲国家十分默契，包括意大利、奥地利、匈牙利和德国。究其原因，部分出于文化渊源，部分在于克罗地亚始终对面积更大的塞尔维亚提心吊胆，因此需要结交盟友。众所周知，塞尔维亚人信仰东正教，甚至就连共产主义者也认为他们与俄国的东正教之间存在某种联系。共产主义者试图超越民族主义的界限，所以克罗地亚的非正规军乌斯塔沙开始追捕他们，并且与纳粹分子沆瀣一气。尽管这些共产党员大多都是塞尔维亚人，但也仅占后者的一小部分。塞尔维亚人和克罗地亚人之间发生了许多不可原谅的事情。这些问题从未解决，也从未消失。

20 世纪 70 年代初，我曾与萨格勒布大学附近的几名马克思主义者彻夜长谈。他们不是斯大林主义者，而是新左派成员，即当时所谓的“实践派”，但这种称呼的由来着实令人费解。这些人中既有男性，也有女性，他们全都受过良好的教育，并且精通哲学。他们显然自认为是启蒙运动的继承者，有责任把一种新型的社会主义带给南斯拉夫，因为这种思想比南斯拉夫当前的政治体制更加人道。但实际上，即便是南斯拉夫当前的政体，也比当时罗马尼亚、捷克斯洛伐克或者苏联的政体更加开明。

几杯梅子白兰地下肚后，我谈起了自己在贝尔格莱德遇到的一些人。毫无疑问，对方的情绪渐渐发生了变化。最后，一位声名显赫的哲学家朝地板啐了一口，开始咒骂这个城市和国家。此外，他还坚持要对塞尔维亚人的畜生进行诅咒。从表面上看，这个人与美国的大学教授没有什么区别，但酒过三巡，他早已醉意醺醺。在接下来的几个小时里，他不禁真情流露。事实证明，他只不过是一名普普通通的克罗地亚人，既不会原谅，也不会忘记塞尔维亚人对他的祖国所做的一切。午夜过后，启蒙运动的影响渐渐远去。

你尽可以去挖掘这种仇恨背后的原因，但最终他所热爱的还是他所拥有的一切以及自己的身份。祖祖辈辈的记忆就是他的记忆，因此无论启蒙运动能够产生多大影响，这些记忆都不会被磨灭。在巴尔干半岛，就像在欧洲的大部分地区一样，人们的回忆往往是可怕的，而且总是会带来愤怒与怨恨。

尽管这些回忆可能被独裁统治压抑下去，或者被经济繁荣暂时平息，抑或与启蒙思想格格不入，但随着这些力量逐渐消失，往日的记忆就会再次浮现。

战争终将演变成无休止的多边斗争和错综复杂的谋略，即使是精通对弈的南斯拉夫人也会手足无措。其结果不仅是导致长期内讧，还有集中营。这些集中营虽然在工业效率上不及德国的集中营，但在制造饥饿和使用暴力方面没有太大分别。在波斯尼亚，穆斯林、克罗地亚人和塞尔维亚人陷入混战，但位于波斯尼亚北部的塞尔维亚人最为强悍。这些塞尔维亚人甚至南下萨拉热窝，包围了穆斯林的这个首都。如果不是出现了连天的炮火，那么他们制造的局面让人仿佛置身于中世纪。

在巴尼亚卢卡市被围困 14 年后，我曾经前往此地参观。作为波黑塞族共和国的首都，巴尼亚卢卡显得和平而繁荣。一个周日的下午，我在市中心的街头漫步，恍若置身上流社会。在公园里，两名棋手正在移动巨大的国际象棋棋子，旁边还有十几名聚精会神的观众。当地的冰淇淋味道颇佳，旅馆餐厅里的年轻人也都衣着得体。我在绿树成荫的街道上信步游荡，无意间看到一座挂着毕马威会计事务所标志的建筑。尽管波黑塞族共和国已被宣布为非法，但其首都仍然悬挂着该国旗帜，而非波斯尼亚的国旗。令人惊叹的是，这里甚至还可以发现现代文明的重要迹象，即美国一家大型会计咨询公司的名称标志。

这里的大部分标志要么是英语，要么包含有英语，对此我已经见怪不怪，这一点不能不令人惊讶。当我还年轻时，波斯尼亚的第二语言是德语。虽然美国在这里将叛乱镇压下去，但现在，所有的外部迹象都显示，当地居民正满腔热情地希望与美国冰释前嫌。

从巴尼亚卢卡向南有两条平坦的大道，山路沿途许多建筑工程正在施工。显然，有人认为，巴尼亚卢卡和萨拉热窝之间的道路上一定生意兴隆。在接近萨拉热窝的地方，人们正在大规模地修筑公路、兴建办公楼。即使在下午 3 点，通向镇上的干道也交通繁忙。道路旁边就是一条河流，河水缓缓流向这座古老的城市。当地的建筑古色古香，街道曲折迂回。夏日的夜晚，山脚下的人们仍然十分活跃，他们一边享用美食，一边聆听音乐。

十几年前，波黑塞族共和国的领导人拉特科·姆拉迪奇在巴尼亚卢卡登台掌权。当时，通向南方的道路上挤满了军用车辆和大炮。这支队伍直奔萨拉热窝，对这座城市狂轰滥炸。然而在此之前，欧洲发生过更加惨烈的战斗，但这次事件无疑是1945年至今最可怕的一幕。

波斯尼亚的重建工作令人惊异。它不仅清理了废墟，而且让人民得以休养生息。人们经常会说，某地"饱受战火摧残"，但这个短语也许不只适用于某个地方，而更适用于当地民众。那些刚刚经历过战火的人大多看起来面容憔悴，但巴尼亚卢卡和萨拉热窝的民众是个例外。对他们来说，曾经大兵压境的道路也不过是一条道路而已。然而，即使他们已经清扫了战场，即使每逢傍晚在萨拉热窝清真寺里祈祷的人们与其他欧洲人看起来没什么两样，他们和在巴尼亚卢卡下棋的人们一样没有忘记过去，也不会原谅对方。对他们来说，500年前或者1995年发生的事情，仿佛就发生在昨天。他们想要遗忘，但记忆却不会轻易丧失。

欧洲认为南斯拉夫正在倒退，仿佛它是某个与欧洲无关的史前国家。在欧洲人看来，欧洲各国之间不会再发动残暴的战争，也不会再因种族歧视而将人们送往集中营，更不会再成为令全世界憎恶的对象。既然南斯拉夫在1995年作出如此行径，从某种程度上来说，他们并非真正的欧洲人。无论他们究竟是什么人，其所作所为显然与欧洲精神格格不入。然而，1912年，巴尔干战争爆发时，人们也说过同样的话，但欧洲接下来发生的事情要远比巴尔干战争更加可怕。

我们住在萨拉热窝一家小旅馆里，店主是一位上了年纪、教养良好的妇女。她体型偏胖，让我联想起自己的几位姑妈。为了让我们住得舒适一些，她总是不停地忙碌。我们几经试探，她犹豫再三后，终于平静地谈起了萨拉热窝遭受巴尼亚卢卡军队轰炸的日子。我告诉她说，如今毕马威会计事务所也进入了巴尼亚卢卡，就足以说明这里不会再发生战争。她悲伤地笑了笑，并向我保证，在这里战争与和平的问题与金钱无关。战争必将卷土重来，她说，但“眼下至少我还有一家旅馆”。让她感到欣慰的不是和平，而是暂时的休战能让她高高兴兴地开一家旅馆。她的期望虽然不高，但也是对现实的一种警告。

这一轮巴尔干战争的细节并不重要，重要的是战争的后果。

此次战争造成了大量人员伤亡，许多人惨死沙场。虽然各方在美国的调停下达成停火协议，但最终还是就科索沃问题与塞尔维亚开战，因为科索沃省主要由阿尔巴尼亚人和伊斯兰教徒组成，而塞尔维亚人认为科索沃对自己的民族认同至关重要。人们没有忘记 1389 年的科索沃战役，它的意义在今天与 600 年前同样重要。

欧洲人未能防患于未然，也未能阻止战争的发生。几乎毫无意义的是，他们只是在战后进行了巡查。战争之所以能够结束，最重要的原因在于，所有各方无论是在体力上还是感情上都已经筋疲力尽。但正如过去一样，这次战争仍未解决任何问题。人们曾经以为，南斯拉夫不会再发生类似 1912 年和 1913 年的流血事件，但事实证明，这不过是一种幻想。敌国仍是敌国，即使他们不得不生活在别国的国旗之下。许多人认为，只要加入了欧盟，所有这些都会画上句号。我不清楚人们为什么会相信这种观点，但的确有人对此深信不疑。当然，也有人认为另一轮战争即将爆发。因此，欧盟的支持者越是满腔热情，与我交谈的那些人们就越觉得战争迫在眉睫，而我更认同后一种看法。

西巴尔干本身就是一个火药桶。此外，由于土耳其再次崛起，俄罗斯重新成为地区大国，德国日渐强大并有可能脱离软弱无能、动荡不安和多民族的欧洲，巴尔干遂成为此间的危险地带。在南斯拉夫境内，任何问题都没有得到解决，而维持和平的诸多因素正逐渐消失。那些一度被人遗忘的大国正重新崛起，而巴尔干地区既是它们开展贸易的通道，也有可能成为发动战争的起点。对此我们绝不能掉以轻心。不要忘记，美国曾向波斯尼亚和科索沃派遣军队，而这支军队已经在那里停留了数年之久。

亚美尼亚与阿塞拜疆之殇

高加索山脉是位于黑海和里海之间的大陆桥，连接了欧洲大陆、安纳托利亚半岛（又称小亚细亚半岛）和伊朗。

高加索山脉由两大山系组成，北部是大高加索山脉，其中包括欧洲海拔最高、最险峻陡峭的山脉，例如厄尔布鲁士山的海拔就高达 18 510 英尺。高加索山脉南部是小高加索山脉，此处地势相对较低，但与巴尔干地区的山脉一样崎岖不平、易守难攻。这两大山系之间是一片平原，西部绵延起伏，东部地势平缓。这片平原由库拉河冲积而成，河流从土耳其东部的山脉发源，向东注入里海。平原向西延伸到黑海，沿岸地带向西部凸出。在三个外高加索国家中，格鲁吉亚和阿塞拜疆位于该平原之上，而亚美尼亚的大部分国土位于南部山系。

高加索地区被三个大国包围，其中西南的土耳其和东南的伊朗位于巴尔干半岛的边缘，而俄罗斯位于北部。这三个国家在不同时期都曾经试图控制高加索地区，但大多数时候，该地区处于这三个国家的同时控制之下。崇山峻岭为此处提供了绝佳的掩护。只要能够占据立足之地，至于在哪里划定边界，对该地区来说并不重要。即便小高加索山区也十分险峻，任何军队都难以长驱直入。对俄罗斯人来说，大高加索山脉必不可少，因为北部是一马平川，既难以进行防御，又是欧洲平原的尽头。一旦有人深入此地，就可以直捣俄罗斯的心脏。尽管苏联已经解体，穆斯林也在车臣和达吉斯坦发起了抵抗，但俄罗斯人并不打算退出高加索地区。

实际上，俄罗斯人需要尽可能南下，以阻挡其他国家的进攻。19 世纪，奥斯曼帝国和波斯帝国已经不堪一击，俄国人得以穿越库拉谷地进入小高加索，吞并了格鲁吉亚、亚美尼亚和阿塞拜疆。俄国革命爆发后，这些国家暂时获得独立，但苏联故伎重施，将这三个国家并入本国版图。当时土耳其和伊朗都十分软弱，对此无计可施。

这一举动让苏联人一箭三雕。首先，他们不会再失去对大高加索地区的控制。其次，他们通过小高加索建立了一条通道，这一点在冷战初期尤为关键，因为当时苏联担心美国从土耳其和伊朗发动袭击。最后，也许是最重要的一点，苏联人能够获得欧洲最大的石油产地，即阿塞拜疆的首都巴库，从而使苏联得以实现工业化。假如没有巴库的石油，我很怀疑苏联人是否能够赢得二战。希特勒同样认为，如果他能够攻克巴库，德国就会稳操胜券。斯大林格勒战役的目的正是为了打开通向巴库的大门，但德国人被苏联人和崇山峻岭阻挡，最终功亏一篑。这在很大程度上要归功于大高加索地区险峻的地形。

事实上，苏联解体是从高加索地区开始的。盖达尔·阿利耶夫是苏联政治局委员，曾经担任阿塞拜疆的克格勃头目。在遭到米哈伊尔·戈尔巴乔夫排挤后，他返回阿塞拜疆，认为苏联必将葬送于戈尔巴乔夫之手。回到阿塞拜疆后，他一边等待时机，一边建立政治基地，最终带领阿塞拜疆毫发无损地退出苏联。

大约同一时间，阿塞拜疆还发生了另一起鲜为人知的戏剧性事件。阿塞拜疆某地区的州议会要求，在得到莫斯科的允许后，脱离阿塞拜疆，加入亚美尼亚。对此，戈尔巴乔夫表示强烈反对，因为他担心其他地区群起效尤，从而导致苏联边境出现变化。在历史边界问题上，斯大林经常随心所欲、轻率变更，以致苏联的许多边界本身就含糊不清，因此戈尔巴乔夫担心，这种做法从整体上会成为苏联的不稳定因素。

问题的根源在于苏联的政策。苏联人曾经重新规划了苏联加盟共和国的边界，导致其居民四处迁徙，有时甚至会出于政治和战略需要将大批民众驱逐出境。二战期间，阿塞拜疆人被赶往中亚，高加索地区的居民经常变动不定。因此，亚美尼亚人得以大批进入阿塞拜疆的纳戈尔诺—卡拉巴赫。随着时间的推移，原本属于阿塞拜疆的地方成了亚美尼亚人的栖身之所。

亚美尼亚要求阿塞拜疆交出纳戈尔诺—卡拉巴赫的管辖权，但遭到戈尔巴乔夫的拒绝。然而，随着苏联的衰落和解体，反对变得毫无意义。在亚美尼亚和阿塞拜疆成为主权国家后，双方的矛盾与日俱增，以致许多阿塞拜疆人在亚美尼亚丧生，而不少亚美尼亚人死于阿塞拜疆。1992 年冬，大约在巴尔干战争爆发的同时，亚美尼亚对纳戈尔诺—卡拉巴赫发动了袭击，双方拿起苏联的武器刀剑相向。最终，80 余万阿塞拜疆人和 25 万亚美尼亚人沦为难民，同时约有 3 万阿塞拜疆人和 6 000 亚美尼亚人遇害。虽然双方于 1994 年停战，但问题并没有解决，矛盾仍在恶化。目前，双方仍在边境地区布置狙击手，并对联合国的决议置若罔闻。

这场战争结束十几年后，我初次来到阿塞拜疆，受到了一名政府官员的接待。他立即将我带往一座缅怀那些为了阿塞拜疆独立而牺牲的人修建的纪念碑，并让我敬献了鲜花。他们提到的第一个问题就是我在纳戈尔诺—卡拉巴赫问题上的立场。这是我首次来到阿塞拜疆，虽然我对这个问题有所了解，但并不清楚它所激起的情感。除非身在其中，否则你很难理解这些事情。我只好作出了模棱两可的回答，但表示赞同双方遵守联合国决议。坦率地说，我很好奇为什么会有人关心我对此事的立场。

这次采访和我接受的其他一些访谈的内容被贴到了互联网上。出乎意料，我很快遭到了亚美尼亚人的攻击，他们指责我受到阿塞拜疆人的收买，因为我首先造访了阿塞拜疆，并对巴库大加揄扬，但巴库的确是一座引人入胜的城市。亚美尼亚人断章取义地认为，这一言论意味着我被阿塞拜疆人所收买。虽然两国都呼吁美国解决这一问题，但最终解铃还需系铃人。

人们很容易认为，其他人的政治热情不可理喻或是受人误导。一般来说，我们对自己的爱恨一清二楚，因此对这种情感极为重视，但认为其他人的爱恨微不足道，甚至难以接受。事实上，我们都有自己的回忆，但只有那些最强大的国家认为自己受到了不公正的对待，而这些错误很难被改正。对巴尔干地区来说如此，对高加索地区来说亦是如此。如果不能理解其他人的感情，我们就会犯下严重的政治错误。但其他人关心的事情并非总是合情合理。在高加索地区，我终于清楚，什么是回忆和感情。在此声明，我从未接受过阿塞拜疆人的贿赂。

巴尔干半岛和高加索地区对欧洲人关于新欧洲的表述发出了挑战。当欧洲步入正轨之际，这两个地区却战乱肆虐，其中包括2008年的俄格战争。迄今为止，1945年前曾对欧洲产生重大影响的感情，仍然在欧洲十分活跃，尽管这些国家并未加入欧盟。例如，巴尔干战争就发生在欧洲。

一些欧洲人提出了反对意见，他们反驳说这些冲突都发生在欧洲的落后地区（例如巴尔干半岛），或者并非真正属于欧洲的地区（例如高加索地区）。然而，无论巴尔干半岛落后与否，我们都不应当忘记，一战就是从那里爆发的，而俄罗斯仍在大高加索、车臣和达吉斯坦镇压伊斯兰教徒的叛乱。如果对这些冲突置之不顾，我们就需要对欧洲进行重新定义。最终，我们不得不认为，欧洲的战争并没有随着苏联的解体与欧盟的崛起而结束。不可否认，欧盟内部没有发生战争。这一事实有力地证明，欧盟能够成功地遏制欧洲人对战争的欲望。但这种观点也引出另外一些疑问：如果欧盟崩溃、分裂或者停止有效运作，结果将如何？如果欧盟的体制能让欧洲实现和平，那么这一体制一旦出错或者失灵，什么才能约束欧洲？

我早就表示，欧盟难以解决目前所面临的危机。欧盟正在衰落之中，关键在于它是否能够恢复自身的平衡。但我认为，欧盟不可能重获平衡，因为它的问题是结构性的，所以必然导致失败。如果欧洲一体化真的能够消除战争，而在没有加入欧盟的地区，就像在巴尔干地区和高加索地区那样，冲突会重新出现，那么欧洲的未来将与多数人的期盼大相径庭。

以上就是笔者的论断，接下来我将对潜在的危险地区进行逐个分析。欧洲有许多老传统，其中之一就是某些地区的冲突会一再出现。

进退维谷
欧债危机阴影下的德国

欧债危机中，一枝独秀的德国被推向欧洲主导位置，陷于两难：一方面，德国若不愿救助重债国家，会遭到不愿承担责任的指责；另一方面，德国若是稍许展示自己的“肌肉”，为欧债危机的应对定调，即被认为德国企图主宰欧洲。基于德国的经济实力和历史责任，“只做一个正常国家”已成空想……

德国复苏

如今，欧洲问题再次成为德国问题，人们担心的是德国的需求与顾虑，以及德国可能做出或者不会做出哪些举动。这个问题在欧洲由来已久，并与欧洲最古老的问题相伴相生：下一场战争将在何时何地爆发？不可否认，德国的统一让欧洲陷入了31年的风雨飘摇之中。随后，在长达45年的时间里，德国被一分为二，欧洲才得以拥有和平。现在，德国不仅再次统一，而且是欧洲最强大的国家之一。如果欧盟运转失灵，合作机制崩溃，人们不禁要怀疑，曾经同室操戈的欧洲是否会回到从前的状态。

1945年，人们一度以为，德国不会再次强大起来。但如今德国即使不是欧洲最强大的国家，至少也是其中之一。我们需要考虑的是，这对欧洲乃至整个世界意味着什么。当然，今天的德国与阿道夫·希特勒时代的德国不能相提并论。因为德国的军事力量十分有限，其内在信仰和原则也深受宪法和民主的制约，但这无法改变德国的实力目前在欧洲首屈一指的事实。对欧洲来说，德国所作的决定和采取的行动将比其他国家产生更深远的影响。

这个新的角色无疑不适合德国。德国在 1871 年统一后，一度改变了欧洲的运作方式，在欧洲平原的中心形成了一股巨大的、富于创造性的不稳定力量。早在欧洲文明发源之初，莱茵河以东的日耳曼部落就限定了罗马帝国的界限。这些部落分布在阿尔卑斯山以北，莱茵河以东，其东部边界尚不明确，但实力不容小觑。

1871 年，以普鲁士为核心的德国已经发展成为一个现代民族国家，而不只是一个由数十个州组成的政权。从此以后，德国三度成为政治经济强国。1871 年，统一后的德国在战争中大败法国，重新划定了欧洲的界限。1918 年，在一战中受挫后，德国东山再起，最终导致纳粹党上台。1945 年，德国再次崛起，东德和西德于 1990 年宣布合并。德国从分裂中产生，屡战屡败但屡败屡战，一再崛起，如今的它不再是一个普普通通的国家，而是欧洲的主导力量。

其中部分原因在于德国的地形。欧洲的历史表明，任何位于欧洲平原北部正中央的国家都不容忽视，无论该国江山一统还是一盘散沙，例如神圣罗马帝国时期的德国。如今，德国再次崛起成为欧洲强国，进而引发了更为复杂的问题。1945 年，几乎没有人能够预见，德国在进入 21 世纪后会如何发展，而少数拥有先见之明的人也将极为惊恐。

我们不得不再次谈论德国这个欧洲不可或缺的国家，谈论德国所制造和解决的问题，谈论德国在欧洲的领导地位以及其他国家对它取得该地位的怨恨之情。在讨论这一切有何意义之前，我们不妨考虑一下，为什么会出现这种情况，尤其是为什么自 1871 年后，尽管德国屡逢劫难，但仍然能够再次崛起。

德国的情况不禁让人联想起位于俄罗斯东南方的日本。当德国统一后开始蒸蒸日上之时，日本也完成了统一，并迅速发展。相比德国，日本的自然资源更加匮乏，对现代战争更加缺乏历练。然而令人惊异的是，1905 年，日本利用英国制造的战舰和德国建立的军队打败了俄国海军。二战前，日本已经成为东亚地区最大的经济和军事强国。就像德国一样，日本在压力下急速发展，但其基础无疑更为薄弱。同样，日本也曾诉诸战争手段，试图矫正地区的不平衡状态。与德国一样，日本在战争中遭到了严重破坏，几乎没有恢复元气的可能。日本与德国同时卷土重来，前者甚至成为全球第三大经济强国。二战期间，日本遭到的破坏远比苏联、英国和法国严重，但这几个同盟国在取得胜利后，其发展状况反而不如日本。

鉴于此，与其质疑“为什么会是德国”这个问题，不如扩大范围去思考“为什么会是德国与日本？”显然，德国并非独一无二。一些国家实现统一的时间相对较晚，德国只是其中之一。此外，德国完成工业化的时间也晚于其他国家。19 世纪末，日本和德国都完成了统一，随后两国的经济开始突飞猛进。因此，它们急需原材料，以发展新兴工业。但两国的发展都受到强国的制约，而其他强国实现统一和工业化的时间要早于它们。为了确保能够获得原材料和市场，日本和德国都诉诸战争。虽然都曾遭受严重打击，但战后两国的经济在一代人的时间里迅速复苏，只有军事实力较为薄弱。有趣的是，与德日大致在同时期完成统一的意大利，虽然遭到战争破坏的程度较轻，但其工业化过程较为缓慢，也未能获得与德日相当的重要地位。

德国与日本的工业革命都受到了国家的鼓励，甚至由政府实施。当然，这些都是外部力量推动的结果。普鲁士人希望在统一后吞并英国和法国，因此迅速完成工业化尤为关键。当日本遭遇美国的坚船利炮，看到英国在中国所做的一切，它深刻地意识到，假如日本不能实现统一、完成工业化，就会重蹈中国的命运。在过去的几个世纪里，日本一直处于割据状态。直到 1868 年，日本通过明治维新重新建立起统一的政府，并出于经济和军事的考虑开始强制推行工业化。

德国和日本的上述行动并没有形成国家所有制，但其国家政策对工业政策产生了巨大影响。在这两个国家，上层贵族协助政府推行工业政策，既是因为他们认为自己有责任肩负国家的命运，也是出于一己之私，所以他们准备领导工业化。与德日不同的是，意大利并没有面临严峻的地缘政治威胁，因此该国的贵族如同一盘散沙，很难像德国与日本那样采取集体行动。

工业化、国家统一和军事力量相互交织，相辅相成。其结果是，德日两国都产生了军国主义思想，即认为军队是国家的化身，贵族阶层是军队天生的领袖，而黎民百姓是狂热的参与者。在墨索里尼的统治下，意大利的军国主义思想也蠢蠢欲动，但其国内的法西斯党根基不够稳固，仿佛建立在流沙之上。

二战过后，日本放弃军国主义，德国对法西斯主义进行了彻底反省。按照宪法规定，日本应成为一个和平主义国家。而在北约，德国虽然沿袭其军事传统，但不再热衷于任何意识形态。尽管如此，两国的经济仍然迅猛发展。经济发展不仅有助于国家复苏，而且形成了一种有别于军国主义的思想体系(我们姑且称之为“经济主义”)，即致力于经济发展，并以此作为主要手段来维护国家利益。

此外，日本与德国还有另一个共同特征。在冷战期间，两国都对美国极其重要。二战结束后，美国经济约占全球 GDP 的一半。德日两国与美国建立了密切的经济关系，并从中获益颇丰，因为它们可以接触到全球最大的市场。美国既需要德国与日本对苏联进行遏制，也需要这两个国家富强起来。因此，美国在战后很快放弃了任何对德日两国进行惩罚或者任其陷入赤贫的念头。考虑到战后的地缘政治格局，两国的经济必须尽快复苏。因此，德日不仅接受了美国的援助，打开了美国的市场，而且可以利用关税保护国内市场，从而获得经济复苏的能量。

毋庸置疑，德国面临的地缘政治格局十分严峻，因此只要有人一声令下，这种社会现实足以使其民众在战争中作出极端邪恶的事情。但是，德国人也正是得益于他们本身能够在战后忍辱负重。面对经济上的窘境，德国人一向训练有素，他们能够面对其他民族无法面对的苦难。在这一点上，德国不仅与意大利形成了鲜明的对比，而且在一个世纪里两次超越英国与法国。

日本是世界上第三大经济体，而德国在世界综合国力排名中位于第四。迄今为止，两国仍是经济巨人，而非军事强国。德日两国所发挥的国际影响远远小于它们的实力。虽然德日在美国的扶植下在战后生存了下来，但它们的外部环境并不太平。美国的注意力已经转移他处，而地区问题变得越来越不确定。如今，两国正在权衡利弊，希望本身不必施加影响，或者承担任何风险。

在谈到德国时，我们也应该提到日本，这一点十分重要。如此一来，我们可以避免将德国作为一个个案，而是将其置于更加广阔的背景之下。德国统一和发展并非与日本毫无二致，但两者的相似之处显而易见、极富启迪性。由于实现统一和工业化的时间较晚，它们面临着严峻的形势，这种局面是意大利等其他国家无法完全驾驭的。德国与日本虽然陷入了灭顶之灾，但它们最终从灾难中重新崛起。

德日两国统一后，社会趋于稳定，民众团结一致。这种状态在二战后并未消失，无疑有助于它们从失败中复苏。时至今日，德国社会仍然存在一定的纪律性。虽然这种纪律性也许正从德国文化中逐渐解体，但这并非定论。德国的经济表现迥异于欧洲其他国家，从而证明这种纪律性仍然存在。20世纪五六十年代参与德国重建的一代人大都已经不在人世，虽然其后代在六七十年代一度沉湎于激进主义，但他们与先辈并没有明显不同。

当然，他们对军事理念的态度截然不同。无论是否情愿，生活在冷战时期的德国人不得不面对严峻的威胁，必须保卫自己的国家。而冷战后的一代人对军事毫无兴趣。随着魏玛共和国的建立，德国不再面临任何军事威胁，因此他们的态度合情合理。

“恐德症”蔓延

对德国人来说，胜利与灾难息息相关。对于他们所取得的成就，德国人既感到忧虑，又引以为傲。德国人担心，这种成功会迫使他们扮演自己不希望扮演的角色，并将其再次压垮。德国人并不热衷于领导新的欧洲，但他们担心自己无法逃避这一职责。同时，对于德国公众所表现出来的忧虑和持重，欧洲其他国家心存疑虑，认为这只不过是装模作样，昔日的德国并没有死去，只是酣睡未醒而已。所有欧洲国家都对德国充满了可怕的回忆，甚至德国自身也不例外。

德国人希望相信，令人恐惧的历史已经成为过去。这就如同有人做了某件可怕的事情，但他告诉自己这只是一个虚假的或者发生在其他世界的梦。随着时间的流逝，他甚至可以装作这一切已经不复存在。然而，他从未真正忘记事实的真相，他清楚自己不只是做了一场梦，这一切确实发生过。正因如此，他担心这样的事情会再次发生。而他身边的所有人也清楚这不是梦幻，并且怀有同样的恐惧。换句话说，今天德国人的心态就是所有欧洲人的心态。

德国取得了巨大的成就，因此它试图控制或操纵邻国的每一项措施，或者它所做出的从某种程度上可以决定周边国家命运的每一次行动，都会引起人们的恐惧。但对德国来说，这一次的情况有所不同。这不是因为德国取得了巨大的成就或者强大的实力，而是因为德国担心自己与这一切产生任何瓜葛。一方面，人们可以认为，这种恐惧会成为约束德国的力量。但另一方面，虽然你清醒地意识到自己的内心存在某种荒谬的念头，但这并不能确保它不会控制你的思想。

对德国人来说，唯一的办法就是谨言慎行，表明自己毫无恶意。其中包括大范围公开进行的自我反省，从而向全世界证明，对于过去发生的事情，德国的态度极其严肃。与此同时，德国人的生活异常普通，甚至在某种程度上与那些受害国家极其相似，因为两者都经常进行反思，他们唯一的愿望就是生存下去。当然，尽管两者的生活方式十分接近，但这并不能抹杀受害者与加害者的区别。

有意思的是，德国的年轻人与上述说法格格不入。在某个周六晚上，如果你来到柏林，你就会看到一些更加奇特的生活方式。这不禁让我联想起德国戏剧家贝尔托·布莱希特的一出戏剧。在这出戏剧里，布莱希特对人类奇怪的生活方式进行了研究，并对其中潜在的救赎可能性作出了深刻剖析。长期以来，玩世不恭一直是德国青年的传统，时至今日仍然如此。但是，当我拜访在 20 世纪 70 年代结识的年轻革命者时却发现，他们现在不是在西门子股份公司就是在德意志银行出任要职。我意识到，这些人年轻时的自我放纵只不过是一种程式化的做法，因为他们在弱冠之年口口声声痛恨不已的权威人士和乏味生活，如今反而成了他们自身的真实写照。

年轻的一代喜欢标新立异、桀骜不驯，但随后不得不向人生屈服，这种现象远非德国所独有。但是，如果你在星期六的晚上来到柏林，你会发现这种感觉尤其强烈。20 世纪 70 年代，源于大学校园的欧洲新左派广为流传。其中一些团体甚至参与了直接行动，包括制造爆炸案、枪击事件和绑架。在德国，有一个名为“巴德尔－迈因霍夫集团”的组织，即后来的“红军派”。该组织成员实施了不计其数的恐怖主义行径，并被宣判有罪。1976 年，该组织主要成员乌尔丽克·迈因霍夫在接受审判期间自杀身亡。1977 年，巴德尔和其他人也在他们所谓的“死亡之夜”集体自尽。

无论在任何地方都有年轻人耽于声色，而且许多地方的年轻人热衷于信奉某种意识形态。20 世纪 70 年代，许多国家都存在由年轻人组成的恐怖组织。而德国恐怖分子的“死亡之夜”反映了比其他地方更加深刻的黑暗现实。在此，我不打算过于深入地谈论死亡崇拜，因为我并不清楚他们的动机，但提起德国的哲学家，我们有句俗语：“比起其他所有人来，他们沉沦得更深，潜伏得更久，因此一旦出现，他们会更加卑劣。”我并不完全确定，这句话是否适用于德国哲学家，但它无疑适用于“红军派”。正如前文所言，几乎所有极端分子最终都回归了正轨。但“红军派”是绝无仅有的例外，他们的暮年同样异乎寻常。当然，这与左派或右派无关。正因为他们年轻无畏，有着狂热的信仰，所以才会做出令人难以置信的事情。这不是某种集体罪过，但文化从本质上说是一种集体行为。当我得知“死亡之夜”一事时，我不由想起了海涅及其谶语。虽然与过去相比，德国的雷声逐渐减弱，但仍然清晰可闻。

虽然其他国家也发生过类似的事情，但当它们发生在德国时，无论公正与否，都会被赋予更加深刻的意义。德国人只是希望继续生存下去，维持过去曾经保护他们平安无事的体制。但与此同时，德国人也清楚，他们不可能永远一成不变。

德国人不得不在平凡与卓越之间进退维谷。他们对出类拔萃有着切实而强烈的担忧，并躲在平庸的表象之后，以免引起他人的注意。然而，德国是全球第四大经济体，也是欧洲经济最发达的国家，人们不可能对其视而不见。德国人虽然试图紧紧抓住那些能够避免让自己崭露头角的东西，但仍然希望有所改变。他们既希望留在北约，又希望有所作为，阿富汗是他们最后一次极为有限的尝试。他们既希望留在欧盟，又希望它能够符合德国的利益。但与此同时，他们又不希望表现出德国拥有某种利益，因为德国曾经正是因一己之私而失控。然而事件频发，迫使德国不得不打破自我施加的束缚。

德国仍然执着地希望，在对外事务上采取非军事手段。德国的出口约占其 GDP 的 40%，而其工业生产能力远大于国内消费能力。因此，只要有部分产品无法出口，德国国内经济就会受到严重波及。德国无法仅靠出口高附加值产品维持充分就业，而是需要盯紧所有产品。这一代德国人对出口的执迷源于美国，正是在美国的鼓励下，德国开始了迅速而不均衡的发展，以致其工厂的生产能力远远超出了国内需求，而剩余产品则由美国和其他国家购买。但当时还是 20 世纪 50 年代，迄今已经年深日久。尽管随着时间的推移，德国对出口政策作出了相应调整，但对出口的依赖反而变得更加严重。

德国希望本国的经济政策不会产生任何政治影响，尤其是军事影响。它希望成为欧洲最强大的国家，而无需将自己的意志强加于任何人。同时，它只希望运用自己的经济实力，而不必残酷无情地追求国家利益。此外，它还希望保留国家主权，但前提是超国家机构尊重所有国家的主权。这些想法完全可以理解。它们虽然含糊不清，但切实可行。

欧洲陷入了一场经济危机。德国是欧洲最富有的国家，而且其繁荣主要得益于欧洲。但德国公众认为，希腊懒惰而腐败，所以不希望为他们买单。因此，过去的一种说法在德国重新出现，只不过措辞极其温和，即把勤奋努力、纪律性强的德国人与软弱无能、不负责任的南欧人进行对比。

这种说法具有一定的真实性，但正如我在前文指出的那样，真实与否并不重要。重要的是，这种说法具有很强的说服力和影响力。

这种观点意味着，德国认为自身不应当承受南欧的债务负担。此外，它还有更深一层的意义，即认为北欧人，尤其是德国人，至少在文化上比南欧人更加优越。这也许无关血统，而关乎价值观念。德国人不相信南欧人能够成功地处理自己的事务，而应当交由责任心强的北欧人接管，并迫使南欧人遵守纪律、勤奋工作。

归根结底，这还是经济紧缩的问题，即由谁来承担欧盟债务危机的负担？德国人自认为是这场危机的受害者，因为他们辛勤工作和井然有序的状态有可能丧失殆尽。他们认为，南欧人应当偿还所欠的债务，即使无力全部偿清，至少也应当归还大半。这不仅因为理应如此，也是为了让南欧人认识到不负责任的后果，并通过经济紧缩迫使他们改弦易辙。

在这个问题上，德国的政策和舆论产生了分歧。让问题更为复杂的是，纯粹的经济处罚已不再有效。南欧人不仅会对惩罚予以抵制，而且就像所有欠债者一样，他们可以拖欠不还。有时，偿还债务的代价要高于拒绝偿还债务的代价。虽然将来很可能不会有人再借钱给你，但还钱比这种后果更加痛苦。正因如此，我们可以看到，对大型公司来说，破产并不会导致其丧失信誉。对国家来说，道理亦然。

“正常崛起”成空想？

德国计划实施经济策略，但只有各方愿意参与到这场经济博弈中来，德国的策略才会奏效。更何况，一旦有国家拖欠债务，这场博弈就会发生改变。

德国怎样才能通过纯粹的经济手段迫使借方偿还债务？德国要么在经济上作出妥协，要么只能朝着某种政治方案迈进，而第一种方法对德国人来说十分困难。彼时，德国面临的现实是，他们在欧盟的框架内仅从经济角度解决问题的希望将遭遇挫折。在这场债务博弈中，德国要么接受失败的后果，要么制定的策略需要超出经济领域。

活跃于战后的哲学家汉娜·阿伦特曾经表示，世界上最危险的事情是既富有又虚弱。只有实力才能保护一个人的财富。与穷人不同的是，富人容易受到嫉妒，因为他们拥有其他人梦寐以求的东西。与强者不同的是，弱者容易向权势屈服。父亲过去经常对我说，即使是世界上最富有的人，也躲不过一颗不值钱的子弹。对国家来说，道理也是如此。如果一个国家既富有又虚弱，灾难就会接踵而至。正如我在前文所言，能够既不当受害者也不当加害者，固然很好。可不幸的是，这一愿望无法实现。

在这场危机中，一些欧洲国家经济萧条，不仅有超过四分之一的劳动者失业，而且面临着巨额债务。那么，它们接下来的情况将会如何？这些国家的政治运动随之出现，并且相关人员提出了如下要求：首先，这些国家不应当偿还债务；其次，要对制造债务的恶棍进行惩罚；第三，要让其他所有人都能够获得现有的财富。上述党派的主张存在种族主义成分，因为他们反对在欧盟国家之间相互移民和自由迁徙。总之，这些问题互相关联。

他们认为，欧盟的受益者主要是上层精英，导致其他人只能与移民争抢工作机会。失势的中产阶级不仅遭受物质财产损失的灾难，在情感上也觉得自己成了祖国的异乡人，因此成为巨大的不稳定因素。就在移民不断改变这些国家民族性格的同时，欧洲却无法从文化上同化他们，而他们也不愿接受同化。这就意味着，这些国家的民族结构会发生改变。正如马克思所言，资本也许没有国界，但底层阶级不仅拥有国界，而且紧紧抱住不放。随着经济问题和文化问题杂糅在一起，对外来人口的恐惧也不断增长，其结果是右派开始施加政治压力。这种心态不仅限于那些处于衰退之中的国家，同样也适用于北欧国家，甚至包括德国或美国，只不过后者的程度较轻而已。

毫不奇怪的是，这类政党早已存在，例如希腊的“金色黎明”，意大利的“五星运动”，法国的国民阵线，或者匈牙利的约比克党。几乎所有欧洲国家都有一个突然出现的右翼政党，有些甚至积聚了相当强大的力量。虽然现在这些党派只是初露头角，但它们还会不断发展演变。不管它们呼喊的是左派还是右派的口号（右派的可能性更大），其实都不重要。关键问题是，这些政党会让德国在债务问题上陷入僵局，因为它们宣称德国及该国在这些国家的合作伙伴有罪，并呼吁抄没并重新分配他们的财产。

处于绝望之中的国家将不惜铤而走险。它们可以对那些富有而虚弱的国家采取措施，因为其中的风险很小。随着反德情绪和反经济紧缩的呼声日益高涨，拥有巨大资本、投资额和市场的德国无疑会成为其首选目标，而对德国利益的攻击也将逐步升级。德国要么选择接受惩罚，要么利用手中充足的资源，化财富为力量。一个国家之所以变得强大，不是因为它想要如此，而是因为它必须如此。届时德国将面临严峻的抉择，而比起其他方案，增强所有领域的实力将会成为更容易接受的选项。

这样一来，德国就会成为一个全面发展的国家。随着压力的不断增加，德国将逐渐显示其政治力量，并迟早展露军事力量。而促使德国作出此举的不是军事因素，而是经济上的顾虑。距离那一天已经为期不远。德国将开始应对自身的根本问题、对出口的过分依赖以及难以增加的国内需求，并且需要为出口型经济建立稳定的框架。如果欧盟仍然摇摇欲坠，或者继续加强贸易保护主义，德国就需要另寻主顾，而它已经开始做出尝试。

显然，无论欧盟接下来会发生什么，德国仍将深陷欧洲一体化进程中。但是，随着欧盟在观念上越来越倾向于国家主义，并试图加强与俄罗斯或拉丁美洲和非洲的新兴经济体之间的经济联系，德国将会面临更加艰难的局势。尽管德国的主要兴趣在经济领域，但它新结交的合作伙伴很可能会将经济与国家安全联系起来。举例来说，假如德国加强与俄罗斯的关系，而对后者来说，经济问题与国家安全息息相关，所以俄罗斯向德国提出的条件之一，将会是要求德国接受俄罗斯在乌克兰和白俄罗斯的支配地位。这一点将来势必会成为美国或波兰所不愿看到的事情。因此，美国可能会与波兰建立更为紧密的关系，从而引起俄罗斯的警惕，并迫使德国作出抉择。

一个国家不会主动选择制定旗帜鲜明的外交政策，除非形势迫不得已。对德国人来说，他们将不得不与北约合作，或者与其他国家建立双边关系。问题是，在冷战期间，德国虽然没有全副武装，但已经被重新武装过，这一状态一直持续到现在。与日本不同的是，德国对重新武装存在心理障碍。但不可否认，如果没有武器，任何国家的主权都不可能完整，而无论德国有过多么糟糕的记忆和噩梦，永久和平也只能是一个梦想。如果不能对繁荣的经济进行保护，那么这种状态必然难以为继。

作为全球第四大经济体，德国不存在回避政治问题的可能。全球发生的一切都有可能波及德国的利益，而欧洲发生的一切无疑都会对德国造成影响。德国可以选择抱着最理想的期望听之任之，但就像其他国家一样，该国国内政治不允许采取这种做法。假如德国不采取行动捍卫自己的利益，经济衰退及其引起的政治反应必将压垮当局。那么，德国该怎么办？

首先，最明显的做法是设法维持欧盟和自由贸易区的存在。这并非绝无可能，但德国需要进行大量投资，而且要承担失败的风险。无论是解决南欧的失业危机，还是确保东欧国家忠于欧盟，都需要付出高昂的代价。德国虽然将赌注下在了欧盟身上，但不得不规避其中的风险。因此，德国需要一边继续公开致力于解决欧盟问题，一边另寻出路。

就像过去一样，德国必须就两件事情作出决择，即对法关系和对俄关系。由于地处北欧平原，德国总是需要就此进行权衡。自 1871 年以来，德国的历史对此概莫能外，而这个问题也反复出现。二战结束后，密切的德法关系始终是德国的重中之重，而苏联占据着德国半壁江山（即东德），并且威胁要夺走德国的另一半（即西德），因此苏联一直是德国的心腹大患。

尽管德国仍然坚定地致力于发展与法国的关系，但两国利益出现了分歧。由于失业率居高不下，法国希望刺激本国经济，即使这意味着会产生通货膨胀，而德国仍然倾向于实行经济紧缩的策略。对德国而言，俄罗斯很难成为适当的合作伙伴，但两国在许多方面更加契合。就像所有国家一样，德国也希望各方兼顾。因此，德国有可能稳定欧盟，继续维持与法国的关系，并与俄罗斯达成和解。但是，要想在实现上述目标的同时，满足德国的需求和公众的要求，这一政策实践起来的难度着实令人难以想象。

更有可能出现的情况是，随着法国的注意力开始转向非洲与地中海，并且试图与俄罗斯结盟，德法之间的经济分歧将日益严重。这一切不仅有可能导致大国之间开展和平的竞争，而且会导致位于德俄边境甚至德法边境的小国之间变得更加剑拔弩张。

10

FLASHPOINTS

The Emerging Crisis in Europe

生死界限
处于俄欧边缘的夹缝国家

谁最了解俄罗斯与欧洲的纠纷？答案必然是波兰、斯洛伐克、匈牙利和罗马尼亚的东部与乌克兰西部的人民。他们对战争的嗅觉，如同轻松预知天气的农民。作为俄罗斯和欧盟之间的夹缝地带，这里既是西方通往东方的跳板，也是俄罗斯一方通往里海的道路和保卫国家安全的关键，可想而知：错踏一步，即是生与死的界限。

贫穷的霸主俄罗斯

我外祖父的出生地是普莱斯堡，他的孩子出生于波佐尼。一战结束后，外祖父举家离开了布拉迪斯拉发。但事实上，这三个地名指的是同一座城市，而城市的名称取决于其占领者是奥地利人、匈牙利人还是斯洛伐克人。在边境地区，一座城市可能在某个人的一生中数易其名，但他提起这座城市时也许只会用其中一个，并不一定是现有的名称。不过，在与斯洛伐克人交谈时，尤其是在午夜过后的酒吧里，你绝不能称这座城市为波佐尼。因为在俄罗斯与欧洲之间的边缘地带，一个地方的名称相当重要，甚至会引发流血冲突。所有边境地区莫不如此，只不过这里尤甚。

欧洲南部是地中海和黑海，北部是北海和波罗的海。俄罗斯的圣彼得堡市位于波罗的海最东端，罗斯托夫市位于黑海最东端。如果在圣彼得堡和罗斯托夫之间划一条线，你就能够确定欧洲大陆的位置。这条线以西即欧洲大陆，以东为欧洲大陆。

这条线也大致相当于俄罗斯的西部边界。波罗的海国家、白俄罗斯和乌克兰曾经都是沙俄和苏联的领土。它们位于欧洲大陆东侧，这里既有天主教徒，也有东正教徒。数百年来，俄国的边界在此变动不定，忽而将其包括在内，忽而又将其排除在外。甚至有时俄国的边界还会进一步向欧洲大陆西移。

在冷战期间，苏联一度将其势力范围扩展至德国的中心地带。但欧洲大陆的任何一个国家从未长期占领过俄国的领土。欧洲那些铤而走险者，如拿破仑和希特勒，都被俄国或苏联打得一败涂地。在分裂的欧洲与统一的俄罗斯之间，从波罗的海国家到乌克兰以及从波兰到保加利亚这两列国家构成了一触即发的边缘地带。

欧洲与俄罗斯有着天壤之别。欧洲面积较小，其最宽处从丹麦北部到意大利南端的距离仅有 1 500 英里。欧洲大陆从东向西逐渐变窄，最窄处位于比利牛斯山一带，仅有 300 英里。无论是从人口数量还是国家数量来看，西欧地区都是欧洲最拥挤的地方。

幅员辽阔的俄罗斯则恰恰相反，它从白俄罗斯边界到乌拉尔山南北长约 1 100 英里，从西向东穿越西伯利亚，显然宽达数千英里。但西伯利亚只是俄罗斯的附属地区，并非其中心地带，更不属于俄罗斯的欧洲部分。

俄罗斯的欧洲部分多为平原，之所以难被占领，不是因为有天堑阻隔，而是有河流作为屏障。俄罗斯的语言、宗教和民族比欧洲国家相对单一。欧洲的民族、宗教多种多样，而俄罗斯的同一性很难被打破。虽然俄罗斯约有上百个民族，但其中 80%的人口为俄罗斯族，其次是约占其总人口 3.9%的鞑靼人。这就意味着，尽管俄罗斯民族众多，但任何一个少数民族的人口数量都不会过于庞大。车臣地区的人民虽然生性凶残，但无法推翻莫斯科政权。宗教固然重要，但民族更有影响力，尤其是当不同民族拥有不同语言的时候。俄罗斯的穆斯林人口众多，但不能误以为他们是一个单一的群体。在俄罗斯，穆斯林由于所处地区、使用的语言、所属教派和激进程度不同，差异巨大。

俄罗斯基本上是一个内陆国家，大部分人口都远离海洋。但海洋包围了欧洲大陆，因此其经济和文化都与海上贸易有关。古希腊著名历史学家修昔底德指出，斯巴达是贫穷的内陆国家，而雅典是富庶的海洋国家。雅典与世界各国均有贸易往来，而斯巴达只能以内陆出产的粮食为生。当然，修昔底德也表示，近海地区的人们生活奢侈，所以往往性格软弱，而那些生活在远离海洋地区的人们更能忍辱负重。俄国士兵坚韧顽强，足以证明修昔底德所言不虚。

这种地理上的差异导致俄罗斯与欧洲各国在经济上产生了巨大差异。迄今为止，欧洲西部共有逾 5 亿居民，而俄罗斯在大陆部分的人口约为 1.4 亿。欧洲西部国家的 GDP 约为 14 万亿美元，人均 2.8 万美元，而俄罗斯的 GDP 约为 2 万亿美元，人均 14 246 美元。由此可见，前者的人均 GDP 大致相当于后者的两倍。此外，俄罗斯内部的不平等要远远超过欧洲西部国家。

俄罗斯是个与世隔绝的国家。生活在俄罗斯的中型城市与欧洲的中型城市里，你的经历将会截然不同。在俄罗斯，从就业机会到预期寿命，几乎任何方面都无法与欧洲相比。尽管俄罗斯的社会结构相对单一，但这并没有为民众带来更加幸福的生活。俄罗斯作家索尔仁尼琴曾经表示，俄国人虽然普遍贫困，但是作为个人，他们在精神上要比欧洲居民更加富足。也许的确如此，但可以肯定的是，俄罗斯人的生活十分艰难。

除海洋以外，欧洲的河流也让欧洲人变得更加富有。其中最大的河流多瑙河为人们从阿尔卑斯山东麓到黑海提供了成本低廉的运输道路，而莱茵河则连接了北海、罗纳河流向地中海、德涅斯特河注入黑海。这意味着，欧洲内部的所有地区都可以参与全球贸易，而不只是港口城市。俄罗斯虽然也有河流，这些河流也发挥了重要作用，但它们距离俄罗斯的大部分地区较远。正因如此，该国的贸易主要通过陆地交通开展。

划分欧洲的利刃

欧洲大陆与亚洲大陆边缘地带的中心，即波兰、斯洛伐克、匈牙利和罗马尼亚的东部与乌克兰西部的交界地区。波兰距离罗马尼亚约 60 英里，但在这短短的距离内，共有 5 个国家汇聚于此，并有 5 种语言、5 种历史互相交织。同时，这里也是我父亲的故乡。因此，这里还有第 6 种历史，或者说是历史的幽灵，即犹太人的历史。

无论从哪种角度看，这个中心地区都至关重要。它将这个边缘地带分为南北两个部分：北部是一马平川的欧洲平原，南部是崎岖不平的崇山峻岭，易守难攻。实际上，欧洲平原和欧洲山区存在天壤之别。喀尔巴阡山的最北端，也是该地区的中枢，将欧洲大陆一分为二。

穆卡奇曾经属于匈牙利，如今是乌克兰的城市，被称作穆卡切沃，恰巧位于喀尔巴阡山麓的中枢地带。这座城市的人们大都能讲多种语言，即使不太流利，也足以进行沟通。这里的所有人都了解地图上没有标识的小路，清楚哪一种货物在边界哪一边更加值钱。此外，就像农民能够预知天气一样，这里的所有人都能预知战争的到来。总之，这个地区就像一个高压锅，而当地的人们懂得如何在压力下生存。

这无疑是一桩幸运的本领，因为这里是欧洲的半岛与大陆压力汇聚之处，多次产生了令人无法承受的力量。该地区以西是奥匈帝国残余势力占领的地方，但如今已被并入欧盟。该地区西北方向就是德国，该国既是欧盟成员，本身也是一个强国。此外，该地区西南是巴尔干半岛。位于乌克兰以东的俄罗斯，虽然实力有所削弱，但始终是一个统一的国家以及不容忽视的因素。因此，当地的居民清楚，这里的边境时常处于变动之中。

同时，这里也是如今美国对外政策的重点。冷战时期，欧洲的火药桶位于德国中部以南的地区，但现在已经东移，并进入了乌克兰。为了确保这个缓冲地带的安全，俄罗斯与西方一直在角逐此地的霸权。如果西方获胜，双方的边缘地带将位于乌俄边境。反之，若是俄罗斯获胜，这一界限就在此地，也就是数百年来俄罗斯与欧洲争夺的边缘地带。因此，下一代美军士兵的基地位于哪里，很可能取决于乌克兰战争的结果。总之，该地区的地图瞬息万变。

我们不妨看一看，在3代人的时间里，这里的地图都发生了哪些变化。以下是我父亲出生时该地区的地图。

当时，波兰、捷克共和国、斯洛伐克、匈牙利、巴尔干国家、白俄罗斯和乌克兰还不是独立国家。当时欧洲大陆的边缘地带位于奥匈帝国、俄国和德国这三个大国之间，德国控制着该地区北部的一小片领土。

我生活在冷战时期，这个时期的边缘地带与上述描写存在着很大差异。彼时，奥匈帝国烟消云散，德国一分为二，许多新兴国家纷纷出现，而苏联则大幅西进。双方的边界从未像现在这样深入西方。但如今边界的意义已经大不相同，不再像父亲生活的时代那样易于穿越。对他来说，这一边缘地带是一个含糊不清的地方，存在许多种解释。但对我来说，这个地带仿佛一把利刃，精确地将欧洲分为两半。更加重要的是，在这里错走一步就可能意味着死亡。当时，我内心深处始终认为，华沙永远是敌国的领土。

然而，对我的孩子们来说，他们看到的欧洲地图与我年轻时看到的大相径庭。此时，俄罗斯已经退回了彼得大帝进行领土扩张之前的边界。几个世纪以来从未取得过独立的国家纷纷获得了主权。在50多年的时间里，俄罗斯的势力范围从德国中心转移到斯摩棱斯克附近，它曾经是俄罗斯帝国的领土。对我来说，这里曾经是一道生与死的界限，但对我的孩子们来说，欧洲已经截然不同，成了一个旅游胜地。

黑手党国家摩尔多瓦

虽然这样一片辽阔的地区很难描述清楚，但我们可以从其中的一小片土地开始讲起，因为这片土地反映了这个地区所有的复杂性、含混性和危险性。

其中，摩尔多瓦就是一个极端的例子，能够帮助我们认清这块边地乃至大部分边地的本质及其产生的影响。

自 1800 年以来，摩尔多瓦先后被划入奥斯曼帝国、俄罗斯帝国、苏联和罗马尼亚，但最终获得了独立。如果你不喜欢摩尔多瓦现在的地位，那么不出数年，它就会发生改变。由于面积狭小，摩尔多瓦的地位并不重要，但在地理上却具有战略优势。此外，该国的主要语言是罗马尼亚语的某种方言，但也有许多人使用俄语。

罗马尼亚、摩尔多瓦和乌克兰三国在此交界。在二战以前，德国人尚未占领此地时，这里曾经是犹太人定居点。1903 年，这里发生了一场屠杀，在犹太历史上极其著名。当时，在摩尔多瓦的首都基希讷乌（时称基什尼奥夫），一名基督教妇女死于一家犹太医院。当地一家俄语报纸刊登了一则报道，声称是犹太医生毒死了她。在随后的报复行动中，有 50 多人遇害。

为此，世界各地的媒体纷纷对这场屠杀进行了报道，尤其是《纽约时报》还在头版刊登了专题报道。当我造访基希讷乌时，我不由自主想起了此事，但是对此我感到有些奇怪。1903 年，50 多名犹太人死在这样一个寂寂无名的地方，仍是一件引人瞩目的事情。50 年后，不计其数的犹太人惨遭杀害。相比之下，基什尼奥夫发生的屠杀甚至微不足道。因此，边缘地带既存在于不同的地区之间，也存在于不同的时代之中。

世界上有许多人也许并不知道摩尔多瓦，但它仍是一个十分重要的地方。它位于普鲁特河与德涅斯特河两大河流之间，普鲁特河是该国与罗马尼亚的边界，德涅斯特河大致相当于摩尔多瓦与摩乌的边界。乌克兰最大的港口是敖德萨，过去俄国正是通过这里进入黑海和地中海。因此，敖德萨一旦落入敌国之手，比如纳粹德国，苏联就会蒙受重大损失。反之，如果能够控制此地，俄罗斯就能通向全世界。

所以，无论乌克兰与俄罗斯是分是合，后者都对敖德萨格外关注。如今，俄罗斯人竭力扩大在当地的影响，而罗马尼亚人则在美国的支持下试图对其进行遏制。这个危险地带虽然未必会爆发战争，但有可能会发生内部冲突。

俄罗斯与乌克兰都希望将普鲁特河作为乌克兰边界，因为如果以德涅斯特河为边界，它距离敖德萨仅有大约50英里。一旦其他国家控制了德涅斯特河西岸，两国将很难进行防御。由于第聂伯河也流向乌克兰的首都基辅，所以俄罗斯通向海洋的道路就有可能被阻断。总之，谁能控制摩尔多瓦，是一个至关重要的问题。对俄罗斯和乌克兰来说，它是通向里海的道路和保卫国家安全的手段。而对西方列强来说，它是通往东方的跳板。

因此，当希特勒与斯大林签署条约时，两人在秘密附件中规定，苏联有权占领巴撒拉比亚，即摩尔多瓦的一部分。2014年，为数不多的美国海军陆战队员在摩尔多瓦举行了军事演习。虽然没有人认为，这里会立即爆发战争，但各方都在观望，不是因为摩尔多瓦本身有多重要，而是因为该国是解决重大问题的关键。

官方统计显示，摩尔多瓦是欧洲最贫困的国家。我前往该国时，随行的还有我的妻子和一名女性下属，她们都头脑冷静、态度认真。当我们沿着基希讷乌的街道步行时，她们对身旁年轻女子所穿的靴子进行了价格评估。我从她们那里得知，这些靴子并不便宜。在最贫困的欧洲国家中，当地的妇女竟然穿着价格不菲的靴子。就像妻子和下属一样，我突然对摩尔多瓦有了更多了解。这个国家并不像我预料中那般贫困，她们告诉我的是我此前根本意料不到的事情。

更加有意思的是，我们还造访了基希讷乌之外的一座城市——奥尔海伊。从统计数字上看，这也是一个贫困地区，但街头的汽车随处可见，其中不少甚至是宝马汽车。更为重要的是，这里的银行也比比皆是，其中包括诸如法国兴业银行在内的大型国际银行。在此之前，我根本没有想到，自己会在那里看到宝马汽车、国际银行和衣着考究的普通人。

官方统计数字未必能反映事实，这种情况时有发生。这里是乌克兰与罗马尼亚的边境地区，也就意味着处于俄罗斯和欧盟的双重影响之下。罗马尼亚的银行是欧洲银行，存入其中的资金可以得到清洗，在转换成欧洲资本后向全球流动，并不断增值。俄罗斯人和乌克兰人都希望将资金注入欧洲，因为毕竟谁都不清楚存在德涅斯特河以东的资金的前景将会如何。

从法律上来讲，位于德涅斯特河以东的德涅斯特河沿岸共和国属于摩尔多瓦，但实际上该共和国已经独立。有人将其称为黑手党国家，即有组织犯罪团体开展非法活动的中心，其中包括贩毒和洗钱。无论该地区属于乌克兰还是摩尔多瓦，它都处于俄罗斯石油寡头的控制之下。当时，对于来自德涅斯特河沿岸共和国的资金，其命运无从知晓。这些资金在向西流入欧盟后销声匿迹，当它们再次出现时已经变成合法资金。英国著名间谍作家约翰·勒·卡雷在小说《通缉要犯》（*A Most Wanted Man*）中，将其称之为“利皮扎马资金”。这是因为利皮扎马[①]在出生时是黑色，后来会变得通体雪白。洗钱活动成了当地的主要产业。至于未来将会如何，谁也不清楚，因此当地人认为必须加以警惕，并尽快清洗资金。

如今，摩尔多瓦人可以拿到罗马尼亚护照，这是罗马尼亚政府给予他们的特权，但这种权利遭到了乌克兰和俄罗斯的抵制，尽管这种抵制并不强烈。如果你带着一笔资金来到摩尔多瓦，交给一个你信任的或者畏惧你的当地人，而这个人恰好又持有罗马尼亚护照，你就可以让资金流入欧盟进行投资，从而清洗成为干干净净的合法资金。这个过程相当复杂，但正好能够解释这里为什么会出现大批银行、昂贵的靴子和宝马汽车。

在所有边境地区，走私都是一桩必不可少的生意。在上述情况下，这里走私的对象是资金。与此不同的是，在 20 世纪 90 年代，这里走私的对象是女人。据说欧洲的合法妓院里有一大批妇女都是摩尔多瓦人，她们不顾一切地想要在这个岌岌可危的世界里生存下去。

欧盟和北约从未像现在这样影响深远。虽然有传闻称，摩尔多瓦有可能被并入罗马尼亚，但欧洲人并不希望看到摩尔多瓦正式成为欧盟的一部分，

① 利皮扎马是产自西班牙的一种高级骑术马，是竞技场上最受欢迎的马种。

尤其是在当前情况下。至少有一部分摩尔多瓦人利用本国作为俄罗斯与欧洲之间跳板的地位大发横财，因此很难接受并真正遵守欧洲的法规。罗马尼亚之所以没有被包括在《申根协定》之内，部分原因正在于此。该协定规定，凡是持有欧盟国家护照的人，都可以在不受盘查和搜身的情况下进入其他欧盟国家。虽然罗马尼亚人越来越希望对上述非法活动进行限制，但无论他们的打击多么有效，走私活动都是边境地区一种司空见惯的生活方式。摩尔多瓦反映了边境地区的本质与罗马尼亚的希望之间的冲突。虽然罗马尼亚的愿望是诚恳而合理的，但无疑给边境地区带来了挑战。

我们应当记住，几个世纪以来，这个地区虽然数易其名，但一直在开展走私活动，只不过对象不同而已。毋庸置疑，这一点十分重要。这里古老的清真寺如今已经变作教堂，操着各种各样语言的人们汇聚于此，酒馆里经常可以见到身材结实、衣着讲究、深沉冷峻的人相互低声耳语。从中我们不难发现事情的真相。此外，我们也不应忘记，这个地区曾多次爆发战争，尤其是在 31 年当中，这里受到苏联和纳粹军队的重创，而罗马尼亚人不得不两面作战。从某种程度上来说，这里的历史就是欧洲的历史。与文明整洁的欧盟国家相比，这里肮脏而又混乱。

这里的边境地区再次变得地域广阔、易于渗透，甚至比一战前充斥着更多贸易往来以及其他合法与非法活动。事实将会证明，就像过去一样，在欧洲，欧盟作为一股巨大的力量，正利用俄罗斯的退却，继续向东推进。但问题在于，欧盟究竟是一股强大的力量，还是一种虚无的幻想。

当然，目前人们尚不清楚，欧洲会作出何种举动。如今，在欧洲东部，尤其是在过去的东欧国家，局势变得更加动荡。德国再次成为欧洲最强大的国家，从而打破了欧洲的力量平衡。而美国正处于冷漠观望阶段，这也意味着，所有人都担心美国会坐视不管。有鉴于此，我们不得不怀疑，这个曾经多次爆发可怕冲突的边缘地带是否会偃旗息鼓，或者南斯拉夫只不过是该地区即将爆发冲突的一个缩影？

11

西进
俄罗斯中兴背后的困境与宿命

欧洲势衰的前提下，日益西进以抗衡北约东扩的俄罗斯与德国结盟将是大势所趋。问题在于，俄德联姻之后，俄罗斯将如何对付时刻威胁其生命安全的夹缝国家，尤其是波罗的海国家？虽然边缘地带到处都呈剑拔弩张之态，但或许这里才是俄罗斯与欧洲大陆之间一触即发之地。

苏联解体使俄罗斯的领土大幅缩减，从而变得极其脆弱。俄罗斯的经济陷入混乱，但混乱的源头不只是私有化。该国的工业落后于西方一至两代人，因此无法与后者进行竞争，除非俄罗斯能和同样较为落后的前加盟共和国联合起来，并在这个相对封闭的帝国里开展贸易。苏联虽然做到了这一点，但如今已经不复存在。

俄罗斯的工业虽然无法与西方竞争，但原材料极为紧俏，尤其是石油和天然气。欧洲急需这两种能源，而俄罗斯通过现有和新建的输油管道以及海上航路为西方提供油气资源。

俄罗斯经济依赖于欧洲国家对石油的采购。幸运的是，欧洲急于得到俄罗斯的石油。但其中存在几个问题：首先，俄罗斯需要能源价格上涨；其次，俄罗斯必须确保，欧洲不会另寻获得能源的渠道；最后，俄罗斯还要确保能够顺利将油气运往西方。然而，俄罗斯所有现存和计划修建的管道都要穿越几个独立国家。具体来说，这些管道首先要穿过白俄罗斯或乌克兰，然后途径波兰、斯洛伐克或匈牙利，最终抵达对油气必不可少的奥地利和德国市场。

为此，俄罗斯不仅必须确保管道能够通往德国，而且需要保证其他国家不会征收过高的附加费用，否则德国就会另寻能源，或者迫使俄罗斯稳定能源价格、承担附加费用。因此，这个问题关系到政治而非经济。仅从经济角度来看，征收附加费用完全合理。所以俄罗斯需要设法劝阻管道途经的这些国家收取高额附加费。但即便如此，俄罗斯还面临着另外一个问题：这些国家可以阻碍俄罗斯运输油气资源。虽然它们很可能并不会做出如此举动，但俄罗斯人不能过于乐观，因为他们曾经吃过多次亏。

角逐乌克兰

因此，俄罗斯必须从某种程度上控制白俄罗斯与乌克兰，而它也正为此进行努力。随后，俄罗斯必须将其控制范围扩大到波兰、斯洛伐克、匈牙利和罗马尼亚。根据俄罗斯在冷战后的经济策略，就像过去一样，它将不得不继续西进。尽管俄罗斯目前无意发动战争，但它也绝不会对边境地区的未来作壁上观。俄罗斯的战略重点首先是白俄罗斯和乌克兰。

目前，白俄罗斯还不足以构成威胁，因为该国实力薄弱，而且需要俄罗斯的资源，因此该国领导人往往屈服于俄罗斯的意志。但即使是对这个国家，俄罗斯也不能完全放心。一旦白俄罗斯现任领导人卢卡申科下台，谁也无法预料该国的政治走向。因此，俄罗斯人必须借助经济手段以及与白俄罗斯情报机构的关系，迫使其认可莫斯科的影响。也就是说，俄罗斯必须积极参与白俄罗斯的内部事务。

眼下的当务之急是乌克兰问题。这个问题可以追溯到 20 世纪 90 年代美国和欧洲作出的战略决策。当时，它们有两种选择：一是允许苏联的加盟共和国作为中立的缓冲区继续存在；二是尽可能将这些国家并入北约与欧盟。俄罗斯人无力阻挡北约或欧盟向东推进。此前他们认为，北约永远不会向苏联地区推进，并且声称曾经得到过后者的承诺。然而，当波罗的海三国加入北约后，这个承诺无论是否属实，都已被打破。北约朝着莫斯科的方向向东推进了 500 英里，距离圣彼得堡只有 100 英里之遥。

双方就乌克兰问题展开了首次角逐，这个地区无疑是俄罗斯的战略要地。这不只是能源管道问题，而是关系到俄罗斯的长治久安。乌俄边境长达 700 多英里，距离莫斯科仅有 500 英里，其间一马平川、毫无遮挡。敖德萨和塞瓦斯托波尔都在乌克兰境内，为俄罗斯提供了通向黑海与地中海的贸易和军事通道。如果乌克兰被并入北约和欧盟，俄罗斯就会在波罗的海和乌克兰面临威胁。更加重要的是，如果俄罗斯丧失进入乌克兰的通道，其经济战略必将遭受沉重打击。总之，一旦乌克兰与北约结盟，俄罗斯的国家安全无疑会受到威胁，而如今这种威胁已经再次浮出水面。乌克兰局势远未尘埃落定，所有曾经认为已经解决的问题正在重新出现。鉴于乌克兰对俄罗斯至关重要，这一点完全说得通。

“乌克兰”一词意为“边区”。这个地域广袤的边缘地带将欧洲大陆与俄罗斯连接了起来。该国东部主要是俄罗斯族，以俄语为母语；西部则为熟悉欧洲的乌克兰人所控制。越往西去，当地的乌克兰人就越西化。

最近我正在摩尔多瓦作客，那里是我祖先的故乡。一个周日的清晨，我看到有许多人正开车或步行前往教堂。由于不方便停车，司机说他把我们送到教堂以后，会到远离市中心的地方等候。他不敢把一辆波兰牌照的新车留在那里，因为他担心我们回来时轮胎被撬或者汽车被盗。

当我们来到街上，发现街道两侧分别有一座大教堂，其中一座是罗马天主教堂，另一座是东正教堂。时值秋季，气候宜人，两座教堂里都水泄不通，许多家庭都站在教堂外面聆听布道，甚至连街上都站满了人。随着参加祈祷的人越来越多，我们意识到，这两座教堂正在暗中较劲。布道者的声音越来越高，情绪越来越激动，似乎想要竭力压倒对方。突然，天主教堂打开了扩音器，开始用震耳欲聋的声音向街上布道。而东正教堂虽然没有公放布道声，但礼拜者纷纷离开教堂，涌上街头，替自己的教堂发出呼喊。当时，我们距离信仰天主教的斯洛伐克只有几英里，但这里自1920年起就属于乌克兰。显然，这个问题在摩尔多瓦也没有得到解决。

显而易见，这是乌克兰的一个弱点。在该国东部，俄罗斯的影响巨大，而西部则受到波兰和罗马尼亚的影响。从政治上看，乌克兰人分为以下几派：一派希望加入欧盟，另一派希望向俄罗斯靠拢，还有一派希望乌克兰完全独立。这让俄罗斯人感到更加焦虑。毫无疑问，类似分歧让乌克兰极易受他人操纵。俄罗斯人十分清楚这一弱点，因为长期以来他们一直在对乌克兰进行操纵。正因为如此，俄罗斯人才把外界参与视作对乌克兰的操纵，以及对他们在乌利益的潜在威胁，而在乌利益是他们的重中之重。

美国和欧洲对苏联地区的政策是，力图将苏联的加盟共和国转变成宪政民主国家，因为当时人们普遍认为，这种做法能够促进社会稳定，使其融入西方的经济和政治体系中。其结果是，这些国家和美国都资助了一些在他们看来赞成民主制度的非政府组织，但这些组织有悖于俄罗斯的利益。乌克兰也发生了同样的事情，但美国人并未察觉俄罗斯人将其视为一种严重的干涉行为。更加关键的是，俄罗斯人不相信，西方国家真的动机单纯。

20世纪90年代，俄罗斯人尚无暇顾及此事，因为他们本身已不堪一击、四分五裂。当时，美国和欧洲国家认为，俄罗斯不需要做出任何回应，因为北约显然并不构成任何威胁，况且与欧盟建立密切的合作关系，只会让之前的苏联的加盟共和国从中获益。因此，美国和欧洲开始利用俄罗斯的商业机会开展活动，并且认为各方已经捐弃前嫌。随之产生的还有非政府组织，它们自视满怀正义和美好的愿望。这些人认为，凡是对他们表示怀疑的人，不是已经落伍，就是腐败无能。在他们看来，只要其用意良好，所有人都应对他们友好相待。

2001年，美国把全部注意力都放在了伊斯兰世界，彼时欧洲的军事力量被彻底挖空，北约形同虚设。有人指出，欧美国家支持拥护民主制度的非政府组织，会让俄罗斯人感到岌岌可危，但美国对此不予理会，认为这种观点毫无根据，而俄罗斯人也不可能对此信以为真。坦率地说，彼时的欧美国家对俄罗斯不屑一顾，认为它贫困脆弱，而西方可以为所欲为。

正是这种轻敌的态度造就了弗拉基米尔·普京。他发迹于圣彼得堡，并在当地影响巨大，尤其是科索沃战争让他登上了权力的顶峰。科索沃是塞尔维亚的一个省。塞尔维亚人参与了这场战争，在南斯拉夫地区犯下战争罪行。1999 年，当占据优势的阿尔巴尼亚地区与塞尔维亚政府之间爆发冲突时，西方进行了干预，并对塞尔维亚实施了两个月的空袭。

俄罗斯人虽然不希望看到此事发生，但还是选择冷眼旁观。他们协助开展了斡旋，促使双方达成了停火协议，并表示希望参与科索沃的维和行动，但最终未能如愿。俄罗斯人认为，西方对他们过于轻蔑，但实际上，西方只是漠不关心而已。普京认为，这种冷淡态度令人难以容忍，并在取代叶利钦上台后，试图改变自 1991 年来双方的状况。

普京出身于克格勃。他从特定的角度看待这个世界，是一个冷酷的现实主义者，绝不会陷入空想。我怀疑，苏联解体并没有出乎他的意料。克格勃是苏联唯一不会刻意进行自我欺骗的机构。同时，尤里·安德罗波夫也是一个极端的现实主义者。众所周知，在安德罗波夫的统治下，苏联深陷危机。这个国家需要进行改革，并对西方资本开放。如果他们不去利用地缘政治优势换取改革开放，那么他们必须付出代价。为了实施安德罗波夫的救国战略，戈尔巴乔夫制定了行动计划，而改革和公开正是该计划的组成部分之一，但这次改革还是以失败而告终。

作为一名极端的现实主义者，普京马上意识到这一失败意味着什么。在苏联，私有化意味着将公有财产转化为私有财产。对缺乏法制的国家来说，在这种转化过程中财产必然会落入强者之手，而苏联出类拔萃的强者往往来自安全机构。在很大程度上，正是他们组织建立了后来的寡头政府。俄罗斯的政治寡头、黑手党和前克格勃有时浑然一体，其间存在千丝万缕的联系。

早在圣彼得堡时，普京就为自己的权力奠定了基础。

然而，作为克格勃成员，他对政权和祖国怀有深深的忠诚。但情报人员生性多疑，训练后变得更加疑神疑鬼，因此他们并不相信关于忠诚的声明。他们知道空谈无益，但不愿接受薪水微薄的行政工作。对某些人来说，其中可能存在潜在的投机风险，因为他们将其视作通向财富和荣誉的途径。但事实上，这份工作既不能为他们带来财富，卑微的地位也无法给他们带来荣誉。因此，在内心深处，正是这种爱国主义情结和职业自豪感让他们无法接受失败。

普京也是失败的一方，并为此深感痛苦。他亲眼目睹祖国陷入贫困，而欧美国家冷漠和轻蔑的态度更让他难以忍受。在积累财富和权力的同时，他逐渐形成了这样一种观点，即后来他在政治讲话中公开表示的那样 ："总之，我们应当承认，苏联解体是本世纪一场重大的地缘政治灾难。"现在，他已经具备了有所作为的权力，并从某种程度上恢复了俄罗斯的实力。从这些行动中，人们既不难看出他对此引以自豪，也不难看出他对祖国的热爱，尽管这种感情被深深埋藏在情报人员必需的怀疑精神之下。毋庸置疑，他所立下的誓言和对祖国的热爱让他热血沸腾。

普京清楚，美国远比俄罗斯强大。同时，他也知道，从长期来看，华盛顿能够影响欧洲，尤其是位于边缘地带的国家。但是，现在美国正深陷中东泥沼，俄罗斯可以借机重整军事实力，重塑边缘地带，尤其是乌克兰，以确保本国安全。如果他继续等待，机会将稍纵即逝。反之，如果他轻举妄动，俄罗斯的军队尚未准备就绪。但是，由于欧洲离不开俄罗斯的能源，导致僵局出现，从而为他提供了行动的机会。

俄格战争的目的在于削弱美国在边缘地带的影响，打击亲美欧力量，而俄罗斯成功地达到了目的。显然，美国和欧洲都不会出兵干预。无疑，俄格战争改变了该地区的力量平衡。俄罗斯的这一举动不仅加强了在高加索地区的地位，也改善了在乌克兰的处境。在格鲁吉亚，俄罗斯直接采取了军事行动。

而在乌克兰，面对巴尔干地区军事行动引发的国内动荡，俄罗斯暗中以及公开施加了政治压力。尽管处在和平时代，但边缘地带的矛盾正与日俱增。经济固然重要，但过去的战略布局同样不容小觑。

虽然目前俄罗斯没有面临军事威胁，但它清楚，军事威胁一旦出现，必然来自欧洲，也必然令人猝不及防。鉴于乌克兰的前景仍不明朗，这种军事威胁恐怕随时会出现。当然，俄罗斯不需要仓促出兵来维护自己的利益，它尚不具备这种军事力量。但如果俄罗斯仍未采取任何措施，就会显得过于轻率。这种思维在今天的欧洲似乎有些落伍，但弗拉基米尔·普京经过地缘政治现实的长期锻炼，懂得要为最坏的情况作出打算。在这件事上，他有关苏联解体是一场地缘政治灾难的说法正在逐渐应验。

在这种情况下，俄罗斯有两种选择：一是尽可能在欧洲平原向西推进，形成战略纵深，获得工业和技术资源；二是抵达喀尔巴阡山，利用它作为屏障。但目前看来，两者都不太可能实现。如果白俄罗斯仍然处于俄罗斯的势力范围之内，波罗的海三国和波兰就会成为扩张难以逾越的障碍。然而，一旦白俄罗斯出现状况，这条界限就会向东移动。为了在喀尔巴阡山获得南下的据点，俄罗斯的问题不仅在于罗马尼亚，还在于乌克兰。综上所述，俄罗斯人面临着严峻的战略问题。而从整体上看，他们面临着无法克服的经济和战略困难。

但上述问题均与对手的能力有关。俄罗斯本身就比波罗的海—白俄罗斯—乌克兰一线上的国家更加强大。如果能够阻碍第三方进行干预，俄罗斯就能强行或者通过颠覆活动向西推进。此外，它还可以继续深入，在波兰—罗马尼亚一线发挥自身的决定性影响。迄今为止，俄罗斯之所以引而不发，一是因为它担心欧盟和北约如果予以抵制，就会形成一股潜在的力量；二是因为对俄罗斯来说，建立真正的缓冲区与直接占领获得的益处，实际上并没有太大差别。归根到底，俄罗斯的目的在于保卫国家，而非领土扩张。

欧盟势衰，东欧重回苏联时代?

苏联的卫星国在加入北约与欧盟时，认为能够实现 3 件事情：首先，北约所提供的军事实力能够保护它们将来免遭俄罗斯侵袭；其次，欧盟能够保证它们获得一定程度的经济繁荣，这既是出于国内政治需要，也是为了进一步融入兴旺发达的欧洲；第三，加入上述组织，能够确保国内长期实行受宪法保护的自由主义。换言之，这些国家认为，它们将成为西欧的一部分，消除独裁与腐败。

第三个愿望取决于前两个愿望的实现。但不可否认的是，北约较之以前大为衰落。除了美国以外，北约的军事实力极其有限，仅英法的情况稍好，但仍远远不及美国。只有美国参与其中，北约才真正具有强大的军事实力，但美国不是欧洲国家。此外，只有在全体成员一致同意的前提下，北约才能顺利运作，因此单个国家无法阻止任何行动。而欧盟步履蹒跚，没有任何重获繁荣的迹象。因此，东欧国家不得不重新考虑其战略地位。

与以前相比，东欧人的生活质量不算太差，但远不如苏联解体后他们曾经期望的那样。这些国家不仅失业率居高不下，经济也毫无起色。由于它们的起点低于其他欧洲国家，所以对它们来说，即使维持经济平稳也困难重重。

匈牙利人对俄罗斯人的仇恨由来已久。他们仍然对 1956 年的革命和苏联坦克记忆犹新。匈牙利政治文化有两大支柱，其一为对俄罗斯的恐惧，其二是希望成为欧盟成员，从而实现宪政民主和经济繁荣，过上美好的生活。但事实证明，在大多数情况下，现实的人生比预期的生活更加复杂。

布达佩斯的瓦茨街就像纽约的第五大道，10 年前曾经熙来攘往，如今却破旧不堪。许多全球顶尖品牌陆续离开，被一些不太著名的商家取代。2005 年，我曾经到过这里的一家珠宝店，里面价格昂贵的珠宝琳琅满目，但现在早已不复存在。贡德勒是布达佩斯首屈一指的餐厅，很容易预约。这家餐厅的一半顾客都是来自美国的犹太游客，其中许多人还穿着运动服。不仅如此，餐厅里的小提琴演奏的是犹太乐曲，而不是吉普赛旋律。然而，价格较低的餐馆里挤满了匈牙利人。

从多瑙河沿岸和布达山上望去，这座城市依旧美丽动人，但昔日的繁华已经成为过眼烟云。2008 年以前，布达佩斯正在追赶西欧城市的节奏。那时，布达佩斯的街头熙熙攘攘，人们忙于生意和赚钱。2011 年，这种紧迫的节奏开始减缓。布达佩斯的街上很少出现人潮，人们可以轻松地穿过街道。

我们需要了解，为了应对欧洲经济危机，匈牙利政府采取了哪些措施，这一点十分重要。匈牙利总理欧尔班·维克托是中间偏左的青年民主党主席，在获得绝大多数人支持后上台执政。与该地区其他大多数首脑不同，他能够大权在握。匈牙利共产党失势后，奥地利和意大利银行纷纷进入匈牙利和该地区的其他国家，开始提供抵押贷款。匈牙利不在欧元区内，而是使用本国货币福林（1 元人民币相当于 43 福林）。福林有可能贬值，为抵消这一风险，以福林计算的抵押贷款利率相对较高。因此，这些银行在向匈牙利借款时，使用的是欧元、瑞士法郎，甚至日元。因为人们认为这些货币风险和利率都比较低。

正如美国人一样，匈牙利人也对低利率趋之若鹜。但随着福林贬值，匈牙利人每个月需要用来偿还抵押贷款的福林越来越多，导致他们最终不得不开始拖欠贷款。银行不愿取消赎回权或承认呆帐，借方无法偿清贷款。有鉴于此，欧尔班出面干预，宣布将以福林而非借方贷款时使用的货币偿还款，并声明匈牙利只需要偿还其中一部分贷款。

这一决策虽然保护了匈牙利人，但违反了欧盟就如何处理债务危机达成的基本共识。如果任何一国政府都可以宣布对其他国家的银行拥有最高及单方管理权，这场博弈将无法进行下去。尽管欧尔班的决定事关重大，但这些银行和欧盟最终不得不委曲求全。由于欧尔班削弱了宪法法院的地位，从而影响到媒体，并提高了他继续执政的概率，所以欧盟一度威胁称要对匈牙利进行制裁。但随着欧尔班的态度趋于缓和，欧盟遂收回了这一威胁。随后，欧盟对贷款的态度变得更加犹豫不决。最终，各大银行不得不屈服，而欧盟却对此置之不理。

这场风波涉及两件至关重要的事情：第一，欧盟竭力想要匈牙利和其他东欧国家留在机构之内；第二，欧元危机迫使布鲁塞尔、柏林和巴黎的决策者们转而关注欧洲货币联盟的问题，从而忽视了东欧发生的事。最后，匈牙利期望得到的益处未能实现，欧尔班开始转向民族主义立场。他关心的不是欧盟，而是匈牙利以及个人仕途。显然，他对匈牙利债务人的保护让他在国内备受拥戴。令人惊讶的是，欧盟并没有对匈牙利的做法表示质疑。

作为一个国际组织，欧盟的影响力微乎其微。它已经失去了经济上的吸引力，而且其成员国没有共同的对外防御政策。如今，欧洲的防御政策仍然由北约制定，但北约从军事实力上看，与其说是一个欧洲组织，不如说是一个美国组织。1991 年，东欧国家发现，俄罗斯软弱无能，而欧洲则日渐强大，但现在的情况恰恰相反。从波兰到罗马尼亚，北约和欧盟的表现一再令人失望，更何况接下来会发生什么，谁也不能确定。这种局势也为俄罗斯人寻求战略利益打开了方便之门。

俄罗斯并不想公然占领该地区，但希望限制北约在东欧的力量，阻挡欧洲一体化的进程，因为通过向东欧提供经济援助，欧洲一体化有可能对俄罗斯形成战略威胁。由于美国人对此漠然置之，而欧洲人又没有能力开展大规模经济行动，俄罗斯便利用有限的资源，趁机扩大在东欧的影响。对喀尔巴阡山一带的斯洛伐克、匈牙利和罗马尼亚来说，情况尤其如此。

俄罗斯人有两种方案可供选择。其一我称之为“贸易地缘政治”。如果不能控制这些国家，俄罗斯怎样才能阻止它们朝着自己不希望的方向发展？为了拉拢这些国家，俄罗斯向其能源、矿产和其他行业提供了投资。虽然俄罗斯并不打算控制这些国家的经济和商业，但希望拥有足够的力量影响这些国家的商业决策。俄罗斯人感兴趣的是如何赚钱，而该地区无疑有利可图。

尽管在其他地区投资可能利润更大，但俄罗斯的目标在于地缘政治。俄罗斯在不同产业建立起一个从属于自己的网络，从而得以在某种程度上影响这些国家的政治决策。对喀尔巴阡山一带的国家来说，疏远俄罗斯是不明智的做法。因为此时它们正处于风口浪尖，欧洲投资比以往任何时候都更加匮乏，而美国投资无法带来政治保护，所以它们无法承担与俄罗斯为敌的风险。总之，它们欢迎俄罗斯对本国的任何产业进行投资，而为此需要付出的政治代价微不足道。因此，欧盟一体化进程并未加快，而与北约合作就像是与幻影结盟。

其次，同样重要的是，俄罗斯拥有自己的情报机构，并且与上述国家建立了密切的联系，无论是在后者被占领期间，还是独立之后。俄罗斯掌握着这些东欧国家所有人的档案，了解人们想要隐瞒的一切事情。

它不需要公开进行敲诈勒索，因为情况显然更加微妙。那些有过不法行径的人们当然知道俄罗斯的情报机构，也清楚该情报机构掌握着有关记录，于是只能自我约束。在 2008 年以前，情况并非如此，而在 2001 年以前，这种事情更不可能发生。当时人们认为，这些都已成为过去。但是随着欧洲出现动荡，俄罗斯开始玩弄手段，对于这些人来说，乖乖就范显然是更加审慎的做法。这一点虽然不会对普通人产生影响，但凡是涉及政治、工会和商业的人都十分清楚，这足以影响他们的决定。

俄罗斯人始终将喀尔巴阡山和多瑙河流经的匈牙利大平原视作理想的缓冲区，但并不需要占领这个区域。事实上，俄罗斯人已经有过教训，占领这些地区需要承担巨大的责任、付出高昂的代价。在此之前，正是此举掏空了苏联和俄罗斯帝国。对于这个问题，普京采取了截然不同的办法，即为了维护至关重要的战略利益，俄罗斯必须拥有足够的控制力，但在具体操作时，要尽可能采取温和的手段。

不可否认，普京的办法是切实可行的，因为它符合俄罗斯的商业和政治利益。然而，越来越多人认为，苏联治下的国家开始独立自主，不再受到其他人控制，因此包括匈牙利在内的一些国家希望掌握自己的命运。这就意味着，要想重获平衡，它们需要一面取悦俄罗斯，一面保留加入欧盟的选择。

猎枪下的“俄德联姻”

鉴于俄罗斯薄弱的实力以及欧盟的不确定性，边缘地带发生的一切都是试探性的举动，各国的立场也在不断变化之中。在两次世界大战之间，只要法国、苏联、德国有一点风吹草动，这些国家就会玩弄同样的把戏。但当时的国际环境更加冷酷无情，令人不堪重负。随后，双方的合作不再事出偶然，而是成为猎枪下的“婚姻”。只是如今“新郎”的手中没有猎枪，而是拿着巧克力向百般不愿的“新娘”求爱。这种状态会持续多久，谁也无法估计，但至少目前看来情况是如此。

喀尔巴阡山以北的局势既简单又复杂。简单是因为那里的地形相对单一，都属于平原地区。历史证明，这一地形让北部地区的风险更大。俄罗斯只在冷战时期占领过喀尔巴阡山附近的国家，但显然这并非历史常态。在过去的一个多世纪里，俄国和德国一直试图对北部地区施加影响，并就此展开激烈的角逐。受此影响，各国的边界也沿着平原地区来回变动，尤其是波兰和波罗的海国家经常消失于大国的版图之中。

但该地区无疑利害攸关。德国是全球第四大经济体，而平原以西是作为全球第五大经济体的法国。两者结合起来，其经济实力在全球位居第三，超过了日本，仅次于中国和美国。如果再加上波兰、俄罗斯以及比利时、荷兰、卢森堡和波罗的海三国这些小国，该地区的经济实力就会超过中国。作为整体，北欧平原是全球最富庶的地区之一。

鉴于该地区极其重要，此处任何政治分裂都意义重大、错综复杂。德法两国一度密不可分，但现在开始互相疏远。德国和波兰虽然关系密切，但两国都有着可怕的回忆，而波兰或者波罗的海国家与俄罗斯之间的关系也如出一辙。在一战开始到二战结束的 31 年间，该地区的人们曾经饱受苦难。因此，在对冲突爆发点进行考虑时，我们不应当忘记，这个地区始终一触即发。

德国再次成为欧洲最大的经济强国，但从未试图成为哪怕最低限度的军事强国。然而，随着局势发生变化，这似乎变得微不足道。因为德国正在决定着欧盟未来的走向，同时也正是德国施压导致欧盟采取经济紧缩政策。不可否认，在就削减债务的条款进行谈判时，德国起到了决定性作用。此外，欧元的价值由中央银行掌控，因此德国对欧盟拥有最大的影响力。

德国既让人羡慕，也惹人憎恨，这一切仿佛昨日重现。在南欧和东欧，人们认为德国是一个咄咄逼人的出口国，对小国的需求漠不关心。他们认为，德国将不可避免地成为欧洲强国，并且再次对此感到恐惧。1945 年后，德国的复兴令人惊奇。法国曾经担心，德国将会主宰欧洲，但如今这一顾虑已成为现实。众所周知，德国最初的经济复苏与美国有着莫大关联，因为当时德国主要得益于向该国的出口。然而，德国从经济上和军事上依赖美国的日子已经一去不返。现在的德国不仅独立自主，而且已经成为支离破碎的欧洲首屈一指的力量。

在欧洲，德国同样感到担忧，因为德国商品的主要市场由于经济衰退而严重收缩，甚至有可能分崩离析。此外德国还担心欧洲日渐抬头的民族主义。这种民族主义不仅让德国招致怨恨，而且有可能激起德国国内的民族主义。在德国，许多人认为希腊不负责任，并且对呼吁德国救济希腊和其他欧洲国家的行为深恶痛绝。这既是因为德国人对本国的经济发展状况感到满意，也是因为他们中的不少人认为，那些陷入困境的国家损害了德国的利益。至于德国的繁荣在多大程度上是以牺牲这些国家为代价的，他们并没有考虑。但在这里，我们讨论的是欧洲的民族主义。

德国领导人清楚，一旦跨越心中的界限，德国将重蹈覆辙。而这条界限就是，德国人感到自己受到了不公正的待遇，以及正面临着军事威胁。在这场金融危机中，尽管德国国内的确有人认为自己的国家成了受害者，但德国并没有面临外部的军事威胁。总体而言，德国唯一潜在的威胁是俄罗斯，但目前还不足以成为事实。因此，目前德国并不存在跨越界限的危险。

然而，问题的关键是，俄罗斯出于恐惧，本能地不断向西推进。该国很难从北面进行防御，所以白俄罗斯是不可或缺的缓冲地带。但俄罗斯更担心的是立陶宛、爱沙尼亚和拉脱维亚这三个弱小国家。当然，引起麻烦的不是这些国家本身，而是它们所处的地理位置。波罗的海三国就像一把直插圣彼得堡的刺刀，任何一个大国都可能利用它们作为据点，对俄罗斯发起袭击。从许多方面来看，波罗的海国家与其说属于欧洲平原，不如说属于斯堪的纳维亚半岛。但正是这一独特的地理位置酿成了它们的历史悲剧。

尽管俄罗斯唯一可以想到的威胁就是德国，但德国丝毫无意重新进行大规模武装，更不用说对俄罗斯发动袭击。但正如前文所言，一个国家的战略会随着环境的变化而改变。从长远来看，俄罗斯无法确保下一代德国人仍然坚持这种想法。更何况欧洲的未来尚不确定，德国在欧洲的地位也充满变数，因此谁也无法预料将来德国人的想法。俄罗斯需要建立缓冲区，而历史上这个角色一直由波兰扮演。在两次世界大战之间，波兰有过 20 年的独立时间。随后，波兰被苏联占领，直到 1989 年才完全独立。此后，波兰开始迅速发展，并成为欧洲的一支重要力量。然而，波兰仍然夹在俄罗斯与德国之间，既对两国充满了恐惧，又不得不与它们共存。

最根本的问题是德国与俄罗斯的关系，因为这一关系将从整体上决定欧洲的未来。两者的关系就是西欧与东欧之间的关系。德国是西欧最大的经济强国，而俄罗斯控制着东欧。因此，它们将塑造乃至决定处于两者之间那些边缘地带国家的命运。

基于以上考虑，德国仍积极致力于欧盟的发展，但也不得不面对一个严重的问题，即不管出于何种原因，一旦欧盟崩溃，随着贸易壁垒重新出现，严重依赖出口的德国必将面临深刻的经济危机。德国当然不希望欧盟崩溃，但也许对此无能为力。假如欧盟解体或者陷入长期困境，德国就必须与其他国家发展经济关系。然而，在欧洲，德国找到理想盟友的可能性微乎其微。同时，作为出口大国，中国是德国强有力的竞争对手，美国虽然是进口国家，但时常卷入冲突之中，并且希望德国也参与进来。众所周知，美国向来不惜使用贸易手段迫使盟国合作，参与本国的冒险行动。

俄罗斯是德国唯一潜在的合作伙伴，而且该国的能源供给对德国而言不可或缺。但问题是，两国的经济发展模式极不对称。俄罗斯的经济规模和资金数量不足以吸纳德国的全部出口，而德国也不希望完全依赖俄罗斯的能源，而是开始另寻出路。当然，双方的历史记忆也十分糟糕。

另一方面，虽然德国与俄罗斯的人口都在迅速减少，但俄罗斯仍然存在一定数量的剩余劳动力以及大量失业和贫困人口。虽然随着人口日渐减少，俄罗斯可能解决部分经济问题，但对德国来说，其实际情况远非如此。除非德国能够发明出不可思议的生产设备，否则人口减少就意味着经济衰退。然而，德国也不希望接纳更多移民。德国境内的穆斯林移民数量庞大，在许多德国人看来，这已成为一种不稳定因素。无论从哪种角度来看，用增加移民的手段来弥补人口萎缩造成的缺口，都会对德国造成严重的影响。

在这个问题上，德国进退维谷，它既需要更多工人发展经济，又无力接纳更多移民。因此，解决该问题的一种方案是，将工厂建在俄罗斯等劳动力充裕的国家，从而获得更多劳动力资源，而无需承担社会成本。从某种程度上来说，德国已经开始将其付诸实施。然而，关键在于，两国希望相互依赖的程度有多深。笔者在前文提到过，国家间相互依赖会导致摩擦出现。尽管德国人和俄罗斯人都不希望发生冲突，但假如欧盟从整体上崩溃或者人们感觉它开始崩溃，德国就需要重新结盟，那么届时俄罗斯必然成为其缔盟的不二选择。

这也并非双方的首次结盟。19 世纪中叶，俄罗斯支持德国统一，以形成防御法国再次发动袭击的缓冲区。在两次世界大战之间，德国和苏联达成了《拉帕洛条约》，使双方得以开展合作。虽然希特勒上台后废止了这项条约，但两国又于 1939 年达成了《苏德互不侵犯条约》，并相互勾结瓜分了波兰。事实上，双方过去达成的类似条约都是试探性和短期的，而且经常被冲突所打破。

德俄结盟，夹缝国家将何去何从？

如果德俄结盟，波兰、波罗的海三国和白俄罗斯的命运将岌岌可危。这并不意味着德俄会对它们进行军事占领，而是指这两个欧亚大国一旦联起手来，上述小国将不得不屈从德俄的强大势力。届时，这些小国在经济和政治方面的选择将极其有限。如果德俄两国在军事上结盟，那么唯一的问题将是，双方将从哪里画疆分野。

白俄罗斯很可能愿意被俄罗斯吞并，或者说至少不会进行顽强抵抗。实际上，一些人甚至对此表示欢迎。其结果是，波罗的海国家和波兰将处于噩梦之中。经过多年的努力，上述国家终于赢得独立，然而，即使继续保留主权，它们也不再具有任何回旋的余地。一向在夹缝中生存的波兰将不得不重新跳进火坑。

不可否认，在过去20年中，波兰刚刚从长期以来被德国和苏联占领的梦魇中苏醒，但该国复苏的程度令人惊异。冷战期间，华沙是一座前景黯淡的城市，甚至在白天也阴郁昏沉。如今，这座城市的人们向往美好的生活，希望历史不再重演。毋庸置疑，这里发生了翻天覆地的变化。现在的华沙市中心只能用可爱一词来形容，而霏霏小雪中的肖邦故居不禁令人心驰神往。如果你一路向南，接下来会来到克拉科夫，继续南下则是喀尔巴阡山北部。那里仿佛是瑞士的翻版，到处都有人在修建度假木屋。如果你还记得华沙在被德国人摧毁和被苏联人洗劫后的惨状，并知道克拉科夫附近就是奥斯维辛集中营旧址，那么你一定会无限感慨，这里20年来的变化，简直令人难以置信。

但无论如何，波兰还不是一个无忧无虑的地方，也尚未完全恢复活力。克拉科夫开辟了前往奥斯维辛的旅游路线，路边停着不少顶部由某种蓝色材料制成的小型巴士。这些巴士可以将游客送往那里，而且也的确有许多人前往参观。但我无法坐巴士去往奥斯维辛，因为一想到要把公共汽车和这座镇子联系在一起，我就感到如鲠在喉。波兰人似乎不知道该如何对待奥斯维辛，因为那里除了被害的除犹太人以外，还有波兰的天主教徒。尽管如此，奥斯维辛仍然是一个景点，也是缅怀欧洲历史的纪念地。人们需要借助交通工具前往那里，而驾驶蓝色巴士的司机也只不过是借此谋生。这里似乎有什么地方十分不妥，但我又很难说清怎样才算妥当。奥斯维辛虽然位于波兰，但并不属于波兰，而是属于德国。这一点需要被历史铭记。

布雷斯特位于波兰和白俄罗斯的交界地带，我们可以从华沙和这座城市之间的道路清楚地看到，波兰并没有真正复苏。如果来到布雷斯特郊外20英里，你就会感到仿佛离开了欧洲。这里的建筑还保持着苏联时代的风貌，其中一些早已年久失修，似乎自二战结束后就没有进行过重建。这里的道路和司机一样糟糕，据说当地是欧洲公路事故死亡率最高的地方。我不清楚这种说法是否属实，因为说这种话的人似乎带着某种可怕的自豪感，但或许事实的确如此。波兰东部虽然有许多交通环岛，但不是向上架起的平台，而仅仅是一种装饰。在这些环岛上，有的司机漫不经心地横穿而过，有的却沿着道路绕行，其中潜在的危险不可估量。

布雷斯特地势平坦，随处可见旧式的工厂和农庄。这里也是波兰籍犹太诗人肖洛姆·阿莱赫姆的祖籍所在地。曾获奥斯卡三项大奖的音乐剧《屋顶上的小提琴手》（*Fiddler on the Roof was taken*）正是改编自他的作品。布雷斯特以南的海乌姆镇已经没有犹太人，这里不仅土地贫瘠，人们大都衣衫褴褛。俄罗斯人的恐惧一旦积累到一定程度，他们必然将从这里越过边境，直逼华沙。

然而，正如前文所言，俄罗斯和德国并不希望入侵波兰。他们甚至也不希望与对方结盟，但随着欧盟陷入危机，而美国又过于苛刻，这种可能性越来越大。假如俄德加强经济联系，波兰也将参与其中，甚至有可能从中受益。所以说，造成危险的不是合作，而是恐惧。对俄罗斯人来说，恐惧的根源在于依赖欧洲，低估它的实力，并误解其意图。

这是斯大林犯过的错误。苏联对德国的依赖并不比现在德国在小麦和原材料上对俄罗斯的依赖更加严重，但希特勒不愿为此取悦斯大林，而斯大林也低估了德国对资源的需求及德国对自己的痛恨程度。斯大林本应清楚希特勒的阴谋，因为两人的想法十分相近。当然，斯大林也应当看到，希特勒过于需要俄罗斯，因此不可能对其置之不顾。但实际上，斯大林的主观臆断导致苏联 2 000 万人死亡，甚至险些丧失独立地位。

珍珠港事件发生后，美国始终没有从心理上复原。由于日本在最出乎意料的地点、最猝不及防的时间对美国发动了袭击，以致在此后的数十年里，美国一直忙于确保本土不会再遭受任何意外袭击。但“9·11”事件再次令美国措手不及，甚至使整个国家陷入疯狂。同样，俄罗斯的思维仍然停留在 1941 年 6 月 22 日德国入侵苏联之时。对苏联人来说，所有安全都是虚无缥缈的幻想。因此，他们必须控制白俄罗斯，加强在加里宁格勒和波罗的海三国的防御。加里宁格勒是俄罗斯在波兰边境上的一小块飞地，战略位置十分重要。同时，他们也必须将波罗的海国家视作潜在的威胁。

在上文中，我已经阐述了波罗的海国家的地理位置及其在军事上潜在的重要性。由此可知，在被苏联占领的年代，这三个国家面临着两个现实：其一，它们不是真正的斯拉夫国家；其二，它们与斯堪的纳维亚半岛，尤其是芬兰有着更多共性，而且它们的历史与条顿骑士关系重大。尽管苏联的建筑风格对波罗的海国家的城市产生了巨大影响，但它们的民众仍然是日耳曼族。

这三个国家都埋藏着一颗俄罗斯人可以随时引爆的定时炸弹。在这三国的国内，俄罗斯族虽然是少数民族，但人口数量庞大，而俄罗斯也曾明确表示，无论这些人在哪里生活，都处在本国保护之下。这一承诺在其他地方也许毫无意义，但对波罗的海国家来说事关重大。俄罗斯人对波罗的海国家加入北约及该举措对未来的影响深感担忧。正因如此，在这三个国家里，俄罗斯族不仅遭人厌恶，而且也感到遭到了区别对待。

我们可以举一个简单的例子进行说明。假如某个波罗的海国家发生了某些真实或蓄意制造的事件，而当地的俄罗斯族人开始举行示威行动。为此，警方动用催泪瓦斯，有些地方甚至发生了暴力事件，导致一些俄罗斯族人被杀。于是，俄罗斯政府要求行使自己的权力，以保护公民，但遭到该国拒绝。随着暴力事件逐步升级，俄罗斯要求北约出面制止。但该波罗的海国家坚持认为这是该国内部事务，声称是俄罗斯情报部门引发的暴力冲突，并且要求俄罗斯停止干涉。最终结果很可能是，由于一系列爆炸导致大批俄罗斯族人丧生，俄罗斯将随即出兵占领该国。

目前，俄罗斯人暂时无暇旁顾，然而情况一旦有变，波罗的海国家就会对其造成严重威胁。俄罗斯人总是担心某个地方会出现差错。正是出于这种恐惧，俄罗斯不能对波罗的海国家稍有松懈。虽然在这个边缘地带，到处都是剑拔弩张的动乱地区，但这里才是欧洲国家与俄罗斯之间一触即发之地。

12 双轴终局
德法从兵戎相见到分道扬镳

拿破仑之后，法国衰落、德国崛起已是不争的事实，德国现在成为欧盟的主宰便是明证，但法德战争与否仍然关系到欧洲的繁荣与未来。夹在英德两个大国之间，曾经雄霸欧洲大陆的法国又该如何自处？出走地中海，与北非的前殖民地国家建立地中海联盟或许是它唯一的出路，至少可以借此重获在欧盟输给德国的地区领导权……

卢森堡：从古战场到欧盟之家

在参观卢森堡市时，我和妻子雇用了一名导游，以便仔细游览。在经过一排普通而又整洁的房屋时，我们看到一位器宇不凡的长者正从汽车后备箱里取行李。导游热情地向他问好，并回头告诉我们，此人便是卢森堡首相让-克洛德·容克。我妻子想要与这位首相攀谈，而此人也停了下来，表示乐意与她交谈。我走上前去，听他说起明天将到芝加哥参加北约和八国集团首脑会议。我提到一条似乎对当天的会议十分重要的消息，即普京很可能不会出席。但他告诉我，几个小时前他刚与普京通过电话，并认为后者有可能会参加。

这一时刻恍如梦境。当我们得知导游也是卢森堡人，其家族的历史可以追溯到数百年前时，我们更加感慨不已。导游告诉我们，他与首相曾经是同窗。他还表示，希望容克不会遇刺，否则卢森堡就要像其他国家一样，给政治领导人配备无数保镖。卢森堡之所以独一无二，在于它的开放性以及缺少保安措施。

就在刚才，我们的谈话从过去直接转入当代。这一点似乎与卢森堡市有些相像。1973 年，我首次来到这里，随后多次故地重游，因为这座城市干净整洁、景色宜人，但城堡和堡垒的遗址不禁让我想起，这个国家曾多次经历战火。这座城市非常适合散步和游览，一座美丽的公园将它一分为二，但公园里到处都是战时建筑的遗迹。

卢森堡市之所以令人愉悦，部分原因在于环绕四周的乡村。这里随处可见风光旖旎的乡村和城堡。从瑞士出发，沿着 A35 号公路一路向前，穿过莱茵河谷和阿尔萨斯，你会发现自己置身于硕果累累的田园之间，很难想象德法两国曾经在这片土地上兵戎相见。现在这里属于法国，但过去曾经被归入德国，所以当地人都能听懂和使用这两种语言。进入卢森堡市后继续向北，地势变得崎岖不平，到处都是茂密的森林。如果沿着乡间小路步行，你会发现这里地势崎岖、杂草从生、森林遍布，很难从中穿越，更不用说在其间作战。

这里就是阿登高地。1944 年，突出部战役就是在这里爆发的。在当时，乔治·巴顿将军在卢森堡指挥了反击战，成功解救了被困的第 101 空降师。而在 1940 年，希特勒也是从这片陡峭的林地对法国发动袭击。他之所以会选择阿登高地，是因为当时的法国人就像我一样，认为这里的地形无法逾越。一战中，德国人的首次行动就是对卢森堡发动袭击，以占领当地的铁路线。距此 15 英里向西是凡尔登和色当，一战中最血腥的几场战役便发生在这里。

该地区不只在近代发生过战争。卢森堡市 80 英里以北是亚琛。查理曼大帝就是从这里开始创建庞大的帝国的。向东 20 英里是特里尔，这是卡尔·马克思的出生地和君士坦丁大帝发动战争的地方。正是君士坦丁大帝将基督教带到了罗马。古罗马城门约有四五层楼那么高，至今仍然矗立在市中心，并时刻提醒着人们，罗马人曾经征服这里。虽然人们对这座城门已经司空见惯，但它显得那样格格不入。

该地区之所以战火频频，而罗马军队在条顿堡森林战役中未能打败日耳曼人，是因为罗马人的战术不适合茂密的森林地区，所以当他们跨越莱茵河征服了高卢（即近代法国）以后，却败在了日耳曼人手里。从此以后，他们再也不敢跨越莱茵河一步，而罗马文明也始终未能超出这一地区。莱茵河以西既有日耳曼语（包括荷兰语）区，也有法语区，两地居民相互混杂，经常处于变动之中。因此，该地区冲突不断，两大文明多次交锋，双方都试图征服对方，以求得统一。

迄今为止，地中海沿岸仍然为拉丁人所控制。但当你从罗纳河谷向北，沿着昔日尤利乌斯·恺撒征服高卢的足迹，或者美国第5军在二战中经过的路线前行，越过阿尔卑斯山后继续向东，你就会来到另一个世界。在瑞士，法语、德语和意大利语交相混杂。在瑞士到北海之间的地带，法德两国的历史渊源极其复杂。如果你从巴塞尔出发，沿着E25号公路北上，穿过斯特拉斯堡、卢森堡、列日和阿姆斯特丹，你所经过的古老边地不仅对古罗马，也对当代欧洲产生过重大影响。这一点从卢森堡便可窥一斑。

今天的卢森堡境内遍布欧盟机构，尤其是金融类机构。从卢森堡驱车向北，你很快就能抵达马斯特里赫特，建立现代欧盟的条约就是在这里签订的。该地区西北就是海牙，即国际法庭所在地。从这里返回斯特拉斯堡，在你所经过的法德边界上，战争的历史可以追溯到1 000年前。但与此同时，你也会经过欧盟所在地，而该机构设立的目的正是为了让战争不再重演。这条线上包含如此众多的重要机构并非偶然。在提出欧盟的设想时，人们最担心的是法国与德国的边界。所以说，这些机构的选址具有重要的象征意义，即希望在两国之间的边缘地带用和平取代战争。

如果欧洲的半岛与大陆之间的边缘地带是欧洲最主要的分野，那么法德之间的边境地区就是欧洲的重要界限。虽然欧洲的任何地方都可能发生战争，但假如法德边境地区安然无事，欧洲将很难爆发全面战争。欧洲的地形遏制了战争的发生，除这两个国家以外，其他国家的实力尚不足以挑起将所有国家卷入其中的大战。阿尔卑斯山将该地区分为南北两半，各个半岛在某种程度上相对封闭。但如果法德交战，必将波及欧洲南部和东部，从而使所有欧洲国家卷入其中。正因如此，自拿破仑时代起，维持该地区的和平就至关重要。

19 世纪 60 年代，卢森堡市周围的防御工事被拆除，法国与日耳曼国家达成了外交和解。几个卢森堡人告诉我，条约签订后，这些防御工事不再有存在的必要，所以才被拆除。显然，人们下定决心，不再让这里重蹈战争覆辙。从此以后，卢森堡市将变成一座和平的城市，它唯一关注的是商业和贸易。从中我切身感受到卢森堡人对和平的热爱和对《马斯特里赫特条约》的信奉。

但奇怪的是，他们竟然无法预料，这一举动徒劳无功。在接下来的80年中，卢森堡周边烽烟肆虐。在 19 世纪，假如卢森堡人真的认为，他们不再需要防御工事，这显然大错特错。但问题是，他们眼下的自信是否同样大谬不然。当然，欧洲最大的问题在于：在 1945 年之后乃至欧盟建立之后，这里是否仍会爆发战争，尤其是全面战争。

比利时或将解体?

对于比利时的问题，卢森堡认为自己已经找到了答案。比利时所在地区在历史上被称为“欧洲战场”，因为它是德语区和法语区发生冲突的关键地区。1830 年，该地区成为了一个独立的国家，以充当英法之间的中立边缘地带。英国希望确保其主要港口，尤其是安特卫普不落入法国人之手，以免该地成为法国挑战英国的潜在基地。总之，这个地区最好既不属于法国，也不属于荷兰，而是一块位于英国和欧洲大陆之间的中立边地。

在建国之初，比利时的领土部分来自荷兰，部分来自法国。位于荷兰语区的日耳曼人讲佛兰德语，位于瓦隆尼亚的瓦隆人讲法语。此后，双方的摩擦十分剧烈，有时甚至会引起骚乱。过去，瓦隆人的境况要优于佛兰德人。但现在的情况恰好相反，该地日耳曼人的境况要比法语区的瓦隆人更好。因此，比利时本身就是一个微缩的边缘地带，而双方的摩擦对法德未来关系的走向具有重要的启迪意义。从目前的情况来看，虽然两个语区已经统一了近两个世纪，但仍然泾渭分明，而两地的民众也对此一清二楚。对法德两国来说，这里的情况就像一本活生生的教材。

近年来，双方就分裂问题和分别重回法国与荷兰一事开展了重要谈判。英国不再是此事的决定性力量，也无权要求英吉利海峡以东的地区保持中立。因此，比利时的解体并非没有可能。当然，尽管国内骚乱不断，甚至有人煽风点火，迄今为止该国并未分裂。不过，解体的结果并非难以想象。这将成为衡量边缘地带是否稳定的重要指标。一旦比利时解体，人们将没有理由继续充满信心。

目前，在这一边缘地带，比利时法语区与荷兰语区的冲突并不普遍。该地区整体和平，但此前并非没有意外情况。问题是，该地区是否能够继续保持和平，而这取决于德法两国目前的友好关系是否能够持久。上文我们已经对德国进行了详细探讨。接下来，我们来认真分析一下法国。

法国曾经是欧洲启蒙运动璀璨的中心。18 世纪，法国是世界的精神中心。直到 20 世纪上半叶，法语一直是文明社会的语言，有过良好教养的人没有不会讲法语的。从某种意义上说，就像启蒙运动将基督教排挤出精神世界一样，法语也取代拉丁语成为精神生活的语言。

我认识的第一个法国人是一名政治哲学系的研究生，主攻笛卡尔和帕斯卡的哲学思想。笛卡尔和帕斯卡虽然都是杰出的数学家和伟大的哲学家，但两者又截然不同。笛卡尔是一位富于条理的思想家，他的所有观点都有条不紊。而帕斯卡擅长创作短小精悍的格言警句来认识这个世界。对笛卡尔来说，只有从整体上理解他的思想，你才能理解局部。但对帕斯卡来说，不存在整体认识，除非你想要强加于他。尽管两人判若水火，但仍有两个共同之处：其一是天主教，他们一边是忠诚的信徒，一边从逻辑上对其予以批判；其二是为了显得机智，他们不惜歪曲自己的想法。当时，我误认为这是他们的不足之处。

随着年龄的增长，我意识到卢梭的一句话可以解释这种自相矛盾的现象：“我已经发现了这些矛盾，但它们并没有成为我的障碍。”此前，我一直以为这是卢梭的败笔。年轻时，你总会为这种情况的发生感到奇怪。随着阅历加深，你会意识到，最简洁的答案往往是错误的。无论自然还是人类，都不会整齐划一、毫无矛盾可言。笛卡尔和帕斯卡信仰天主教是为了忠于过去。而他们对天主教进行批判，是为了忠于未来。两人都清楚，他们只能生活在过去与未来的矛盾之间。

过去，我经常坐在圣日耳曼大道的咖啡馆里，参加学生们热烈的讨论。当时，我们还能负担得起那里的餐费。我们的话题不断变换，常常会偏离原来的主题。我还记得，在谈到某个话题时，别人一句信心十足的俏皮话，或者一个简单的法式表情，就能在瞬间战胜我的美式逻辑。当我还停留在这个话题时，其他人早已转向毫不相干的内容。

我经常觉得这种做法极不公平。但我后来懂得，人们在交谈时，即使是对笛卡尔的信徒来说，纯粹的逻辑也不足以对某个人进行全面评价，因为进行逻辑分析只是评价人的一种方式。那时，我的法国朋友懂得最重要的不是逞口舌之快，而是通过更能体现人类本性的方式进行辩论，其中体现的风度和智慧不仅比逻辑更为深刻，而且显示出人性中更加重要的另一个维度。

如果人生就是一连串矛盾，那么对法国人来说，他们必须超越矛盾，而非将其消除。自信、风度、犀利的眼神和尖锐的言辞可以收到理性无法获得的效果。我不喜欢向他人示弱，尤其是当我的论点看似更加严谨的时候，但我一再处于下风。当我与妻子发生口角时，我的胜利很快会转化为失败。不过对法国人来说，失败也可以转化为胜利。

时值20世纪七八十年代，形形色色的阿拉伯和欧洲恐怖组织聚集在巴黎。同时，这里也汇聚着他们的敌人：美国人、以色列人和英国人。美国人认为，他们必须找到并消灭这些恐怖分子。而法国人不希望在自己的地盘上发生战争，但对这个问题的看法更加复杂。他们认为，任何事物都有其存在的时间和地点，其中一些事物不得不被毁掉，另一些则保留下来。他们的目标总是变动不定。虽然每一个组织都应被视作独立的个体，但不应忘记它们也有许多相似之处。法国人尽可能不采取任何行动，并将这一做法发挥到极致，有时候似乎还庇护恐怖分子。法国虽然也是反恐联盟的一部分，但该国对恐怖分子的看法与其他盟国却有所不同。

借用卢梭的话来说，这一矛盾并没有对法国人形成障碍。有时，他们不无夸张地将反恐称作欧洲战争。在他们看来，这场战争事关重大，不可能轻而易举地大获全胜。为此，各国不得不进行巧妙斡旋，以达到令人满意的结果，而不是一劳永逸地予以解决。这一结果很难用三言两语阐述清楚，而是随着时间的推移逐渐显现。如果对所有被视作恐怖分子的人格杀勿论，那么你只能消灭你所知道的恐怖分子，但无法铲除你所不知道的。

有人曾告诉我，监视和分辨恐怖分子就像集邮，你必须从容不迫、小心谨慎，并且对不同类型都要加以注意，绝不能仓促买卖。这是一种无声无息、深思熟虑的活动。对法国人来说，他们的目标不是在法国的领土上，尤其不希望在巴黎作战，否则就会招致更多恐怖分子。此人还告诉我："我们势单力薄，无法为全世界而战。因此，我们只能为巴黎而战，以保卫和平。你们美国人可以为世界而战，但不能在巴黎开战。"

当时我年轻气盛，对法国人背信弃义的行为感到异常愤怒。这些似乎是自相矛盾的废话，但法国哲学同样如此，最终我理解了他们的想法：我们想要消灭所有恐怖分子，但不知道该怎么做。火车一辆接一辆地抵达巴黎。虽然我们不知道如何消灭全世界的恐怖分子，但若能阻止恐怖分子在巴黎滥杀无辜，我们也算有所作为了。如果在这个过程中，我们的做法令盟国感到困惑，这将是我们不得不忍受的事情，而且我们也能够忍受，因为我们是法国人。

对法国人来说，决定人生的不是职业规划，而是随机的会面、突然的醒悟、偶发的事件等。他们认为，这些会给他们带来意想不到的机会，沉思的时刻以及对人生的热爱，但事实也许并非如此。与此同时，你还拥有家族、门第以及其他与生俱来的东西。更加重要的是，无论发生什么事情，你的家人绝不会将你拒之门外。上文提到的法国人虽然是一名居无定所的国际学者，但每年夏天他都会到孚日山脉探望家人。尽管这种前后矛盾的人生态度令人惊异，但我知道不能让这一矛盾对我形成障碍。此外，我还认识一位聪明美丽的女子，她对我十分友善。她虽然过着纯粹的波西米亚式生活，但每天晚上她必然回到父母家中，睡在自己的房间里。

除了那些过于机智的人们，法国人的想法大都十分微妙，以至于他们常常为自己感到困惑。对于这个世界的矛盾之处，他们的做法是拭目以待、静观其变。要想理解法国甚至欧盟，我们需要清楚，他们不会让矛盾、失败或者衰退成为自己的障碍。

冤家对头：既生英，何生法？

19 世纪初，拿破仑失败后，法国开始衰落。随后，德国经济突飞猛进，超过法国，从而加剧了法国的衰退。法国随之发现，自己被夹在两大工业强国之间：西面的英国位于狭窄的英吉利海峡对岸，东面的德国位于莱茵河对岸。19 世纪末，两国国力都远远超过了法国。

人们对法国衰落的原因进行了激烈辩论。马克斯·韦伯在《新教伦理与资本主义精神》（*The Protestant Ethic and the Spirit of Capitalism*）一书中指出，与天主教相比，新教为经济发展提供了更为有力的基础。这种观点虽然很有说服力，但忽略了如下事实：德国的巴伐利亚和莱茵兰都是信奉天主教的地区，而莱茵兰是德国工业的心脏地带。也有人认为，法国的衰落应该归因于法国农民对工业革命的百般抵制。此外，还有其他形形色色的说法，其中许多无疑具有一定的真实性，但都不能完全令人信服。

虽然仁者见仁智者见智，但我更倾向于如下解释。拿破仑战败后，英国一度称雄海洋，并以印度为中心，建造了一个辉煌的帝国。大英帝国规模宏大，并将其他进行殖民扩张的国家排除在外，从而使英国获得巨大的贸易优势。法国人虽然也有自己的帝国，但从许多方面来看，法兰西殖民帝国不过是囊括了一些残山剩水，不仅远远落后于英国，也没有形成像大英帝国那样自给自足的贸易体制。

另一个区别在于英国与美国的关系。英国虽然在美国独立战争中战败，但它继续与美国尤其是盛产粮食的密西西比河流域保持密切的贸易往来。由于粮食开支较低，英国可以敦促农民进入城市的工厂。但法国对本国农民予以支持，并且对美国粮食产品利用较少，从而限制了投入工业化的劳动力数量，增加了城市的粮食开支。英国人对农民的态度更加果断，自然也更为成功。

与此同时，德国也实现了工业化。德国虽没有建立英法那样庞大的帝国，但在欧洲具有得天独厚的优势：接近莱茵河和易北河，尤其是毗邻欧洲最主要的交通枢纽多瑙河。此外，德国经济与奥匈帝国和俄罗斯帝国的经济相比，明显占据优势地位。总之，无论原因何在，法国都被落在了后面。它虽然既没有被排除在欧洲最发达国家之外，也不缺乏重要的产业，但已经不再独占鳌头，而是屈居英德两国之后。

几个世纪以来，法国人一直在与英国人进行斗争。法国西北部的布列塔尼和诺曼底曾经被英国占领，两国还为此兵戎相见。法国人将拿破仑的失败归咎于英国人，因为英国人在特拉法尔加海战中打败了法兰西联合舰队。更重要的是，英国的封锁还切断了法国的补给线。在法国看来，为了不使自身陷入险境，英国不仅支援了法国的敌人，而且阻断了法国进入海洋的通道。从“背信弃义的英格兰”这一称谓中，就可以看出法国人长期以来对英国人的态度。17 世纪的一名法国主教博叙埃说过：

> 英格兰，噢，背信弃义的英格兰，
> 是她的重洋将罗马人阻断，
> 基督的信仰也在那里降临。

英法两国之间的历史并不美好，二战更是加剧了法国对英国的反感，因为按照法国人的观点，英国在法国最需要帮助的时候弃它于不顾，撤走了军队。不难发现，两国的历史关系不仅间接导致拿破仑兵败滑铁卢，而且经常造成彼此间的伤害。

法国与德国之间的历史也很不愉快。普鲁士军队在拿破仑的惨败中起到了关键作用。而在德国统一过程中，普鲁士和法国再次爆发战争，结果普鲁士大获全胜。当时，盛气凌人的德国人不仅割走了法国的阿尔萨斯和洛林，而且坚持要在巴黎举行阅兵仪式，借此羞辱法国人。经过两次世界大战后，法德关系甚至比法英关系更加糟糕。

法国夹在英国和德国这两个宿敌之间，麻烦不断。随着德国的崛起，法英两国结盟，最终将俄国也包含进来，以遏制欧洲最强大的国家。但法英之间潜在的矛盾由来已久，根深蒂固。英国人试图利用法国人遏制德国人，从而使德国无法成立舰队挑战英国的海上霸权。而过于畏惧德国的法国别无选择，只能肩负这项重任。然而，即使在英国的支持下，法国人也忧心忡忡，但又不得不扮演英国人和特殊的地理位置赋予的角色。

二战结束后，人们开始讨论欧洲一体化，而戴高乐之所以对此表示关注，其中一个原因在于他对英国人极其厌恶和怀疑。这种情绪自有其历史根源，但英国在二战中的表现更让戴高乐深信不疑。正因如此，他不希望英国加入当时的欧共体。在他看来，如果能够改造德国，使其处于法国的控制之下，要比与英国结盟更好。此外，戴高乐认为英国正在衰落，如今只不过是美国用于剥夺法国主权的一个傀儡。

因此，我们必须清楚，法德关系在欧洲受到法英关系的制约，在全球则受到美国的影响。如果法国希望抵制德国，只有在英美两国愿意支持法国的前提下才能付诸行动。在这里，我要谈的不是战争，而是重新界定各方经济和政治关系的问题。如果法国孤立无援，那么它只能跟随德国的步伐。相反，如果法国得到支持，它就可以考虑其他选择。由于法国无法与其他国家并驾齐驱，就像它目前无法企及德国和美国一样，所以这种支持显然必不可少。

一言以蔽之，法国不可能孤军作战。

英国正从欧盟退步抽身。当然，英国并未放弃欧盟，而是不愿加入欧元区，也没有参与欧洲的几项规划。几个世纪以来，英国人一直对欧洲大陆表示关注，但只有在必要的时候，英国才会投身其中。否则，英国将难以在一边参与欧洲事务的同时，一边维持本国的其他利益。这一利益在过去是大英帝国的霸业，而如今是它借以平衡自身与欧洲关系的英美联盟。

目前，美国正从穆斯林世界撤军，并避免承担其他海外义务。美国认为，欧洲问题仅靠美国无法解决，因此除了维持双方的贸易往来以外，美国不愿过多卷入欧洲的经济事务中，以免惹祸上身。但事实上美国已经参与了法国的两次军事冒险。第一次是 2011 年对利比亚的空袭，美国选择响应法国的号召采取行动。起初美国犹豫不决，但最终不得不承担主要责任。同样，2013 年，当法国派兵稳定马里的局势时，美国也对法国表示支持，并提供了后勤保障。

我们必须注意到，德国并没有参与这两次行动。这就说明法德关系正在发生重大变化。在上面两起事件中，法国人认为其根本利益受到威胁，而美国也出面予以支持，但德国人拒绝提供军事增援。由此可见，法国与德国的经济利益也产生了分歧。法国失业率约为 12%，而德国不到 6%。因此，法国人希望欧盟能够出台应对失业问题的政策，但德国人则希望欧盟的政策能够增加财政责任。

但这些矛盾尚未导致法国与德国分道扬镳。法国人清楚，德国人在军事干涉上面临着历史和政治局限。因为德国人急于在经济问题上弥补这一隔阂，所以他们无疑希望双方保持密切的交往。当然，问题的关键不在于领导层的主观愿望，而是他们迫于国家利益和内部政治问题可能做出哪些举动。

众所周知，经济问题一直难以解决。德法两国都比表面上更加脆弱。由于依赖出口，德国不得不受制于进口国，而法国从 2008 年起就开始出现经济疲软。如果这种状况持续下去，就像在过去 200 年中一样，法国在欧洲将越来越缺乏竞争力，尤其是与德国相比。这将迫使法国执行不同于德国的经济政策，而这一点在欧盟的现行体制下很难实现。在法德关系中，虽然双方都无意与对方决裂，但都希望对方作出政策调整。很难想象，双方在马歇尔计划中建立的密切关系会导致彼此间的敌对情绪。事实上，几乎没有什么值得它们争吵。在彻底一体化和战争之间，有许多种可能会让德法两国继续生存下去。它们可以一面保持良好的关系，一面走上不同的发展道路。

为了促进出口，德国战略政策的核心是与世界上大部分国家建立起经济关系。从这种角度来判断，德国具有某种全球视角，因为其伙伴遍及全世界。但德国绝不会使用经济以外的手段，迫使这些国家进口德国的商品。当然，这些国家既不依赖德国，也没有与德国开展贸易的义务。因此，欧盟制定的法律文件是德国能够支配其他欧盟成员国的唯一手段，而这些国家消耗了德国的一半出口。但极具讽刺意味的是，德国对诸如自由贸易、规章制度、欧元价值和银行系统等欧盟杠杆使用得越多，这一体系就越发朝着有利于德国的方向发展，从而不可避免地使其他欧洲国家感到厌恶。其中，法国对德国的憎恶情绪尤其明显，而且它具备足够规划本国发展方向的力量。虽然德国人希望欧洲央行将工作重心放在通胀膨胀上，但法国人希望放在失业方面。因为通胀膨胀与德国息息相关，而解决失业对法国而言至关重要。

地中海联盟——法国唯一的出路

虽然德国人赢得了这场斗争，但法国人不会就此罢休。德国之所以要求欧盟实行经济紧缩政策，是为了满足本国的需求、打破限制，同时疏远那些承担这一经济负担的国家。因此，德国不可能提供法国要求出台的政策，欧盟也将成为各方明争暗斗的场所，而不是人们曾经梦想的和平与繁荣的舞台。

法国既不会离开欧盟，也不会安于现状，而是必须制定自己的税收政策，解决本国的财政赤字问题。法国领导人必须设法通过政策手段降低失业率，这些政策从长期来看可能不起作用，但其短期效应足以帮助他们再次当选。

当然，任何其他策略都不可避免要涉及其他国家。但关键问题是，法国还有哪些其他选择，以及如何协调这些选择与法德关系以及法国和欧盟之间的关系。除此之外，法国国内还存在着贸易保护主义的巨大压力，这一因素同样不容忽视。在法国，从农民到右翼的“国民阵线”，一系列群体都希望法国减少对外界的依赖。因此，不管他们的想法如何不切实际，对于这一重大政策意向，法国政府都不得不认真考虑。

总之，法国人可以从三个方向进行设想：欧洲平原和德国、英吉利海峡和英国、地中海和非洲。地中海联盟的设想始于 2008 年 7 月，源自法国所处的地理位置。法国既是一个北欧大国，也是一个地中海国家。按照这一设想，位于地中海盆地的国家将另外组成一个经济联盟。这就意味着，从直布罗陀海峡到博斯普鲁斯海峡的所有国家，包括欧洲和北非的部分国家以及以色列在内，将建立起一个自由贸易区。在这个自贸区内，法国可以参与竞争，并取得控制权。

为了弥补经济上的不足，法国的策略是与非洲的前殖民地国家建立密切关系，并加强自身在中东和地中海的地位。为此，法国提议成立地中海联盟，试图使该联盟既独立于欧盟，又与其保持联系。虽然这种设想无果而终，但地中海联盟早就存在，共包括 43 个成员国，其中 28 个加入了欧盟。地中海联盟主席任期两年，在欧盟成员国与非成员国间轮流产生，决策将由外交部长年会和两年一次的首脑峰会制定。这一设想虽然被付诸实施，但缺乏现实基础。人们并不清楚，该机构如何才能有效运作？叙利亚与以色列是否能够同时加入？其规章是否能够与欧盟相互协调？这的确是一个杰出的构想，但本身存在深刻的矛盾。法国人看到了这些矛盾，但并没有畏缩不前。

在这个联盟里，任何事情都没有作出明确规定，不过也许存在某种形式的自由贸易区。在法国，该联盟的支持者们试图使其起死回生。对于法国的经济与政治地理，从中我们可窥一斑。法国发现，自己很难协调该联盟与德国的利益，但极力希望建立一个维持二战后欧洲秩序的基础。法国认为英国对这个问题及其解决方案影响不大，因为英国正忙于纠集所谓的“盎格鲁—撒克逊国家”，尽管在人们的印象中，这早就是一个过时的概念。法国不仅是北欧国家，也是南欧和地中海国家，而且地中海地区，法国无疑是一个强国。尽管该地区同样四分五裂，但法国必须将其作为自己的备选方案之一。

与英国和英联邦国家之间的关系相比，法国与欧洲殖民地保持着更加密切的联系。法国不仅是殖民地的常驻力量，而且往往是决定性力量，并频繁进行军事干预。与英国前殖民地不同的是，法国的前殖民地尚未完全做好独立的准备，而法国也继续将它们视作半殖民地予以对待。

在中东地区，法国仍然与黎巴嫩和叙利亚保持着关系。但法国之所以没有出兵干涉叙利亚，唯一的原因是美国拒绝参与这一冒险行动。黎巴嫩和叙利亚在一战后成为法国的保护国，而法国在北非的利益同样事关重大，并且仍在继续扩大。因此，地中海联盟的设想并非毫无道理，因为从某种程度上看，法国已经成了地中海地区的贸易中心。

按照法国的想法，如果得到穆斯林国家的允许，以色列也将加入这个联盟。这一设想无疑对以色列人极具吸引力。此外，遭到欧盟拒绝的土耳其也有可能加入地中海联盟。令人匪夷所思的是，这个最初看似荒诞不经的设想开始变得合情合理。正因如此，欧洲人才开始热衷于谈论这一话题。在北欧国家进行工业革命之前，地中海曾经是世界上最富饶的地区之一。虽然穆斯林居多的北非和基督徒居多的南欧存在分歧，而且该地区并非始终天下太平，但双方的分歧最终得到了遏制。

对法国来说，如果地中海联盟能够成为对欧洲关系的补充，那么它显然利大于弊。至于法国能够获得多大利益，取决于这个以法国为中心的组织能够创造多少财富。迄今为止，这一点尚不明确。如果法国能够将土耳其、意大利等发达国家与阿尔及利亚和利比亚等能源充裕的国家联合起来，其中的可能性将极大地增加，而法国也可以藉此重获在欧盟输给德国的地区领导权。

然而，法国不太可能成立一个类似欧盟的组织，而人们也不太可能对这样一个组织感兴趣。我们并不清楚，该联盟如何才能将诸多成员国联合起来，以及如何才能使它们从中获益，尤其是法国。同样，我们也不确定这一组织是否能够和平共处，因为其中许多成员都互相敌视。

尽管上述可能性微乎其微，但这是目前法国唯一的出路，除非它能够提高生产力、增加利润，从而与德国分庭抗礼。但是，鉴于法国选举受失业问题影响严重，届时政府将不得不出台相关政策，因此很难想象法国能够与德国平起平坐。实际上，从工业革命之初，结构缺陷导致的效率低下就一直让法国困扰不已，而如今这一缺陷仍然存在，所以法国只可能在欧盟节节败退。如果仅凭一己之力，法国只不过是一个孤立的国家，可供选择的余地极其有限。虽然地中海联盟的方案不一定能够实现，但不失为法国的一种选择。

这就意味着，法德之间的边缘地带可能继续处于和平之中，虽然两国的关系或许并不愉快。对于这一点，比利时是最好的例证。在这个为了缓解英国人的顾虑而人为制造的国家中，法语区与荷兰语区被合为一体。但问题是，荷兰语区变得更加富有，而法语区愈发贫困。随着佛兰德人和瓦隆人之间的矛盾不断深化，我们不确定比利时是否能够继续存在。即使该国能够继续存在，我们也不可否认其前途未卜。这一事实对欧洲十分重要，因为欧洲早已对类似危机深恶痛绝。

比利时可以被视作法德关系的象征。虽然这一关系并不完美，但双方都不希望分道扬镳，而许多比利时人的想法恰恰相反。随着德国变得更加富有，法国变得愈发贫穷，德国人虽然不希望被法国人拖累，但也不愿放弃法国提供的心理和政治安全保障。同样，法国人虽然不希望放弃自己在欧洲的地位，但是无法忍受本国无限期的经济衰退。

德国人将选择向东，结纳俄罗斯和其他希望购买德国产品的国家。而法国人将选择向南，拉拢地中海国家。法德关系开始陷入衰退之中，尽管双方暂时不会各奔前程，但曾经将两者紧紧维系在一起的纽带已经不复存在。德国不再力争偿还自己的罪孽，法国不再谋求主宰一体化的欧洲。然而，双方都有各自的邻国，这些邻国不仅颇具吸引力，而且正向它们暗送秋波。据我分析，未来德法两国的分手可能是温和的，而 E25 号公路也将一如既往地呈现一派和平景象。但法国以南发生的事将是另一番状况。

13 欧洲地中海 繁荣正在消失

为向拖欠债务的国家发出信号，德国抄没南欧小国塞浦路斯普通公民合法财产以偿还债务的做法震惊欧洲。事实上，从西班牙到希腊，欧洲地中海地区正面临着同样的困境：债务危机、迫于外部压力实行经济紧缩政策、日渐抬头的反欧盟情绪、反移民浪潮……

文明汇聚&烽烟四起

地中海是欧洲大陆的南部边界，也是一片封闭的水域。要想从这里进入海洋，只有两种途径：一是向西穿过直布罗陀海峡，二是向东穿过人工开凿的苏伊士运河。虽然世界上还有其他相对封闭的水域，但都不像地中海这样面积辽阔又与世隔绝，更不像地中海这样曾经对世界历史产生过如此重大的影响。地中海盆地不仅孕育了犹太教和基督教，而且是伊斯兰教的活动中心。此外，它还是古希腊、古罗马和古埃及历史的中心。

更加重要的是，这个盆地连接了欧、非、亚三洲。1492 年，哥伦布就是从地中海启航，并且深受当地政治影响。总之，作为欧洲的南部边界，地中海既为欧洲带来了动荡，又带来了显著的影响。

除土耳其和巴尔干半岛以外，自古以来地中海北部沿岸大都是基督教分布地区，而南部沿岸（即北非）则是穆斯林占绝大多数。地中海东部沿岸被称作“黎凡特”，该地区宗教和教派混杂，包括基督教、伊斯兰教和犹太教的不同派别。这是历史上战争和移民造成的，并且一直持续到今天。

地中海形成了一个单独的整体。它长约 2 000 英里，最窄处不到 100 英里，最宽处为 500 多英里，南北两岸在直布罗陀海峡处距离最近，并在黎凡特地区接壤。尤其值得强调的是，地中海沿岸发生的事情都有可能对其他任何国家发生的事件产生影响，甚至决定其发展趋势。

地中海同样对罗马人产生了巨大影响。他们将这片海域命名为“中间之海”或“我们的海”，因为这里是罗马帝国统治的重心。那时，要想通过地中海，进而有效地开展贸易，比如将粮食从埃及运往罗马，罗马人不仅需要船只，还要有舰队护航，以免遭海盗劫掠。因此，除了陆军之外，是贸易和海军将整个罗马帝国维系在一起，而地中海相对狭窄，从而使这一点成为可能。罗马人将南北两岸合为一体，时至今日，这种联系依然存在。罗马与埃及和黎凡特之间的往来，虽然并未促成单一的思想体系，但沟通了不同的文明和经济体系，使得罗马得以继续维持统治。

地中海风光如诗如画。我坐在山顶的悬崖之上，俯瞰位于欧亚大陆板块边缘的圣托里尼火山岛（最初名为“锡拉岛”），只见一望无际的深蓝色海水一片静谧，将克里特岛隐没在地平线之下。在距离我较近的地方，有一个不规则的深蓝色圆环。这里就是大约 2 500 年前曾经爆发的火山山口，它将圣托里尼岛一分为二。火山爆发不仅摧毁了米诺斯文明，而且很可能催生了有关亚特兰蒂斯的传说，并在随后数年中改变了全球气候。我很难想象，世界上还有比圣托里尼岛更美丽或者更动荡不安的地方。

莎士比亚生前的最后一部戏剧《暴风雨》（*The Tempest*）讲述了一场发生在一座地中海岛屿上的海难，这座岛屿充满了巫术和魔法。尽管大多数人都认为，这是一个美丽的地方，但塞巴斯蒂安看到了其中的腐败。文森特·梵高说过：“地中海的颜色宛如鲭鱼般变幻莫测。你经常难以确定，它究竟是绿色还是紫色，抑或是蓝色，因为下一刻，它变幻的倒影中也许会呈现一丝玫瑰色或灰色。”荷马曾经提到，这片海域的颜色仿佛深色的葡萄酒。我一直不理解这种说法，直到我读到了梵高对地中海颜色的描述。但即使是荷马，也很难描述清楚地中海这种难以言表、变幻无常的色彩。

众所周知，地中海气候适中，夏季炎热干燥，冬季温暖多雨。对短期造访的过客来说，地中海似乎气候宜人。当地的居民了解地中海的历史，清楚这里既令人愉悦，又充满诱惑。但在美好表象之下，这里还是一个暴力肆虐的地方。包括威尼斯和英国在内的欧洲文明、北非文明、发源于黑海盆地的强国以及包括巴比伦和波斯在内来自东方的大国，皆汇聚于此。因此，地中海沿岸经常烽烟四起。二战结束后，南斯拉夫、黎巴嫩、以色列、埃及、利比亚和阿尔及利亚先后爆发战争，而且其中许多都是在近年发生的。提起地中海，人们既会联想起慵懒的生活，也会联想到无情的战争。

这里也是一个对比鲜明、矛盾重重的地方。例如，地中海南北两岸相距不过数百英里，但形成了鲜明的对比，一边是伊斯兰教分布地区，另一边是基督教势力范围。

从表面上看，这两个地区存在许多相似之处，但实际上两者又截然不同，这取决于你如何看待它们、你所面对的方向以及投入的时间。就像梵高在描述地中海的颜色时所说的那样，这两个地区始终变幻莫测。从这个角度来看，它们如出一辙。此外，两者我中有你、你中有我。它们既是敌人，又不可避免地联系在一起。我们不妨想象一下撒哈拉沙漠和南欧茂密的山区，它们既是一个整体，相距不过 500 英里，而且有着共同的历史，但又存在天壤之别。

我们在前文中谈到了边地，它们既相互联系，又相互分隔。这处海洋上的边地虽然在许多方面有所不同，但又具有边地的基本特征。双方既比邻而居，又存在分歧。这一地形既有利于开展贸易，又便于发动战争。因此，地中海就像欧洲的另一个边地，人们对它既倍感熟悉，又极其陌生。

伊斯兰教曾两次从地中海入侵欧洲，第一次侵犯了伊比利亚半岛，第二次是东南欧。与此同时，它还不断蚕食西西里岛等地。基督教也曾多次入侵伊斯兰教地区，第一次十字军东征便将穆斯林从伊比利亚半岛驱逐出去。随后，基督教迫使土耳其人退回中欧。

19 世纪，基督教徒终于横渡地中海，占领了北非的大部分地区。显然，这两种宗教都希望控制对方。虽然双方都曾胜利在望，但最终均功亏一篑。

事实上，伊斯兰教和基督教在初次遭遇时，就为对方困扰不已。例如，罗马和埃及既有贸易往来，又曾发生兵革之祸。

19 世纪末，欧洲人在谋求全球霸权时征服了北非，拿破仑出兵埃及更是一度闻名天下。众所周知，狮身人面像也许是世界上最大、最神秘的建筑之一，但却没有鼻子。这是因为它的鼻子被一名法国炮兵射了下来，只为了表明他具备这种能力。在占领北非后，欧洲人得以控制地中海地区。英法两国就此展开角逐。最终英国取得胜利，完成了法国人开凿的苏伊士运河。这让英国得以进入红海和印度洋，来到印度，从而将大英帝国及其殖民地联结在一起。

后来，北非成为德国与英国争夺苏伊士运河的战场，而英国再次获胜。但随着英国海军的衰落，美国海军第六舰队取而代之。美国虽然控制了印度洋，但并未登上陆地。

移民冲突

欧洲对北非的征服导致了当地起义不断。埃及推翻了英国扶植的法鲁克王朝，并将苏伊士运河收归新政府所有。随后，英国、法国和以色列入侵埃及，试图重新夺回运河，并推翻埃及的新政权，但以失败而告终。20 世纪 50 年代，由于法国力图维持其在阿尔及利亚的据点，当地爆发了一场血腥的起义，最终穆斯林推翻了法国人的统治，并将法国殖民者驱逐出境。欧洲人不得不从殖民地抽身，退回地中海北岸，集中精力进行战后重建。

但重建工作让双方不得不再次接触，而北非地区的居民以信奉伊斯兰教为主。随着欧洲经济不断发展，对劳动力的需求越发迫切。由于欧洲最近的劳动力来源是伊斯兰世界，所以数百万穆斯林先后前往欧洲赚钱。尽管欧洲并没有因此改头换面，但的确发生了不小的变化。例如，比利时目前约有10%的穆斯林人口，英国的数字小于5%，而德国为5%。这一比例在城市里更加惊人。比如，巴黎的穆斯林占10%～15%，而布鲁塞尔有三分之一的人口是穆斯林。

当然，地中海北岸一直都存在着穆斯林。其中土耳其和波斯尼亚是最鲜明的例子，而保加利亚的穆斯林虽是少数民族，但人口众多。然而，穆斯林的这次迁徙有三点与以往不同。首先，这次移民的数量庞大。其次，移民定居的范围有所变化。长期以来，马赛和巴塞罗那都是迁徙穆斯林的定居地。但是，这一次穆斯林（并非所有穆斯林都来自地中海地区）纷纷迁往伦敦、布鲁塞尔和法兰克福等北欧城市，而这在过去从未出现过。第三点差异是这次移民的速度。实际上，这一变化始于20世纪60年代。

同样重要的是，欧洲社会并不擅长吸收大规模移民，以致部分欧洲国家由于无法安置大批移民，不得不回归政权的本质。正如前文所言，欧洲民族国家的基础源于共同的命运感，而这一命运感来自共同的历史、语言和文化。你从出生之日起就是匈牙利人或西班牙人，而其他通过法律程序加入该国的人，虽然同样可以获得匈牙利或西班牙的公民资格，但他们的身份有悖于人们过去对国家的认识，即一国公民应当具有共同的血统，至少具有共同的出身。

欧洲人试图通过文化多元主义解决这一问题。由于新的移民无法加入德国或瑞典国籍，而欧洲又不愿重返种族歧视的老路，所以欧洲国家在试图接受这些移民作为公民的同时，承认他们存在一定的文化差异。在多元文化的宗旨下，移民不仅可以保持自身的差异，而且他们的文化正式获得了与本土文化平等的地位。当然，宣布某件事情合法并不等于大多数人能够将其付诸实施，因为这是一个复杂而棘手的问题。

此外，多元文化和移民计划面临着另一种挑战。与美国不同，欧洲人口稠密，没有足够的空间容纳数百万移民，更不用说进行长期安置。尽管欧洲的人口数量在不断减少，但欧洲国家，尤其是经济较为繁荣的国家，很难控制这些新增的移民。多元文化必然从某种程度上支持分裂主义。所谓文化，即意味着希望与本身相似的人群生活在一起。由于这些移民来自伊斯兰世界，其经济状况让本土居民在承认多元文化的同时，不可避免地、甚至无意之中对其加以排斥。人们总是希望和自己相似的群体生活在一起，因此穆斯林居住区往往人口拥挤、条件较差。巴黎周围随处可见高高矗立的公寓楼，就将穆斯林与居住在其他地方的法国人分隔开来。

在这一点上，除了一件事情以外，欧洲与美国并没有太多差异。在美国，你可以保持自己的文化特色，但必须接受美国的语言和文化规范，否则你将在某种程度上受到排斥。接受这些规范可以使你顺利进入美国社会，但也意味着除了在节日里享用特殊的餐点，你将不得不放弃自己的本土文化。这一代价虽然十分高昂，但并未阻挡你成为真正的美国人。在欧洲，情况显然更为复杂。与美国相比，欧洲的文化过于深厚、复杂和悠久。因此，要想成为地道的法国人，无疑更加困难。

在战争爆发前，我的父母都非常热爱匈牙利。虽然他们并未表明这一点，但他们毕竟是匈牙利人。此外，他们还是犹太人，因此无论他们已经从多大程度上融入匈牙利，这一身份都关系重大。来到美国后，我决心成为一名地道的美国人，而我遭遇的唯一障碍，借用小学同学的话来说，就是我在打棒球时像一个小女生。于是，我苦练举手过肩投掷的技巧。在实现这一目标后，我受到了同学们的欢迎。同样，在康奈尔大学读研究生期间，我唯一的障碍不是犹太人的身份，因为这所大学里有许多犹太人，而是浓重的布朗克斯贫民窟的口音，还有我的举止显然更适合布朗克斯区的校园。不过这些缺点都能够加以改正。当时，还有许多新来的其他移民会受到轻视。虽然美国也有反犹太主义，但影响十分微弱，与欧洲的反犹太主义有着根本区别。在欧洲，外地人始终是外地人，这不是因为他们的举止不够得体，而是因为他们的出身。

纳粹的反犹太主义是对欧洲的反证，即将恶习归结于血统，血统归结于出身。时至今日，欧洲仍然不会把外来人口视作自己的一部分加以欢迎。现在穆斯林的经历就是过去犹太人的经历。欧洲虽能够容纳小规模的外来人口，但无法接纳 19 世纪成群结队来到欧洲的东方犹太人。同样，他们也无法接纳近年来大批迁徙至欧洲的穆斯林。这并非欧洲富有阶层的问题，因为他们能够将自己与欧洲的下层阶级隔绝开来，而是欧洲中下层和贫困人口的问题，因为他们无法忽视外国人的存在，并憎恨后者为他们的生活带来了巨大压力。双方的摩擦也因此而起。

尽管多元文化使移民和本土居民之间的差异得到了正式认可，但受到这一根本文化差异影响的往往是欧洲最缺乏安全感的民众，而对身份和文化多样性持开明态度的人几乎不可能受到这些差异的深刻影响。

这一点从德国特里尔的市立博物馆里便可窥一斑。在这座博物馆里，一个小型展区用于说明特里尔的开放性，展示了居住在当地的所有民族的物品。比如，其中一个小型柜子里陈列着犹太人和穆斯林的工艺品。但当地俄罗斯族或意大利族的展品被放置在其他地方，人们对待这些展品的方式也不尽相同。我相信，馆长并非居心叵测，有意将特里尔的犹太人与穆斯林的展品放在一起。特里尔不仅是一个天主教城市，而且比德国其他地方更加虔诚。当地墙壁上和橱窗里的海报大都在宣扬和庆祝宗教活动和节日。

的确，在特里尔人看来，犹太人和穆斯林都不是基督教徒，这一点是两者的共同之处。在作为国际化都市的特里尔，这一事实让当地民众与其他人区别开来。尽管犹太人和穆斯林在特里尔定居的时间有异，命运也不尽相同，但这一点却不足以成为区分他们的首要标志。

现代欧洲正日趋世俗化。在大多数国家，不管是哪种宗教，前往教堂的人数都在逐渐减少。民意调查显示，欧洲人对宗教的态度越来越冷漠，甚至怀有敌意。二战前，犹太人也是这种世俗主义力量的一部分，但他们还不至于因宗教引发冲突。穆斯林则笃信宗教。这一点也许并不普遍，但足以使他们与欧洲的世俗主义格格不入。例如，法国曾禁止穆斯林妇女在公开场合佩戴面纱。这一禁令虽然出于安全考虑，但人们普遍认为，此举旨在破坏伊斯兰教的公众形象，而非控制人口众多的穆斯林教徒。

对于渡过地中海来到北岸、从巴基斯坦抵达英国和从印度尼西亚进入荷兰的穆斯林来说，欧洲的问题层出不穷。欧洲的前殖民地国家在获得独立后，其民众可以选择移民欧洲。这就意味着，除了德国所支持的经济移民外，那些前殖民帝国还拥有其他形式的移民。

综上所述，欧洲的社会结构发生了重大变化，这体现在服装和举止上的文化与宗教差异导致了一些国家和城市严重失衡。在战后重建期间，欧洲急需外来移民，但他们并未成功融入欧洲社会，其中的原因错综复杂。首先，欧洲的社会结构使大批移民难以获得选举权。其次，许多穆斯林希望与社会隔离，以保持自己的文化特色。他们来到欧洲仅仅是为了谋生，不愿为此放弃原来的生活方式。他们只是需要工作机会，而不是为了建设欧洲社会。

此外，还有两件事情促使这种局势进一步恶化。其一是恐怖主义。欧洲虽然没有经历过类似“9·11”的恐怖事件，但西班牙和英国都曾遭到袭击。受此影响，一些国家开始认为，如果要继续接纳穆斯林移民，移民国家的文化就需要作出调整，以保护言论自由。丹麦首相拉斯穆森甚至将恐怖袭击事件称作该国自二战以来最危险的关头。这种说法虽然不一定是实情，但反映了当时人们对这一问题的忧虑。

第二件事情是全球金融危机。2008年前，欧洲急需大量工人，尽管在欧洲人看来，这些工人的行为异乎寻常，但他们准备对此予以容忍。当时，欧洲的失业率普遍较低，这就意味着，人们只可能在文化而非经济上受到移民的威胁。但金融危机爆发后，尤其是随着失业率一路飙升，穆斯林不再仅仅被视作文化威胁，而且也被视为经济威胁。在穆斯林聚居的欧洲国家，尤其是那些经济压力较大的国家，金融危机使人们的反穆斯林情绪不断高涨。虽然这种情绪未必甚至往往不会转变为种族问题，但无疑会导致双方发生冲突。

随着反穆斯林情绪遍及欧洲，穆斯林社会也出现了反欧洲情绪。穆斯林抗议自己遭到不公待遇，巴黎爆发了大规模骚乱。这一问题主要是社会问题，即外来人口在欧洲国家引起的矛盾。但在南欧，反移民和反穆斯林情绪与当地的社会危机结合起来，使欧洲陷入了更深层次的危机。马赛和巴塞罗那约有三分之一的人口都是穆斯林。这两座城市虽然是极端的例子，但它们也是遭到经济萧条打击最严重的地区。这里的许多人在失业后，将外国人视作竞争对手，从而不可避免地导致双方的矛盾不断升级。因此，在失业率低于 6% 的德国与失业率高于 20%的巴塞罗那，穆斯林人口引发的问题截然不同。

全球经济危机让欧洲发生了严重分裂，南欧比北欧遭到的打击更加严重。但南欧人的生活方式有异于北欧，因为地中海沿岸的经历对他们也产生了重大影响。此外，南欧在其他许多方面有别于北欧。南欧属于多山地带，地势比北欧更加崎岖，不仅难以通行，而且军队也很难在在乡间展开搜索。即使遭到入侵，南欧当地的宗族也能继续存在，因此较之于民族国家的抽象概念，家族的观念反而更加真切，影响也更为广泛。因此，罗马与西西里岛、马其顿与雅典之间虽然相距遥远，但只要是你热爱的地方，它们就仿佛近在咫尺。

北欧平原难以藏身，而南欧遍布藏身之地。南欧不仅有民族国家，也有着深厚的民族主义情结，但在某些方面，南欧的民族主义比北欧的民族主义更温和，不像北欧那样至高无上。这一点我们从意大利法西斯与德国纳粹之间的区别便可窥一斑，因为前者比后者虽然更为夸张，但显然更加灵活。

我不是第一个注意到南北欧之间存在着这些差异的人，但它们的确存在，而且至关重要。工业革命发生在北欧，这里曾经是欧洲较为富有的地区，并恰巧位于地中海的贸易通道上，但如今反而成了相对贫困的地区。而南欧向来落后于北欧。我和许多人都认为，南欧人和北欧人对生存有着不同的认识，因为大自然并没有让南欧人变得像北欧人那样冷酷无情。当然，这并不是批评南欧人不够勤劳，相信任何见过希腊渔夫或者西班牙农民劳作的人们都会清楚，事实并非如此。但不可否认，南欧人的生活确实不像北欧人那样紧迫。在南欧人看来，即使冬天来临，而他们毫无准备，也并不意味着他们就会死亡。此外，南欧的工业制度也没有北欧那样至关重要。要而言之，事实很简单，即南方的表现不同于北方。

德国人认为，南欧人之所以在行为举止和生活方式上不同于北欧人，也许是因为适宜的气候让他们变得更加懒散。除此以外，也许是地形的问题，又或者是因为南欧国家没有殖民地。其中可能存在许多原因，但南欧在 2008 年的遭遇的确不同于北欧。不仅是对欧洲整体而言，即使是对单个国家来说，在对金融危机的反应上，南北方之间也存在天壤之别。法国总统弗朗索瓦·奥朗德曾表示："法国是北欧的出口强国，还是地中海债台高筑、依赖他人的经济体？这两者兼而有之。"

塞浦路斯危机

法国的矛盾状况也是南欧的写照。在这里，也许我们最应当讨论的是地中海地区以及欧盟危机对塞浦路斯岛的影响。这座岛屿毗邻黎巴嫩和以色列沿岸，是目前南欧部分危机的缩影。有时，极端的案例反而有助于我们看清事实。

塞浦路斯岛位于地中海东部，很可能是南欧受金融危机影响最严重的地方。在 1960 年独立以前，这里曾经是英国的殖民地。塞浦路斯有四分之一的人口是信仰伊斯兰教的土耳其人，其余人口是信仰东正教的希腊人。1960—1974 年，该国由希土两族联合统治。然而，1974 年，希腊族的民族主义者希望该国与希腊合并，并发动了政变。作为回应，土耳其入侵了土耳其族占据主导地位的北部地区，导致塞浦路斯长期处于分裂状态。

尽管大多数国家并不承认该国的南北分裂，但这是不争的事实。南部的塞浦路斯共和国是唯一的正式国家，并于 2004 年加入欧盟。这既是源于希腊政府的要求，也是源于欧盟扩张的抱负，此外还与土耳其问题不无关联。人们认为，凡是加入欧盟的国家都会从中受益，并且将促进本国的经济增长。土耳其也希望加入欧盟，但需要得到欧盟成员国的一致同意，因此希腊可以加以阻挠。此外，欧洲人并不希望看到这个信奉伊斯兰教的大国加入欧盟，因为他们可能无法控制土耳其的穆斯林向欧洲移民。欧洲人不愿说明这个原因，但土耳其占领北塞浦路斯正好给了欧盟口实，欧盟得以拒绝促成其成员国资格。因此，以希族为主的南塞浦路斯加入欧盟并成立正式政府，无疑是对土族发出的一个信号。就像欧洲与穆斯林一样，欧洲与土耳其人在许多方面也会相互影响，尤其是在塞浦路斯问题上，而且双方的相互影响极其明显。

从历史上看，塞浦路斯的土族比希族更加贫困。但风水轮流转，地中海的经济危机对希族造成重创，而土族地区则相对良好，因为与土族地区息息相关的土耳其经济较为健康。如今，这两个地区的差别十分典型。如果你不租车，而是亲自从一个地区来到另一个地区，你就会发现，两者的差异确实存在。这两个地区已经共存了很久，因此塞浦路斯就像土耳其与希腊之间的一块边地，而希土两国长期以来互相仇视。虽然这种敌对情绪目前相对缓和，但在过去，双方有时会变得剑拔弩张。

当你来到塞浦路斯，沿着南岸驾车前行，你会觉得自己进入了某个南欧地区。这里既感觉不到分裂引起的紧张局面，也没有任何贫困的迹象。但奇怪的事情很快就会出现。有一次前往塞浦路斯时，我们在利马索尔的四季酒店预订了房间，并且坚信自己没有走错地方。但是，我们很快发现，这里虽然是一家不错的豪华酒店，但绝对不是四季酒店的连锁店。毋庸置疑，使用四季酒店的名字不仅能让店家要价更高，而且能吸引更多游客。在其他地方，商标至关重要，但在塞浦路斯，这一规定相对宽松。其次，我们还注意到，当地游客使用的主要语言不是希腊语或英语，而是俄语。在一个露天酒吧，我无意听到两名俄罗斯人在谈论一笔价值 7 500 万美元的交易。我环顾四周，发现人们都坐在那里交头接耳，神情极为专注。

我们租了一条小船离开海岸后，经过利马索尔以西一处庞大的英国空军基地，并绕过该岛的部分地区，来到拉茨。时值 2013 年 9 月，美英两国威胁将要出兵叙利亚。所以，我很想看看，这座基地有没有什么动静。

在返程途中，接近利马索尔时，小船的两个引擎中有一个突然失灵了。

因为这种情况时有发生，所以我们并没有惊慌失措。但是那时海面上刮起了强风，我们很难用一个引擎控制小船。因此，船长试图联系利马索尔港的巡逻队和海岸警卫队。令我诧异不已的是，竟然没有人在紧急频道上回应我们的呼叫。船长说，这种情况经常出现，“他们很可能是出去喝咖啡了。”直到那时，我才猛然意识到，这里是第三世界。在这座岛屿的四周，虽然海上运输极为繁忙，但警卫队员可以中途休息，不再接听求救信号。直到这时我才明白，这里已经不再是欧洲。

这一事实让人不禁要问，为什么要让塞浦路斯加入欧盟？部分原因在于，2008 年以前，除了当时经济发展最快的土耳其，欧盟几乎接受了其他所有欧洲国家的申请。另一个原因在于，希腊人希望塞浦路斯加入欧盟。我们不应当忘记，一段时间以来，塞浦路斯一直希望成为第二个瑞士，而欧洲人对此信以为真。当然，塞浦路斯的地理位置十分理想，并非没有实现这一目标的可能。该国不仅距离以色列、黎巴嫩和叙利亚仅有咫尺之遥，而且接近北非、土耳其、巴尔干半岛和意大利。因此，只要能够负担得起，任何人都能来到这里。近年来，塞浦路斯成了各国特工互相刺探情报的臭名昭著之地。此外，它还是各国资金交汇的十字路口，其中包括阿拉伯国家、俄罗斯、伊朗和以色列。在这里，间谍与金钱的结合浑然一体。

塞浦路斯试图以瑞士和列支敦士登为范本，建立本国的银行和法人体系。在这里，巨额存款可以建立秘密银行账户，并且无法对公司的所有者进行追查。正因如此，当地才聚集着许多俄罗斯人。他们大都是来查看自己的资金状况。显然，这也促进了塞浦路斯旅游等行业的发展，包括内战爆发前向叙利亚等地运输石油。

塞浦路斯人决定加入欧盟的原因一直令我感到十分困惑。欧盟无疑会关闭这里的秘密银行和法人系统，而这也是瑞士不愿加入欧盟的原因之一。尽管瑞士人已经大幅缩减了相应的活动，但仍不愿向布鲁塞尔屈服。对塞浦路斯人来说，欧盟的魅力令人慑服。他们于 2004 年加入欧盟，从 2008 年起开始使用欧元。他们显然认为，放弃对银行系统的控制，能够带来丰厚的经济利益。然而，如果瑞士加入欧盟，就不会再有人称其为瑞士，而塞浦路斯如果加入欧盟，就不可能成为第二个瑞士。但是，加入欧盟的欣喜之情冲昏了塞浦路斯人的头脑。

解散秘密法人和银行系统并非易事，因为银行家和律师们喜欢这门生意，而储户也很难将存款转移到其他地方。直到 2008 年，塞浦路斯仍然存在不法交易。但日益增长的经济对银行系统的影响越来越大。随后，和其他欧洲国家一样，塞浦路斯陷入了金融危机，无法偿还其主权债务。解决这个问题向来有两种选择：一是帮助塞浦路斯人还清债务，二是迫使他们自行偿还。

德国人不仅倾向第二种方案，而且他们对塞浦路斯不同于对希腊等国，态度十分坚决。塞浦路斯政府无力偿还债务，因此欧盟迫使该国冻结了所有银行账户，并没收了个人账户中超过 10 万欧元的财产。其中将近一半资金未被归还，而是在那些即将破产的银行中转换为股份。

就像其他所有国家一样，塞浦路斯也有许多不法之徒。欧盟十分清楚，该国的金融系统成了这些人的避风港。德国人暗示，他们赞成没收俄罗斯黑手党的存款。据估计，非法资金约占被查抄资金的三分之一，而另外三分之二则来自塞浦路斯的企业和个人。尽管 10 万欧元不是一笔小数目，但这笔钱财有可能来自个人退休金、个人出售房屋所得或者其他收入的存款。事实上，欧盟抄没的是塞浦路斯和希腊企业普通公民的财产，其中大多数都是合法收入。塞浦路斯政府正是利用这笔资金，向持有塞浦路斯国债的欧洲银行偿清了债务。

这种做法在塞浦路斯引起了骚乱。公司无法支付员工工资，人们的退休计划遭到破坏，而企业纷纷从该国撤资，以避免更大的损失。由于宾馆、饭店的资本被没收，该国倚重的旅游业也遭到严重打击。我们听说，其中一家酒店失去了 600 万欧元，而这笔资金始终没有被归还。几个星期以来，由于大量账户被冻结，员工薪水无法全额支付，以致他们只能拿到平时 75%的工资。塞浦路斯虽然偿还了欧洲银行的债务，但付出了巨大的代价，不仅该国经济遭到重创，普通人的生活也受到冲击。迄今为止，该国许多被没收的财产仍未解冻。

德国之所以通过没收财产向塞浦路斯施加压力，是因为德国人既要向拖欠债务的国家发出信号，又不愿得罪任何一个欧洲大国。他们无法对西班牙、希腊或匈牙利下手，因为这些国家可以拒绝合作，而德国人无法承受大国对自贸区带来的威胁。塞浦路斯不仅对欧盟来说微不足道，而且深陷政治分裂之中。此外，这里严重腐败、效率低下，还有大批俄罗斯人。就像其他南欧国家一样，塞浦路斯失业率居高不下，在金融危机爆发时接近 15%，经济严重衰退，甚至无法带来税收收入，同时黑钱泛滥成灾。严格来说，塞浦路斯不属于南欧，而且实力弱小，所以它无法进行抵抗。欧盟通过塞浦路斯传达出了一条重要信息，即它有能力强行采取不利于某国重大利益的措施。

有趣的是，塞浦路斯的政治领导层自愿遵从欧盟的基本要求，选择实行严厉的经济紧缩政策，而非继续拖欠债务。由此可见，该国领导人迫切希望塞浦路斯留在欧盟，为此甚至不惜同意没收银行存款，并坚决执行这一决定。虽然这种合作态度无论对社会还是政治来说都事关重大，但该国的政治和经济精英希望继续留在欧盟，他们的兴趣才是重中之重。

事实上，大多数上层人士储蓄账户的资产净值为零。因此，上述决定对中产阶级和小型企业造成了更大冲击，因为他们的大部分资产净值都存在银行。欧盟的策略让偿还债务的负担落在了中产阶级而非塞浦路斯政府身上。塞浦路斯政府之所以屈服，是因为从整体上来看，继续留在欧盟意义更加重大。如果不区分阶层而仅看 GDP 总值，实际情况也的确如此，但对中产阶级来说，他们的利益无疑受到了践踏，因此这一决定对他们来说毫无意义。

塞浦路斯从整体上反映了地中海地区的动态。德国坚决要求，由债务国自行解决其主权债务问题，而债务国的唯一选择是将资产转入北欧银行。由于塞浦路斯的政治和经济精英希望继续留在欧盟的框架之内，因此准备实施上述协议，从而导致该国上层与普通民众间产生严重分歧，而人们对欧盟和本国政府的信心大为下降。此外，塞浦路斯的希族和土族之间的关系也更加紧张。其后果是，许多塞浦路斯企业，尤其是服务业，纷纷制定政策，只雇用本地工人，迫使大批希望在塞浦路斯生活和工作的外国人（多为非欧盟国家的穆斯林）陷入贫困或从事犯罪活动，甚至不得不离开该岛。

从西班牙到希腊，欧洲地中海地区的情况与塞浦路斯大致相同。尽管这些国家各不相同，但都面临着同样的困境：债务危机、本国政府迫于外部压力实行的经济紧缩政策、日渐抬头的反欧盟情绪以及将本国政府视作问题所在的反移民政党。这些问题已经超出了穆斯林的范围。在西班牙，加泰罗尼亚出现了分离运动。而在意大利、法国和希腊，右翼政党纷纷出现。在这些国家中，移民被视作对民族认同和工作机会的威胁。

欧洲南北部之间的冲突由来已久。虽然双方存在深刻的差异，其矛盾随着金融危机的爆发逐渐凸显，但不会导致战争的爆发，因为双方不存在可能擦枪走火的地理因素，而地中海地区也很难与北方开战。尽管如此，南方还是无法避免内部的动荡。只要失业率超过 25%，其中还不包括薪水大幅削减的在岗员工，为政府工作的医生或工程师等中产阶级专业人士的人生就会毁于一旦，从而将引发一连串可怕的后果。

首先，欧盟南北方之间的裂痕将越来越大。其次，亲欧盟的上层集团与广大民众之间的矛盾将日渐增长，而民众对欧盟的态度不是半信半疑，就是坚决反对。从整体上看，北欧与南欧各国的政府都必须认真处理两种关系：与政治和经济精英的关系以及与下层民众的关系。但归根结底，无论上层集团作何希望，他们回旋的余地都将大为收缩。

鉴于目前的经济局势，穆斯林移民将成为南欧国家的不稳定因素。随着失业问题日益严重，欧洲有关民族国家的思想造成的潜在分歧将会进一步加剧。此外，这些国家中激进的政党与主要政党之间的矛盾也将不断增加。在这些激进的政党中，一部分可能是左派，但大多数实力较强的政党会成为右派，因为它们将会利用民众的反移民情绪。在欧洲，一旦阶级和种族矛盾同时出现，不稳定局势必然产生。

这并不意味着，南欧比北欧对移民问题更加敏感。相反，它可能对此更不敏感。因此，丹麦对移民和穆斯林的态度也许比任何地中海国家都令人不快。

实际上，地中海国家就像欧洲和伊斯兰世界之间的边缘地带。从许多方面来看，对于不断北上的移民，这些国家反而更容易接受。但随着经济状况日趋严峻，这些国家对移民的温和看法正逐渐消失。

如果经济问题继续蔓延，那么南欧的不稳定局势就会向北方扩展。这种局势虽然不会在国家间引发战争，但是会在国内民众与当权者以及各个民族之间引起冲突。对于这一点，地中海国家的政治向来心慈手软。部分原因在于当地的文化习俗，南欧人往往是得过且过，所以他们情愿忍受北欧人无法忍受的事情。上文曾经谈到，当我们急需塞浦路斯海岸警卫队的救援时，无人响应我们的呼救。对此，船长却做出了宽容的回应。我问他会不会举报这种违法行为时，他只是耸了耸肩。显然，船长绝不是对此无能为力，而是宁愿纵容。这些警卫队队员需要喝咖啡，而船长对此表示理解。

其中还有一个原因，即南欧人位于欧洲的边缘。位于欧洲南部的人虽然也是欧洲人，但从某种程度上看，他们仿佛置身局外。北欧人的工作效率极高，并将职场文化视作生命，因此他们与地中海对岸的阿拉伯邻国格格不入。一千多年以来，南欧与阿拉伯国家既征战不断，又始终保持贸易往来。这种贸易文化与工业文化的节奏截然不同。在南欧，讨价还价是一种社会活动，甚至可以持续一整天，而双方也都乐在其中。但在北欧，价格全都一目了然，没有商榷的余地。

当然，贸易文化也可能极为深厚，例如 16 世纪的威尼斯。但对地中海沿岸的欧洲国家来说，其现状并非如此。和平与繁荣的理想在这里比在欧洲的其他任何地方都更加岌岌可危。因为和平有赖于繁荣，而这里的繁荣正在消失。与此同时，欧盟之外的另一个大国正在崛起，并且面临着变幻无常的时代。这个国家就是土耳其。

14

土耳其
从动荡中重塑奥斯曼帝国

处于世界十字路口的国家，土耳其一直奉行“东张西望”的外交政策。“西望”便是加入欧盟，脱亚入欧，成为欧洲国家；“东张”则是突厥主义政策，加强与中亚突厥国家的联系，扩大土耳其在欧亚大陆腹地的影响力。而中东变局，为土耳其提供了一个“南下”的机会。随着土耳其日益壮大，重塑奥斯曼帝国的辉煌将不仅仅是一个爆炸性的设想……

欧亚大洲“翻译官”

许多人认为，土耳其不是一个欧洲国家，而是亚洲向西延伸的国度。这无疑是一种错误的观念，因为在地理上，土耳其位于欧洲板块之上。此外，几个世纪以来，土耳其及其前身奥斯曼帝国始终与欧洲息息相关。这个帝国不仅曾经向欧洲扩张，而且它对欧洲历史产生的影响不亚于任何一个欧洲国家。土耳其曾与一些欧洲列强为敌，也曾与另一些国家结盟。总之，就像其他欧洲国家一样，土耳其的历史也是欧洲史的一部分。

欧洲人之所以将土耳其人视作异己，有两方面的原因：首先，土耳其人主要是穆斯林，而非基督教徒，因此不完全是欧洲人；其次，奥斯曼帝国摧毁了拜占庭帝国，而拜占庭帝国的前身是君士坦丁大帝建立的东罗马帝国。1453年，当土耳其人攻占君士坦丁堡以后，欧洲人认为，他们是对欧洲文明的极大威胁，就像曾经威胁和摧毁了罗马帝国的蛮族游牧部落一样。对欧洲来说，土耳其是危险的局外人。

但即使是在 1453 年，也不是所有的欧洲国家都将土耳其视作不受欢迎的入侵者。当时，欧洲的基督教分裂为天主教和东正教。双方为此展开了激烈的辩论，但其中有着深刻的政治原因。奥斯曼人历来对宗教十分宽容，这即使不是一种道德原则，也至少是一种政治原则。帝国的建立不只是攻城略地，还包括对当地人进行统治。奥斯曼人十分清楚，统治盟国比统治敌国更加容易。因此，君士坦丁堡沦陷后，他们给予东正教宗教自由，允许相关机构继续存在，也没有强迫东正教徒皈依。天主教对野蛮的奥斯曼人横扫欧洲感到恐惧，担心东正教在奥斯曼人的支持下，势力不断壮大。如此一来，东正教适应了新的环境，但天主教却开始退缩。然而，东正教和伊斯兰教之间虽然存在神学问题，但双方对待彼此的方式显然更加实际。因此，我们需要认识并理解奥斯曼帝国向欧洲以及其他地区渗透的情况。

奥斯曼帝国在鼎盛时期控制着北非、尼罗河盆地、红海和波斯帝国以西的土地。此外，它还深入欧洲，越过布达佩斯，来到接近维也纳和克拉科夫的地方。奥斯曼帝国的领土扩张部分是依靠武力征服，部分是依靠本身及其盟国一起卷入地区政治。在长达一个世纪的时间里，布达佩斯都是奥斯曼帝国的城市。

布达佩斯有一座犹太教堂，距离我出生的地方只有两个街区。这座教堂名为“Dohany Utca Templom”，即“烟草街教堂”，是欧洲最大的犹太教堂。“Dohany”是土耳其语，意思是“烟草”。匈牙利人不仅借用了这一词语，其犹太教堂也沿袭了土耳其人的建筑风格。这座教堂混杂着匈牙利不同征服者的风格，其中包括土耳其式（也被称作拜占庭式，其中的原因不言而喻）、摩尔式和哥特式等。虽然这座教堂就像各种风格的大杂烩，但如果你仔细观看，就会发现其中的土耳其风格更加明显。烟草街教堂虽然建于 19 世纪，但反映出如下事实：布达佩斯曾于 1541 年被奥斯曼人征服，并在随后的一个多世纪里，始终处于其统治之下。奥斯曼人对犹太人实行宽容的政策，从犹太教堂的建筑风格中便可窥一斑。

15 世纪流传着这样一段祈祷的经文：请主拯救我们，使我们免遭魔鬼、土耳其人和彗星的伤害。对魔鬼的恐惧可以理解，而在 15 世纪，一颗巨大的彗星确实曾让欧洲人心惊胆寒。但相比之下，他们更害怕土耳其人。因为土耳其人曾经扬言，要征服更多土地。天主教对此深感恐慌，而这显然是天主教的经文。但情况远不会这样简单。为了控制地中海，土耳其人与当时最大的海上强国威尼斯结盟。威尼斯人信仰天主教，而奥斯曼人信仰伊斯兰教，但战略归战略，生意归生意，双方包容了宗教上的分歧。我们在前文讲过，正是因为奥斯曼人控制了丝绸之路，伊比利亚人才开始征服欧洲。因此，奥斯曼人几乎影响了欧洲历史的方方面面。

此外，还有一点可以说明土耳其属于欧洲。就像土耳其文化融入了欧洲一样，欧洲也对土耳其产生了深刻影响。一战后，奥斯曼帝国分崩离析，只剩下安纳托利亚半岛、伊斯坦布尔和东部山区。“土耳其国父”凯末尔·阿塔土克采取了两项互为补充的措施：其一是按照欧洲启蒙运动设计的模型建立民族国家，取代此前的多民族帝国；其二是政权世俗化，将社会和私人区分开，使宗教成为个人生活的一部分。他对穆斯林国家的改造，恰恰反映了当时欧洲的价值观。

显然，土耳其不只是一个欧洲国家，也是欧洲与伊斯兰世界之间的边界地带。在土耳其，这两者被融为一体。它继承了奥斯曼帝国的角色，就像一座桥梁般从经济、政治和思想上沟通了欧洲和伊斯兰世界。土耳其就像双方的翻译官，尽管它的翻译不一定有效。同时，土耳其也像一条公路，尽管这条公路迂回曲折、伤亡不断，但它仍在尽力履行自己的历史职责，并试图从这一职责中获得益处。在这一点上，土耳其与世界上其他地方没有丝毫差别。中间人的角色必须带来收益，而作为中间人，土耳其力图在欧洲和伊斯兰世界中站稳脚跟，绝不仅仅是横跨两洲，而是真正属于这两个世界。

在伊斯坦布尔的大巴扎集市上，你可以轻易看到两者的融合。集市上虽然遍布游客，但也有伊斯坦布尔的居民。你可以买到德国或者伊朗的商品。

如果走进一家商店，会有人为你搬来椅子，递上香茶，然后上上下下地对你打量一番。数百年来，当地（或者说所有地方）的人们就是这样打量顾客，然后准备宰你一笔。这里是丝绸之路的终点，也是通向意大利海上航道的起点。这里既不是亚洲，也不是欧洲。这里虽然是土耳其，但任何有钱人都会受到欢迎，而任何语言也都可以使用。君士坦丁堡（即今天的伊斯坦布尔）是亚洲通向欧洲的商业和文化入口，而这一入口由土耳其把守。

奥斯曼帝国的精兵强将被称作苏丹亲兵。这支军队最初组建于 14 世纪，士兵均来自基督教家庭。因为问题的关键不在于宗教，而在于对巴夏（昔日对土耳其高级官员的尊称）的忠诚，所以，这些士兵不仅收入可观，而且在服役期间或者退役之后还能得到提升的机会，而这确保了他们的忠诚。奥斯曼帝国的崛起离不开这些基督教出身的士兵。正是他们横扫欧洲，直到布达地区。此外，奥斯曼帝国之所以依靠基督教徒士兵维持统治，还与另外一个事实密切相关：所有奥斯曼帝国的苏丹，除了奥斯曼一世以外，他们的母亲都不是穆斯林，而是在后来皈依伊斯兰教。奥斯曼人正是通过这两种方法，将这个多元化的帝国维系在一起。

在过去数百年中，土耳其始终不是一个基督教国家。对那些希望将土耳其视作欧洲国家的欧洲人来说，这一点最让人头疼。尽管欧洲已经普遍世俗化，但仍需摒弃基督教的影响。反抗宗教的影响，就意味着需要有一个反抗的对象。在欧洲的大部分地区，这个对象就是基督教。在土耳其，世俗主义者摒弃了伊斯兰教。事实证明，这一点并没有成为双方沟通的桥梁，反而成为一种障碍。虽然双方已经宣布废弃宗教，而宗教的影响也正在消亡，但潜在的宗教仍对双方影响至深。

土耳其其实可以视作两部分，一部分是伊斯坦布尔，另一部分是土耳其的其他地方。尽管伊斯坦布尔已经世俗化，但土耳其的其他地区仍然趋于保守，并且以穆斯林人口居多。当然，这种说法有些言过其实。伊斯坦布尔是一个国际性都市，横跨博斯普鲁斯海峡两岸，这条咽喉要道沟通了地中海和黑海。因此，伊斯坦布尔既是土耳其与欧洲之间的桥梁，也是地中海世界与俄罗斯之间的纽带。这座中枢城市被博斯普鲁斯海峡一分为二。

同时，伊斯坦布尔也是一个商业中心。这里的大巴扎集市代表了旧式的、以小商小贩为基础的经济形式。而市中心的商业区则是商业和工业的新型融合体。众所周知，伊斯坦布尔及其前身君士坦丁堡都是国际性都市。来自不同文明、有着不同信仰的人们在这里定居，并希望发财致富。因此，各个民族、各种宗教的人们由于生意被联结在一起。无论是对小商小贩还是资深的银行家来说，这座城市最体面的活动就是开展交易。正是因为这种城市骨子里就充满了包容精神，所以人们才不会小看生意人。

心酸的脱亚入欧路

随着奥斯曼帝国的瓦解，这一点发生了改变。凯末尔·阿塔土克掌权后，认为土耳其必须放弃帝国，专注于安纳托利亚半岛的事务。他还认为，土耳其必须成为一个现代国家。由于土耳其在战争中输给了欧洲人，所以凯末尔希望使土耳其欧洲化。在他看来，欧洲化就意味着世俗化，从而使宗教成为个人事务，不再进入公共生活。对土耳其来说，这就意味着禁止在政府部门穿着伊斯兰教服装，并劝阻人们在公共场合穿着宗教服装。

凯末尔关于现代化的观点十分复杂。他既希望建立民主制度，又认为民主制度会为处于重重压力之下的国家带来不稳定因素。对他来说，现代化的另一种工具是军队。从某种意义上来说，军队是发展中国家最具现代化的部分。军队的社会组织和科学技术能够使其成为最先进的机构，而我认为，这正是凯末尔当时的想法。通俗地说，军队确保了土耳其的稳定，也界定了对土耳其来说什么才是稳定。他还认为，军队是由欧洲所谓的专业人员组成，因为他们不仅技艺娴熟，而且遵循职业道德准则。

从这一点来看，他们显然强于职业政客。凯末尔认为职业政客道德败坏、自私自利，而士兵诚实可靠、忠于职守。此外，他还认为，这些欧洲专业人员也胜过土耳其社会的大部分人，因为后者缺乏专业素质。在随后的数年中，土耳其军方曾多次干涉政治进程。按照凯末尔的观点，军队既是世俗生活、国家稳定和道德准则的捍卫者，也是欧洲专业原则和精英原则的保卫者，因此军队从整体上将成为土耳其社会的典范。

凯末尔对许多国家产生了影响，其中包括沙特阿拉伯统治的伊朗以及由纳赛尔掌权的埃及。土耳其建立了世俗的军事化国家模型。但从伊朗伊斯兰革命开始及其在 20 世纪 90 年代向逊尼派穆斯林中缓慢扩展，这个世俗模型逐渐受到了伊斯兰教信仰的挑战。其中最极端的例子是伊朗和“基地”组织。

但纵观伊斯兰世界，世俗的军事化国家已经失去了往日的吸引力。其中部分原因在于西方的魅力不复存在，部分原因在于源自凯末尔主义的纳赛尔主义根本行不通。对一个由家族和宗派构成的民族来说，个人生活和公共领域很难截然分开，因此我十分怀疑，纯粹针对个人领域来遏制宗教影响是否能够实现。虽然基督教仍然竭力想将两者区分开来，而世俗主义更是毫无保留地尊重这一原则，但伊斯兰教从未真正接受这一区分，而凯末尔建立的国家也必然面临重重压力。

土耳其是伊斯兰世界世俗主义的发源地，但即使是在该国，情况也极其复杂。除伊斯坦布尔外，土耳其其他地区仍然趋于保守，民众笃信宗教。土耳其信奉民族主义，这种思想虽然与凯末尔主义有所联系，但又始终存在分歧。2000 年，土耳其正义与发展党宣告成立，并于 2002 年获得压倒性胜利。该党致力于为占人口大多数的穆斯林代言，并放宽了一些世俗主义禁令，例如在政府部门工作的妇女不得佩戴头巾。与此同时，该党也希望加入欧盟、保护世俗主义者，并对军队进行了约束。但世俗的土耳其共和人民党担心，展现中庸姿态的正义与发展党可能建立伊斯兰政权，因此坚决表示反对。如此一来，土耳其政治呈现白热化状态，各种主张和反对之声此起彼伏。

有一次，我们来到伊斯坦布尔的恰鲁夏姆巴一带散步。有人告诉我，这里是伊斯坦布尔最虔诚的社区。一名世俗主义者甚至将其称作"沙特阿拉伯"。这个社区虽然贫穷,但充满朝气,随处可见学校与商店。孩子们正在街上玩耍,男人们三三两两地交谈争论，女人们则身穿长袍，戴着头巾。此外，当地还有一所大型学校，年轻男子可以在那里学习《古兰经》和其他宗教科目。

实际上，这个地区让我想起了布鲁克林区的威廉斯堡。我的青年时代就是在那里度过的。威廉斯堡有许多哈西德派的犹太人，还有不少犹太中学。孩子们在街头嬉戏，男人们则在店铺外交谈。我对社区十分敏感，并且意识到自己只不过是一个局外人，因此往日的记忆历历在目。在这里，我本应该概括一下这两个社区的共同之处，但事实是，即使同样生活在城市里笃信宗教的贫困社区，人们也无法克服不同宗教之间的重大差异。

恰鲁夏姆巴让我明白了土耳其正义与发展党，或者任何计划统治土耳其的政党都不得不面对的问题。在伊斯坦布尔，大部分地区在感情和价值观上已经欧洲化，而这些地区无疑极其重要。但恰鲁夏姆巴以及安纳托利亚的村庄和城市对本土文化仍然极其自信，如今，这一点我们同样无法忽视。

一些世俗主义者深感忧虑，因为担心土耳其正义与发展党有可能实行伊斯兰教法。在专业人士的圈子里，这种担忧尤其强烈。有一次，在与一名土耳其医生共进晚餐时，他告诉我，如果正义与发展党继续这种做法，他就准备移民欧洲。我不确定他是否真的会离开土耳其，但一两杯酒下肚后，他开始变得慷慨激昂起来。他的观点即使是在世俗主义者当中也颇为激进，因为他们当中的许多人都清楚，正义与发展党并没有这种打算。有时我甚至觉得，这种担忧只是故作姿态，其目的仅是希望鼓动像我这样的外国人关注土耳其政府的做法。

但我还是想起了恰鲁夏姆巴。在很长一段时间里，世俗主义者可以对恰鲁夏姆巴的存在置之不理。但随着时移世易，如果不能使这里的学者和店主融入土耳其社会，任何党派都无法对土耳其进行统治。然而，考虑到席卷伊斯兰世界的巨大力量，这一点显然是不可能的。这些学者和店主反映了伊斯兰世界一种越来越重要的趋势。唯一的选择不是抑制这种趋势，而是适应这种趋势，否则就将面临长期冲突，而这种冲突在伊斯兰世界的其他地方，早已不再限于唇枪舌剑。恰鲁夏姆巴虽然是伊斯坦布尔一个极端的例子，但反映了土耳其最为严峻的问题。

伊斯坦布尔位于欧洲和伊斯兰世界之间的边缘地带，因此欧洲各宗教的价值观在那里展开了激烈的交锋。欧洲主义者急切地希望加入欧盟，但这不是出于经济上的原因。土耳其的经济发展速度虽然正在放缓，但在过去 10 年中表现极为出色，在过去 5 年中甚至好于欧洲大部分国家。即便如此，欧洲主义者仍然希望土耳其加入欧盟。他们认为，这是土耳其世俗主义与自由民主制度的保障，因为土耳其加入了欧盟便等于承认它属于欧洲。然而，伊斯兰教徒对此漠不关心。就像世俗主义者一样，他们清楚，土耳其不会得到批准。然而，是否支持加入欧盟成了世俗主义社区的试金石。在这个问题上，土耳其正义与发展党将继续玩弄手腕，因为他们几乎不会损失任何东西。

潜在隐患：库尔德分裂势力

这一切可以追溯到奥斯曼帝国在一战中的惨败。战后，奥斯曼帝国把阿拉伯地区输给了南方，把领地输给了巴尔干半岛，但保住了帝国的心脏安纳托利亚半岛，而该地区由土耳其族控制。实际上，安纳托利亚半岛东起格鲁吉亚在黑海沿岸的边境，西至地中海的亚达那，这两点呈对角线状分布。安纳托利亚半岛以东是一片山地，土耳其在此向北与格鲁吉亚、阿塞拜疆和亚美尼亚接壤，向西南与伊朗接壤，向南与叙利亚和伊拉克接壤。

这片山地越往东走，地势越崎岖。周围的海域和山区不仅让安纳托利亚半岛成了奥斯曼帝国的心脏地带和必不可少的核心区域，也让任何国家都难以入侵土耳其。而奥斯曼人花了一个多世纪，才占领了这座半岛。

越往东走或越往西走，不同族群之间的内部边境就变得越不重要，而民族国家之间的外部边境就变得更加重要。土耳其东部是亚洲、阿拉伯世界和欧洲的交汇地，这里不仅矛盾、暴力事件和战争此起彼伏，而且经常走到战争的边缘。库尔德自治区、亚美尼亚、伊拉克、阿塞拜疆和叙利亚都与土耳其毗邻，库尔德自治区的一部分更是深入伊拉克。因此，土耳其内忧外患不断。总体而言，从土耳其直到博斯普鲁斯海峡和欧洲，越往西走，暴力冲突就越少见，但政治动荡反而变得更加严重。

由于历史原因，土耳其边境存在各种各样的民族。其中最重要的族群是位于东部的库尔德人。他们虽然是一个独立的民族，但没有建立政权，而是散居在伊拉克、伊朗、叙利亚和土耳其。他们有自己的语言，但没有自己的国家。这里无疑是该地区最脆弱的边地之一，因为这个民族分别处于 4 个不同的国家，必然会经常出现不稳定因素。

库尔德自治区共有大约 3 000 万库尔德人，其中一半以上住在土耳其。土耳其人口约为 7 500 万，而库尔德人占 20%。事实上，他们主要聚居在该国东部，并与边境另一面的库尔德人保持着联系，因此是土耳其的心腹大患。萨拉丁是 12 世纪伊斯兰教一位伟大的英雄。他是埃及和叙利亚的苏丹，曾率军抗击十字军东征。但丁在《神曲》中甚至把萨拉丁与荷马、柏拉图和尤利乌斯·恺撒相提并论，称他是英勇无畏的非基督教徒。萨拉丁是伊斯兰教的功臣，因此基督教徒对他十分畏惧。此外，他还是库尔德人的后裔。

我之所以要指出这一点，是因为库尔德人没有自己的国家这一点让人十分奇怪。一战结束后，各国虽然就建立库尔德国家的问题开展了重要谈判，但最终不了了之。根本原因在于，该地区的伊拉克、土耳其和叙利亚这些大国都不希望成立一个库尔德国家。各国认为，边境地区的安全有赖于地势陡峭的山区，而库尔德国家会侵占山区的领土。如果库尔德国家成立，那么其外交政策显然无法预测，更何况库尔德人数量众多。但如果库尔德地区分裂，其中一个地区大国就可能乘虚而入，比如伊朗可能向西推进，深入土耳其，而土耳其也可能直插伊拉克。库尔德人也许会日渐强大，并危及上述三个国家。

当然，由于库尔德的局势尚不明朗，它也有可能被一分为三，分别并入土耳其、伊朗和伊拉克。

但上述三国不可能顺利实现愿望，因为库尔德人无疑会进行抵抗。由于地处欧洲边缘，该地区在许多方面有异于其他国家，但为了维护民族权力，他们同样会诉诸武力。库尔德人与土耳其人开展了频繁的外交谈判。土耳其的主要库尔德分裂组织库尔德工人党，偶尔还会对伊斯坦布尔和库尔德地区发动空袭。而土耳其军队也会发起突击。该地区是一个贫困的伊斯兰教地区，并与土耳其人相互敌视。

一天晚上，我们住在多乌巴亚泽特。这是一座库尔德小镇，位于土耳其和伊朗边境附近。由于两国关系良好，当我们乘车来到镇外数英里处的边境时，卡车顺利地穿过了边境。我甚至认为，我们可以自由进入伊朗。但返回多乌巴亚泽特时，情况出现了变化。多乌巴亚泽特比埃尔祖鲁姆更加贫困，而后者是进入库尔德地区之前最后一座较大的土耳其城镇。从人行道和两旁的旅馆中，我们可以看到明显的变化。

当晚，我们9点就上床睡觉了，因为我们既无事可做，又不愿在夜间上街散步，这倒不是有什么原因，而仅仅是凭自己的直觉。熄灯后不久，我们就听到了两声枪响，仿佛是从几个街区以外的地方传来的，而间隔不过数秒钟。或许是有人在燃放烟火以庆祝喜事，但那里似乎没什么值得庆贺的，也没有人面带喜色。这种声响也不像汽车发生回火，而是像手枪发出的声音。甚至在我听来，这种声音就像在处决某个人。直到后来我才得知，即使是在类似凡城的一些较大的城镇，这种事情也并非不可能，但很可能不是出于政治原因。

丝绸之路仍然存在，但现在交易的商品变成了海洛因。这些毒品来自伊朗，由库尔德人走私到土耳其，然后转运到欧洲。就像所有走私活动一样，其中的规则由参与者执行。我们听到的像是处决犯人的声音很可能是因为毒品，而不是政治。正如前文所言，边境地区的走私活动由来已久，以增加价值并从中牟利。至于这些交易是哪些人在开展以及哪种生意最赚钱，我并不清楚，也不希望知道。正因如此，对于这个地区，仅了解其政治局势远远不够，还要了解其经济状况。

库尔德斯坦①不是土耳其东部唯一的火药桶，而亚美尼亚就是另外一个。我们来到了两国边界位于土耳其境内一个名叫阿尼的地方。这里在中世纪曾经是亚美尼亚的首都，而亚美尼亚是世界上第一个基督教国家，曾在中世纪占领过土耳其东部。阿尼位于一座平坦、干燥、多风的高原之上，与亚美尼亚仅有一河之隔。让亚美尼亚人愤怒的是，土耳其人正在挖掘当地的遗址。奥斯曼帝国垮台后，土耳其人为了确定疆界，不可避免地开展了种族清洗，导致大批亚美尼亚人遭到屠杀。尽管亚美尼亚人从未忘记这段历史，但土耳其人不仅拒绝承认此事，反而对亚美尼亚人的做法进行谴责。在欧洲，各国的记忆都由来已久，远远不止 100 年。如今，亚美尼亚的古都处于土耳其的控制之下，但它却无能为力。

从阿尼继续向西北进发，你会来到卡尔斯城。这里虽然是土耳其的领土，但建筑风格更像俄罗斯。事实上，在一战以前，俄国人曾经占领了亚美尼亚、阿尼和卡尔斯。一战期间，奥斯曼人与俄国人作战，俄国便在阿拉胡克伯·达吉拉里地区的萨瑞卡密斯部署了重兵，该地区位于土耳其境内，距离俄国边境较近，但遍布崇山峻岭。

1914 年至 1915 年冬，土耳其派出了大约 9 万人的军队，对俄国人发起了袭击。一天晚上，当地有人告诉我，这场战斗持续了约一个星期，近 8 万土耳其人丧生，但其中大部分人是被冻死的。至于这场人间惨剧发生在一夜之间还是几天之内并不重要，重要的是，从一战开始到二战结束的 31 年间，欧洲发生的屠杀也曾波及这里。从这一点可以看出，我们仍然处在欧洲。

我朋友的一位表亲住在伊斯坦布尔，他在距离卡尔斯大约一个小时车程

① 库尔德斯坦是指库尔德人聚居或以其为主要居民的地区。在西亚北部，其范围大体从幼发拉底、底格里斯和阿拉斯等河上游起到伊朗的哈马丹为止，包括土耳其东南部、伊拉克北部和伊朗西部若干地区，以及叙利亚和亚美尼亚的一小部分。

的格列镇接待了我们。一天晚上，他带领我们穿过土路，越过土耳其东北部寸草不生的山地，来到一座小乡村里。据说那里有一位 110 岁高龄的老人。这位名叫拉兹的老人眼盲耳聋，是土耳其族的格鲁吉亚人。他们一家四世同堂，住在山冈一侧的两层楼房里。他的儿子已年过六旬，如今在镇上工作，而他 40 来岁的孙子是这里的村长。他的重孙只有 4 岁，这个小孩看到我们这些陌生人来到他的家中，感到既害羞又好奇。拉兹是高加索南部的格鲁吉亚人。在这个村子和附近的村庄里，还有许多像他一样的格鲁吉亚人。这片地区十分偏僻，曾经处于俄国人的控制之下，但现在属于土耳其。拉兹家是全村最富有的家族，他们养着 50 头奶牛。在这里，边界的意义不大。只要当地人的生活不被打扰，无论是谁统治这个地区，想必都会受到欢迎。

当我们喝完第三杯茶后，大门突然开启，拉兹的儿媳走了进来。这个女人也在 60 岁左右，看起来身材结实。她自豪地告诉我们，刚才她在外面照料奶牛，这是她的责任，而他们家奶牛的数量在村子里首屈一指。虽然已经牙齿不全，但她极有个性、待人热情，整个家庭显然都在围着她转。尽管这里地处偏远，但他们安装了卫星互联网，能够上网了解外界发生的事情。至于这位老人究竟是 90 岁还是 110 岁，我们不得而知，但这个四世同堂的家庭清楚，在这里，他们家境优裕。他们为此感到骄傲，并自豪地向我们这些来自美国的客人展示。

在这次旅途中，还有另一个故事值得讲述。参观卡尔斯和萨瑞卡密斯战役的遗址时，我们驱车经过了一座山谷。除了几个村庄外，这里几乎荒无人烟。这些村庄似乎既不属于现代的土耳其，也不像周边任何国家的村落。它们并不贫困，而是仿佛来自另一个时代。当地既没有树木，也没有泥炭，村民的能源来自牲畜的粪便。虽然这里的牲口数量很少，但这些粪便成了宝贵的财富。人们把粪肥堆在一起，看起来就像一座座小屋。这些粪肥的上面都有凸出的记号，但我无法辨认。我记得，那是一个周六的下午，而当地的老妇正在装饰粪堆。

在我们经过的每一个村庄里，都有一户人家门前停着一辆干净的现代拖拉机。这也许比粪堆更令人感到惊异。这里既没有电力和其他能源，也曾是8万名土耳其士兵被冻死的地方。我们正处于欧洲的边缘，这里的人们悄无声息地活着，忍受着欧洲人所无法容忍的事情。

除走私毒品以外，丝绸之路还被用于运输石油，而石油也涉及库尔德人。

伊拉克战争让伊拉克变得支离破碎，其中一个碎片就是伊拉克东北部紧邻伊朗和土耳其的库尔德地区。尽管在很久以前人们就知道那里拥有极其丰富的石油资源，但没有人胆敢进入萨达姆统治的伊拉克开采石油。萨达姆政权垮台后，库尔德地区拥有了很大程度的自治权，而石油公司也开始在当地进行开发。

土耳其对此事的立场十分奇怪。一方面，他们坚决反对库尔德人独立。但另一方面，由于严重依赖俄罗斯的能源，他们急于寻找其他能源来源。土耳其人发现，他们可以对库尔德地区政府加以利用，以满足本国能源需求，但这无疑是为库尔德人的民族主义开了一个危险的先例。这里的重点不是土耳其的能源战略，而是该国对库尔德政策的复杂性，以及各种利益互相冲突的方式。伊拉克与土耳其的库尔德人虽然存在意识形态上的分歧，但他们都是库尔德人。伊拉克库尔德人的自治权与商业潜力引起了土耳其库尔德人的注意。就像过去一样，土耳其人正走上一条极其危险的道路。

重返奥斯曼帝国?

当叙利亚爆发内战时，土耳其曾经陷入过同样的艰难处境。土耳其人敌视巴沙尔·阿萨德的政权，即阿拉维派教徒领导的世俗政府。土耳其支持逊尼派，而这一派系正在反抗阿萨德的统治。但逊尼派本身四分五裂，其中一些派系不乏极端主义者，而这些极端主义者甚至希望建立伊斯兰国家。对于这场内战，土耳其人不得不小心翼翼，以免引火烧身。

在东部和南部边境地区，土耳其人一向格外谨慎。在高加索地区、土耳其境内的库尔德人当中，或者伊拉克和叙利亚的库尔德人当中，任何事情都不会过于简单。他们四周的新月形地带充满了动荡，有时会带来诱人的机会，有时却危机四伏。实际上，这个新月形地带只是欧洲的边界之一。它的东侧是伊朗，南侧是阿拉伯国家，两者都不属于欧洲。这里是欧洲的边缘地带，所有事情都变幻无常，并且经常会引起暴乱。这一局势正在向欧洲蔓延，甚至在某种程度上正与土耳其移民一起进入欧洲。

在冷战期间，其中一个最敏感的动乱爆发点位于土耳其西部，即博斯普鲁斯海峡以及欧洲大陆上属于土耳其的一小部分领土。苏联人一直想要占领这个海峡。早在 18 世纪，俄国人就对博斯普鲁斯海峡、马尔马拉海和达达尼尔海峡心存觊觎。不过他们最终的目标是地中海，因为这里有世界上最富饶的海洋盆地，但博斯普鲁斯海峡却将俄国人阻挡在外。显然，如果能够夺取这个海峡，俄国就能进入地中海，从而摆脱陆地国家的贫困状态。届时，俄国将转变成为富有的海上强国，它的海军将与英国、法国和该地区其他国家的海军一较高下。反之，如果不能占领这个海峡，俄国人将永远只是地中海的过客，等待土耳其人或者其他海上强国允许他们从这里通过。

当时，美国全球战略的核心是遏制苏联，其中一个不可或缺的部分就是确保土耳其和希腊不会处于苏联控制之下。与此同时，土希两国却多次因为爱琴海岛屿的控制权、塞浦路斯危机以及长期的宿怨走到了战争的边缘。

如今，形势发生了深刻变化。俄罗斯人利用博斯普鲁斯海峡运送石油，而土耳其人正大量购买。希腊人深陷危机之中，丧失了与土耳其发生冲突的能力。因此，在安纳托利亚半岛边界线上的一切都显得十分安宁，而这种局面似乎可以持续下去。然而，在土耳其的东北边境和俄罗斯南部边境的高加索山区，情况截然不同。目前，除了以色列和反对以色列的国家偶尔会采取行动外，地中海一片风平浪静。

然而，地中海的安宁不会持续太久。这片海域及其四周的陆地既十分宝贵，又过于棘手。美国与俄罗斯之间的局势持续紧张，随着北非有可能重新焕发活力，而南欧处于经济衰退之中难以自制，该地区爆发冲突的可能性正在增加。

然而，最重要的一点是，土耳其正在崛起。它虽然不一定呈直线发展，但正在逐渐变得强大。与此同时，土耳其周边的许多国家不是正在衰退，就是处于冲突之中。在土耳其，重返奥斯曼帝国的设想是一个爆炸性观念，尤其在世俗主义者当中。他们认为，这是实行伊斯兰教法的前兆。但无论这一观念如何敏感，不可否认的是，土耳其的实力正在增长。随着时间的推移，这股力量不仅会对欧洲的土耳其和穆斯林移民造成冲击，而且必将对高加索地区以及巴尔干半岛产生影响。

日暮黄昏
风光不再的英国狮

二战之后，衰落的英国在战争中唯美国马首是瞻，换得英美的“特殊关系”，借此制衡欧洲——这是英国大陆均势政策的延续。然而，如今英国的危险并非来自它对欧盟事务的参与，而是在各个地区与全球体系之间谋求平衡的美国。

分而乱之：大陆均势政策

我并未到过多佛港的悬崖上，但我知道，站在那里可以将远处法国和欧洲大陆的风光尽收眼底。此外，你还可以倾听脚下海底隧道里车辆隆隆驶过的声音。这正是英国自相矛盾的地方。从表面上看，就像往常一样，英吉利海峡把守着通往英国的所有道路，将欧洲大陆阻挡在海湾之外。但海底隧道却将英国和欧洲大陆连接了起来，其间的天堑似乎不复存在。从这一悖论中，我们可以清楚地看到英国历史和战略上存在的最根本的问题：英国与欧洲大陆之间的关系究竟是什么？而欧洲大陆的未来至少部分取决于这个问题的答案。

我们不妨放宽视野，先来看看事情的全局。英吉利海峡沟通了大西洋和北海，前者是大英帝国及其属地的纽带，后者是英伦三岛与斯堪的纳维亚半岛的桥梁。这是欧洲两个不属于欧洲大陆的地方，两者的文化互相关联，都以新教和海洋为中心。1066 年，诺曼人（或者说诺斯人）从法国横渡英吉利海峡，征服了英国，重新划定了该国的疆界。英国人一向与斯堪的纳维亚半岛、荷兰和比利时往来密切，与法国的关系也长达数百年。这让我想起了荷兰皇家壳牌公司以及其他几十家英荷公司。然而，能够决定英国与欧洲大陆的关系不只是英吉利海峡，还有北海和前文提到的欧洲自由贸易联盟。该贸易区由英国成立，以北海为中心，成了英国在欧盟之外的另一种选择。

北海盆地使该自贸区与欧洲大陆脱离开来，并向北海周边的国家靠近。该贸易区虽然人口规模较小，财富和资源也不足以与德国相提并论，但它可以与丹麦、荷兰和法国的一部分联合起来，作为在欧洲大陆相互关系的一种替代。仅从这方面来看，欧洲自由贸易联盟进一步使欧洲处于分裂之中，虽然不会产生决定性影响，但仍成为欧洲统一的障碍。

英国远非该地区人口最多、实力最强的国家。几个世纪以来，英国就像是欧洲大陆的调速轮。欧洲大陆虽然总是专注于内部事务，但对来自周边国家的威胁也时刻保持警惕。而英国四面环海，逐渐形成了全球观念。当然，英国也会参与欧洲大陆的事务，但只是选择性的。与法国和德国不同的是，英国只有在必要的时候才会卷入其中，而法德无法对周边发生的事情漠然置之。英国时刻调控着自身与欧洲大陆的经济与军事关系。这样一来，英国经常能够对欧洲大陆正在发生的事情产生决定性影响，并使局势朝着有利于本国的方向发展，而这往往意味着鼓励欧洲大陆专注其内部事务，继续处于紧张状态。

欧洲之所以从未统一，其中有许多原因。但最重要的原因不是北海，而是附近的英吉利海峡。这个海峡将英国与欧洲大陆分隔开来，由于水域狭窄，所以异常险恶。大西洋和北海的海水在海峡内流进流出，随着潮汐的方向不断变换，让航行变得极为困难。这里的气候寒冷潮湿、狂风不断，但又瞬息万变。因此，无论是从哪个方向出发，都很难驶过英吉利海峡。

1944 年 6 月，当盟军准备从诺曼底登陆时，在之前的几天里，他们最大的顾虑就是当地的天气及其对英吉利海峡的影响。其中一个重要的军事因素就是晕船。由于英吉利海峡风急浪险，步兵可能会在运输舰和登陆艇上晕船，导致他们在登陆后无法作战。因此，盟军必须选择最佳的登陆时机，但最终事与愿违。由于大西洋风暴接连不断，盟军只能趁两场风波之间的时机迅速通行。庆幸的是，虽然仍有大批士兵呕吐，但盟军最终胜利登陆诺曼底。

罗马人和诺曼人都曾成功入侵英国，但都发生在很久以前。自 16 世纪以来，英吉利海峡阻挡了所有试图入侵英国的重大行动。它在 16 世纪挫败了西班牙人，在 19 世纪挫败了拿破仑法国，在 20 世纪挫败了希特勒德国。这三个国家虽然都拥有极其强大的军队，但都未能跨越英吉利海峡并成功登岸。然而，让入侵者畏惧的不只是英吉利海峡的惊涛骇浪。对英国人来说，是英国皇家海军（简称“皇家海军”）保卫了他们的王国。

皇家海军的起源与其说是某种宏大的战略，不如说与窃取了西班牙人的财富有关。当时,随着滚滚的财富从南美洲流入西班牙,英国人对此极为关注。其中有两个原因：第一，运往西班牙的财富数量惊人，对西班牙发动突袭可以让英国大发横财；第二，日渐强大的西班牙海军对英国造成了直接威胁。如果西班牙海军控制了大西洋，他们就能占领英国周围的水域。届时，英国将毫无防御之力。

随着时间的推移，皇家海军发展成为欧洲最强大的海军。尤其是在特拉法尔加战役中大败拿破仑海军后，他们不仅成为当时世界上唯一真正的全球海军，也成为英国建立帝国的基础。19 世纪末，大英帝国在欧洲帝国体系中独占鳌头。英国海军不仅维持着这个帝国的秩序，最重要的是，它还保证了航道的畅通，使得帝国内部与其他国家之间的贸易能够正常开展。

英国的安全取决于是否能够继续维持对海洋的控制权。所谓英国，最初是指英格兰、苏格兰与爱尔兰的联盟，但在北爱尔兰脱离联盟之后，只剩下英格兰和苏格兰。一旦丧失了海洋控制权，英国也将丧失整个帝国。要想打败敌军的舰队，最好的办法就是防患于未然。要想阻止敌国建立舰队，最好的办法就是确保所有资源被用于陆地战争。为了实现这一目标，英国必须采取一切必要的措施，以确保欧洲大陆的列强互相猜忌。而这些国家之间的确互不信任，因此英国不费吹灰之力就可以使它们内斗下去。为了保持各方的均势，英国支持的对象不断变换，好让欧洲大陆忙于自己的内部事务无暇旁顾，从而确保英国的安全。当然，这个战略也存在问题，并非始终有效。欧洲大陆总是有国家周期性崛起，打破英国的遏制体系，并有可能长期控制欧洲大陆，从而危及英国的安全。然而，最终西班牙、法国和德国都功亏一篑。在极端的情况下，一旦英国的均势外交和经济平衡政策都不再奏效，

从长期来看，英国对海洋的控制权就会受到威胁。只有此时，英国才会出兵干涉。英国的陆军规模相对较小，所以不得不利用精准性武器，并避免参加大规模战役。因此，就像在滑铁卢战役中一样，英国的做法是在小规模战役中采取决定性措施，削弱正在崛起的大国力量。然而，这种战略的缺陷在于，英国并非总是能控制自己的敌人。在两次世界大战中，英国被拖入消耗战，导致这一战略不再奏效，而英国最终丧失了大国地位。

大英帝国解体之谜

英国著名作家乔治·奥威尔声称，英国是“一个乏味而正直的民族，他们躲在 25 万把刺刀后面，把玩并加强自己的无聊”。比起欧洲战场上以数百万计的刺刀，英国的 25 万把刺刀实在微不足道。但有意思的是，一向目光如炬的奥威尔却认为英国人乏味而又正直。他既尊重正直的品行，也不讨厌乏味的个性。这虽然是英国人对自己的看法，其中却包含着巨大的矛盾。

几个世纪以来，英国将欧洲的政客玩弄于股掌之上，因此获得了“背信弃义的英格兰”的名号。欧洲人认为，英国人在欧洲只是在冷酷无情地谋求自身利益，丝毫不顾及自己所作的承诺或应负的责任。因此，欧洲人才会认为英国人“背信弃义”。更有甚者，英国一面操纵欧洲大陆，一面建立起庞大的帝国。英国通过结盟、操纵、欺骗和最低限度的武力，统治着数以亿计的印度人。不仅如此，英国在中国也占据主导经济地位。此外，他们还控制

着伊斯兰世界。因此，你很难认为英国人令人乏味、品行正直。虽然英国的历史充满了智慧、狡诈和冷酷，但奥威尔却认为他们乏味而正直。他指的到底是什么人？

剧作家乔治·萧伯纳在《恺撒和克利奥帕特拉》（*Caesar and Cleopatra*）中写道，在听到西奥多特斯对埃及婚姻规则的描述后，布列塔尼斯立即接腔说：“恺撒，这是不对的。”这句话触怒了西奥多特斯。为了安抚他，恺撒说道：“原谅他吧，西奥多特斯。他（布列塔尼斯）只不过是个外乡人，把自己部落和小岛上的风俗当成了自然法则。”

英国人征服了全球大部分领土，而大英帝国几乎囊括了当时所有的文明，但英国人仍然相当狭隘。波斯人、罗马人和希腊人也建立了庞大的帝国，但与这三者不同的是，英国人不仅认为本国文化更加优越，而且相信自己最微不足道的习惯也彰显了文明。布列塔尼斯对埃及皇家婚礼的风俗感到震惊，但这种惊异不是源于双方的差异，而是认为他们违反了礼仪的标准。恺撒虽然是个骄傲的罗马人，但他认识到布列塔尼斯过于狭隘。众所周知，所有社会都有其风俗，而这些风俗各不相同。但有时候英国人似乎认为，尽管社会风俗多种多样，他们的风俗才是唯一恰当的生活方式。

我还记得，刚参加工作不久，我曾受邀到英国某所著名的大学参加宴会。在我小时候，用餐是一件非常简单的事情，不过是使用刀叉并在需要时使用勺子而已。因此，我对英国人在用餐时的繁文缛节感到瞠目结舌。这件对我来说本是再简单不过的事情，到了英国人那里却变成了一套复杂的仪式，其间许多主观刻板的规矩我完全摸不着头脑。我从未见过如此多的器皿，也不清楚有些器皿的用途，况且他们喝汤的礼节既复杂又费时。他们以为，任何坐在这张桌旁就餐的人都接受过适当的教育，掌握了正确的进餐方法。这一点并非不近人情，但我却困惑不已、手足无措，因为我不知道该用哪只手拿哪样东西，喝汤时身体应该呈何种角度以及从哪个方向从碗里舀汤。宴会的主人倒是非常友善，对我显然缺乏教养这一事实只字未提。

后来，我和一名澳大利亚女子结了婚。她所在的地方沿袭了英国的遗风，而她也将自己从小学会的餐桌礼仪视作自然法则。最终我作出了让步，学会按照她所喜欢的方式用餐。她也清楚，这些只不过是一种习俗，但仍坚持认为这才是唯一有教养的进餐方式。不过，在她看不见时，我仍会用碗喝汤。

当然，她绝不乏味。如果你了解英国历史，你就很难理解奥威尔为何认为英国人乏味。但正是这种民族性格促使他们建立了庞大的帝国。

英国人承认，世界上存在许多文明，他们对其他文明也非常感兴趣。但在内心深处，英国人相信，即使是喝汤这样微不足道的事情也不只是他们的习俗，而是自然法则。

英国人不仅始终固守自己的文化，仿佛自然法则本身就十分狭隘，而且形成了一套规则。这套规则不但将他们团结在一起，还按照他们的想法改造了殖民地。因此，不可否认，英国人的乏味具有某种强大的力量。他们不愿承认日常习俗的多样性，这种观点的确十分乏味，但迫使那些希望效仿英国的人，不得不按照他们的规则行事。让人在宴会上感到惊慌失措、举止失当，这本身就是一种力量。对大英帝国来说，比起残酷的暴力，这是一种更加适宜的武器。

英国人按照自己的想象建立了北美殖民地。起初，即使是那些激进的异见分子，也仍然按照英国的方式表达异议。然而，随着时间的推移，美国对英国文化和英国霸权发出了挑战。美国既是英国的第一个大型殖民地，也是帝国衰落的开始。其中部分原因在于文化，因为美国人将英国哲学融入了自己的制度，而这一制度形成的原则反过来影响了英国的制度。更为重要的是，美国建立在移民之上，而移民使美国文化始终处于变化之中。即使不考虑战后移民对英国文化产生的影响，美国文化及其率性随意的特征和精英管理的理念也让英国感到异常烦恼，但并没有让欧洲大陆感到不安。其中部分原因在于，英国人狭隘的思想和乏味的性格让他们很难与日渐强大的美国抗衡。因此，在争夺海洋控制权的斗争中，英国输给了美国，同时也输掉了自己的帝国。

美国与英国有着同样的利益。美国虽然面积辽阔，但作为一座岛屿，同样需要抵御外来入侵。因此，美国最大的威胁是当时最强大的海上国家——英国。1812 年，英美两国开战。随后，双方在俄勒冈的控制权问题上以及美国内战期间，多次爆发周期性冲突。有意思的是，我们注意到，美国在一战后制定了一系列作战计划。其中的“红色作战计划”是为了应对英国从加拿大入侵美国。当然，这种说法有些不着边际，这只是军事参谋部门制定的应急计划之一，因此意义不大。但值得注意的是，美国的确制定了针对英国的作战计划，这是不争的事实。

英国人虽然无意入侵美国，但双方为了大西洋这片海域展开了角逐。美国是当时全球最大的出口国家，因此需要在大西洋畅通无阻。为了维持帝国的统治，英国也需要控制大西洋。随着双方的战略意图发生了变化，两国的实力就显得更加重要。虽然双方在这一问题上没有真正的冲突，但美国对英国控制着西半球海军基地一事深感不安。自 1900 年后，英国也对美国海军力量的崛起忧心忡忡。

然而，局势在二战期间发生了重大变化。法国沦陷后，英国人处于德国的巨大压力之下。美国同意借给英国 50 艘老式驱逐舰。而作为回报，英国同意把西半球的属地和基地租借给美国，租期为 90 年，其中包括东巴哈马群岛、牙买加南岸、圣卢西亚、西特立尼达岛、安提瓜岛和英属圭亚那部分地区，并允许美国在百慕大和纽芬兰建立军事基地。

为了得到美国的 50 艘驱逐舰，英国让出了西半球的海军基地，不仅消除了自身对美国的任何威胁，也丧失了向北大西洋投射武力的能力。而美国借给了英国急需的驱逐舰，以应对德国 U 型潜艇的威胁。因为美国帮助英国遏制了德国，所以英国允许双方在北大西洋的势力均衡出现变化。

战争结束后，美国成为第一个控制了全球所有海洋的国家，它把日本人、英国人和法国人都从太平洋驱逐出去。现在，美国不仅控制了北大西洋，而且通过北约控制了或者说至少部分控制了英国皇家海军的残部——大英帝国至此终结。这个昔日的海上强国已经无法控制海上航线，而美国人也无意继续维系大英帝国。因此，尽管大英帝国的瓦解存在诸多原因，但不可否认，1940 年美国利用英国的困境，将其逐出北大西洋，这一事实对大英帝国的解体至关重要。

随着大英帝国的瓦解以及美国控制了西欧国家，英国逐渐沦为一个普通国家。虽然英国也是二战的战胜国之一，但它丧失了最重要的领地，从而导致英国人的做法也发生了转变。在此之前，他们一直致力于维持均势，如今却转而希望在欧洲和美国之间取得平衡。当然，英国仍在寻求某种均势，只不过采取的方式更加复杂。

我们曾在前文提到，在大英帝国瓦解后，英国与欧洲大陆维持着复杂的关系。这种复杂的关系并非没有先例。纵观历史，英国与欧洲大陆的关系时而亲密，时而疏远。18 世纪，欧洲上流社会竞相 效仿法国人。但 19 世纪末，他们开始转而效仿英国人，包括英国的服饰和举止。其中部分原因在于，当时欧洲大部分皇室都有维多利亚女王的后裔，但也是因为英国值得他们模仿。当时，英国的全球实力和工业革命让该国的风俗习惯充满了魅力。

通过模仿，人们就能分享英国人的成就。但这些习俗也许只有与生俱来才能真正掌握，所以英国的上层阶级甚至是中产阶级由于掌握着更为复杂的习俗，从而比欧洲其他国家的人略胜一筹。与此同时，年轻的英国绅士开始环游欧洲，前往雅典、罗马和巴黎瞻仰，但这更多是为了历史和诗歌，而不是这些城市的居民。简而言之，英国与欧洲大陆的关系就像一桩不太和睦的婚姻，双方虽然因激情维系在一起，但在一些次要的问题上出现了分歧，例如尊重、信任和共同的命运感。

二战过后，英国人在欧洲大陆失去了实力和魅力，欧洲大陆开始关注美国及其截然不同的文化。英国文化之所以吸引人，在于它的复杂和神秘，而美国文化却以率性坦诚著称。英国人不希望外国人和下层社会渗入他们的文化，但美国人却希望所有人都能完全融入美国文化。从整体上看，美国文化以理智为中心，其典型的象征是计算机。对美国人来说，午饭只是为了充饥，而不是为了赏心悦目。成功需要全身心的投入，甚至献出自己的生命。欧洲人希望与大家庭住在一起，但美国人习惯于随工作地点定居。我和妻子有 4 个孩子，每个孩子都住在不同的城市，不跟我们在一起。他们是美国人，所以崇尚事业为先。我们对此表示理解，因为我们和他们一样。较之于为了获得成功而四处奔波，家庭成了次要的东西。

美国人对欧洲人的吸引力就像过去英国人对欧洲人的吸引力一样，甚至更加富有魅力，这既是因为美国文化向所有阶层敞开，也是因为美国文化拒绝客套地疏远他人。但是有一点，美国的吸引力也许稍逊一筹，因为美国文化要求所有人都融入美国，这种要求不仅极其强烈，而且不容置疑。如此一来，英国被夹在了美国与欧洲之间。

从宗主国沦落到“特殊跟班”

在 2008 年经济危机期间，法德两国曾经提到由“盎格鲁—撒克逊人”制定经济政策的方式。即使撇开它们对美国目前种族特点的误解以及欧盟接踵而至的危机不谈，我们也必须注意到，欧洲大陆将英国归入了美国阵营，认为它接纳了美国文化以及居于美国文化中心的美国经济模式。

欧洲人认为英国人有异于自身，美国人也认为英国人与自己不同。但英国人认为，他们独一无二，需要同时在这两个阵营中站稳脚跟。从经济上来看，如果将欧盟视为一个整体，那么英国最大的贸易伙伴是欧盟。但是，如果将欧盟视作众多单个国家的组合，情况就会有所不同。2013 年，美国是英国商品的头号进口国，它购买了英国出口商品的 13.4%。德国位居次位，购买了英国出口商品的 9.8%。荷兰、法国和爱尔兰紧随其后。但德国、荷兰、法国和爱尔兰合计起来，总共购买了英国出口产品的 31%。这就意味着，英国不仅有近三分之一的出口产品进入了英国对岸的国家，还有 10%的出口产品进入了比利时和斯堪的纳维亚半岛。这样看来，英国出口商品约有 40%流向了北海盆地。

因此，英国人面临着两大主要经济关系，即与北海盆地和英国周边其他海域之间的经济关系。如果这些国家作为整体，那么它们是英国最重要的经济伙伴。但是，如果按照单个国家计算，美国仍是最大的进口国。从历史上看，英国的国家安全和影响有赖于北海盆地这个区域，而非欧盟。在经济上，英国也已经返回了地理中心，并借此维持了与其最大的进口国美国的关系。而世界上的其他国家合计起来占英国市场的一半，其中包括中国以及欧洲的其他国家。

英国人显然不愿过深卷入欧盟。他们只是欧盟的一部分，并始终与其保持着距离。其中的原因不在于文化，而在于战略。英国已经没有能力操纵欧洲的均势。但与此同时，欧洲日益严重的分裂状态和矛盾需求有可能将英国拖入其中，并对其造成损害。英国既不希望依靠欧洲央行解决问题，也不希望陷入欧洲各国之间的政治攻讦。但英国对欧洲十分关注，尤其是对北海地区，因为英国与此地区的关系至关重要。欧盟的益处在于，作为欧盟成员国，英国能够在正常的自由贸易模式内，轻而易举地进入这些国家的市场。但英国感兴趣的是自由贸易区，而不是统一货币，更不是建立欧洲联邦。

为了维持平衡，英国始终与其最大的进口国美国保持着友好关系。但这不只是经济关系，还包括军事关系。尽管欧洲计划裁军，但英国仍与美国保持着重大军事关系。这一点意味着什么？在大多数地区，英国军队都不具备单独开展行动的能力，其军事作用在于使美国依赖英国，从而使英国获得与欧盟抗衡的实力。从过去 10 年美国在伊斯兰世界开展的战争中，我们可以看到，这一进程正在展开。

英国军队并非毫不重要。与其他盟国军队不同的是，英国军队的作用远不止于某种象征。英国空军特别部队曾在许多行动中发挥了关键作用。但对美国来说，英军最重要的益处在于政治方面。当法德两国反对美国出兵伊拉克时，英国和其他较小的欧洲国家对美国表示支持。正是英国的支持为这次行动提供了合法性，否则美国很可能师出无名。

当然，英国自愿参与美国开展的战争，遭到了许多人批评，但这一做法的确事关重大。法国人也曾多次提出，要与美国建立特殊关系，但这与其说是现实，不如说是一种设想。英国与美国建立了真正的特殊关系，而这一关系的基础源于英国人的行动。

因此，英国人可以向美国提出要求，获得美国的技术，分享美国的成功。从这一意义上看，英国虽然远非欧洲首屈一指的经济强国，借用他们的话来说，英国却能够超常发挥，因为美国会成为它的后盾。

英国人正继续谋求均势，但这一均势一如既往地错综复杂。无论这一均势如何盘根错节，英国最终目标仍是尽可能地维持自身实力，以确保国家利益，而无需担心被卷入本国无法控制的局势中。就像以往一样，英国正操纵着周边国家，以免自身陷入灾难。其结果是，英国一面操纵美国、法国、德国和其他国家，而这些国家也绝不会心甘情愿地接受操纵。为了保存实力，英国采取的战略是，在战争中唯美国马首是瞻。显然，英国利用欧盟成员国的地位，获得了进入欧盟市场的权利，但又从不深陷其中。

英国的危险并非来自它对欧盟事务的参与，而是来自它用以制衡欧洲的砝码，即美国。英国是一个地区大国，而美国是一个全球大国。英国在欧洲与美国之间寻求平衡，而美国在各个地区和全球体系之间寻求平衡。英国本身就是均势的一部分，因为能够为美国所用，所以获得了回旋的余地。这就意味着，英国经常要面对两种选择，即在美国的冲突中扮演从属角色，或者失去自身的影响乃至平衡。因此，英国的地位十分独特，为了间接维持自身进行斡旋的余地，它将不得不继续卷入冲突之中。

英国过去也曾卷入冲突，但这种类型的冲突已不复存在。英国将对欧洲大陆的重大事件产生影响，但在冲突结束时，它将不会再次成为决定性力量。英国可能参与前殖民地的维和行动，但不会再次发动殖民战争。北爱尔兰也许会再次爆发种族冲突，但英国不可能发动战争迫使爱尔兰就范。昔日的历史已经成为过去。

其结果是，英吉利海峡将仍然是一个风平浪静的边缘地带，而不是一根一触即发的导火索。

在莱茵河一带，爆发冲突的可能性不大。但假如比利时分裂，法国政治将会出现严重转向，一旦极右或极左政党上台，该地区的形势有可能变得剑拔弩张。但这些假设很难成为现实。只要美国仍然控制着各大洋，英国继续与美国维持关系，至少英国的周边地区会天下太平，而英国奇特的文化也将得以继续。

因此，就像历史上一样，英国可能在世界上任何一个地方擦枪走火，但这个地点不一定出自英国的选择。例如，在后冷战时代，随着俄罗斯的实力不断增加，美国可能不得不在该国与欧洲大陆之间的边缘地带部署军队。而一旦美国出兵，英国很可能紧随其后。冲突发生后，为了在各个地区和全球发挥重要作用，这将是英国不得不付出的代价。

谋求独立的苏格兰

然而，对英国来说，苏格兰仍是一个未知数。17 世纪被英格兰征服后，苏格兰被划入了大不列颠的版图，大不列颠的国旗即综合了英格兰的圣乔治十字旗和苏格兰的圣安德鲁十字旗。在这个联盟中，英格兰居于主导，苏格兰人虽然怨声载道，但几乎没有反抗的理由。以市场和技术实践为核心的苏格兰启蒙运动就像一股精神动力，催生了英国和其他国家的工业革命。此外，英国还在苏格兰对北海油田进行了开发，并促进了该地区的经济繁荣。

目前，苏格兰出现了独立运动。在就独立一事举行的全民公决中，55%的民众投票支持离开联合王国，这一数字令人震惊。它反映了曾对欧洲发生过重大影响的最根本的革命性力量。随着每一个民族都要求拥有民族自决权，欧洲将变得四分五裂。但人们认为，苏格兰要求独立是受到经济利益的驱使，而不是狂热的民族主义。同样，英国对独立的抵制也源于经济问题，而不是出自民族自豪或义愤，而民族主义正是过去数百年中战火连绵不绝的原因。

苏格兰希望重获国家主权，但不同寻常的是，双方显然都缺乏热情。我们不妨回想一下捷克人与斯洛伐克人之间爆发的天鹅绒革命①。一战结束后，是局外人将两者合为一体，双方从未对这一结合表现出热情。但英格兰与苏格兰的统一是在血雨腥风中完成的，经历了一次又一次斗争、阴谋和背叛后，苏格兰失败，英格兰获胜。因此，两者之间就像存在某种核能，巨大的能量将原子结合在一起，但是当这种能量不复存在，就有可能爆炸。

事实上，在过去的数百年中，英格兰和苏格兰之间已经丧失了这种能量。苏格兰也许会离开英国，如果它真的希望离开，那么英国将面临分裂。但是，两者之间不会有爱尔兰从英国独立时或北爱尔兰发生危机时的那种愤怒和痛苦。

无论苏格兰离开联合王国，还是英国对其加以阻挠，都不会令人觉得奇怪。当然，如果双方没有爆发战争，也不会出人意料。正如奥威尔所言："英国人乏味而又正直。"苏格兰人也曾深受影响。但即使双方没有冲突之虞，苏格兰人也有可能证明，欧洲的民族主义仍然十分活跃。此外，他们还有可能证明，不是所有民族主义都会受到对他人仇恨和对自身热爱的驱使。

① 天鹅绒革命狭义上是指捷克斯洛伐克于1989年11月（东欧剧变时期）发生的民主化革命。从广义上讲，天鹅绒革命是与暴力革命相对比而来的，指没有经过大规模暴力冲突就实现了政权更迭的革命，如天鹅绒般平和柔滑。

16

欧洲危机
俄欧关系——未来冲突爆发点

两次世界大战的爆发，是因为当时没有任何外部力量能制衡欧洲，但如今它已不再是国际体系的中心，美国也变得更加强大。然而，富有而弱小终究是一对危险的组合，事实上现在任何国家都可以在军事上挑战欧洲。随着俄罗斯的日益强大，与欧盟之间的冲突也日益增多……

富有而弱小的欧洲

本书提出了三个问题：第一，欧洲是如何从政治上、军事上、经济上和精神上称霸全球的？第二，欧洲存在哪些缺陷，让它在1914—1946年丧失了这一霸权？第三，欧洲的未来是否会像1945年后的和平时期一样，或者欧洲是否会重蹈战争覆辙？如果不能回答前两个问题，我们就无法解决最后一个问题。但这个问题的答案才是笔者撰写本书的真正原因。

简而言之，欧洲冲突的历史远未结束。欧洲的基本结构一如既往，四分五裂、小国林立。其中一些国家虽然已经走出了历史上的怨恨和痛苦，但这些负面情绪并没有彻底消失。在有些地方，这种情绪甚至仍居于主导地位。总体而言，尽管它们在一些地方已经销声匿迹，但在许多地方，欧洲人之间的仇怨仍然存在。

1945—1991年，世界处于和平时期，但这不是欧洲人的功劳，而是处于美苏威压之下的和平。1991—2008年，欧洲曾经获得了短暂的和平。事实证明，只有在经济极其繁荣、德国致力于统一时，欧洲才能避免战争。严格来说，这 17 年并非没有爆发战争，只是没有发生在欧洲的心脏地带而已。2008 年以后，随着人们对欧盟不切实际的幻想逐渐破灭，并对德国的不满不断扩散，以及俄罗斯重新确立其大国地位，对欧洲的考验也即将到来。这一结果将对欧洲产生决定性影响，但谁也无法预知结局将会如何。

我认为，那 31 年的灾难不会在欧洲重演，因为欧洲已经不再是国际体系和全球文化的中心。这一灾难之所以会发生，是因为当时任何外部力量都无法控制欧洲。1918 年和 1945 年，美国曾两次扑灭了欧洲的战火。在冷战期间，美国也成功遏制了战争的爆发。今天，美国变得更加强大。就像过去一样，美国仍然能够做到这一点。目前，虽然欧洲遍布小型动乱区和小规模冲突，但我认为不会爆发全面战争。但即使是眼下看似绝不可能产生摩擦的国家之间，将来也有可能爆发重大冲突。欧洲是一个普通的地方，这里之所以会爆发战争，既不是因为人们没有从历史中汲取教训，也不是因为欧洲人态度糟糕，而是因为这里利益分歧过深，不开战的后果比开战更加惨重。不难理解，仅凭希望，冲突不会自动消失，而欧洲人也无法摆脱人类贪婪的本性。这是一个可悲的事实，但我认为，这也是不容置疑的真相。

欧洲已经丧失了世界霸主的地位。如今的欧洲虽然具有强大的商业实力，但这种实力只是欧洲人所谓“软实力”的一部分，并且有赖于国家安全的保障，其中包括在海上和空中自由通行、其他国家愿意与其开展贸易、海外投资安全可靠。因为欧洲仍然技术先进、经济发达，所以与其中一些欧洲国家建立关系会使其他国家从中受益，而欧洲一旦决定中断这种合作关系，将会对其合作者造成巨大的损失。因此，这一实力不可小觑。

然而，迫使其他国家接受欧盟投资、遵守相关协议的能力，取决于人们对未来投资和贸易的期望。作为全球最大的经济体，欧洲不再是霸主。尽管中国、俄罗斯和美国等强国能够提供和欧洲同样的益处，但违反协议的后果更加严重。从目前来看，这一点也许无关紧要。但是，一旦这些全球大国出现分歧，而欧洲被夹在中间，它缺乏的硬实力就会显得至关重要。总之，富有而弱小是一种危险的组合。

欧洲人生活在一个豺狼遍布的世界里。迄今为止，有些豺狼已经出现，有些正蠢蠢欲动。在欧盟这个国际组织中，德、法、英等国可以使用经济手段为自身谋利,但大多数欧洲国家并不具备这一实力。然而,即使对前者来说，经济力量也是它们唯一可以依靠的手段了。正因如此，它们无法与美国抗衡，这才是理解欧洲的重中之重。实际上，任何国家都有可能对欧洲发出军事挑战，而欧洲人要么破财消灾，要么置之不理并希望问题自行消失，要么表示屈服，但无论如何，欧洲暂时不会走向战争。

博弈乌克兰

最重要的冲突已经出现，即俄罗斯与西欧国家为了争夺两者之间的边缘地带而展开的斗争。双方的主要目标是乌克兰，因为波罗的海三国已经加入了欧盟和北约。这场争斗的根源众说不一：西方声称，为了反对腐败专制的总统，民众举行了起义；俄罗斯人则声称，在美欧的支持下，合法的民选总统遭到了暴民罢黜。

重要的不是孰是孰非，而在于地缘政治因素。乌克兰是俄罗斯南部的缓冲区,一旦它成为欧洲的势力范围,伏尔加格勒距乌克兰边境就不到 200 英里，无疑会对俄罗斯造成重大威胁。伏尔加格勒即斯大林格勒，二战期间，为了保卫这座城市，苏联人付出了惨重的代价。如果乌克兰与北约结盟，北约向东推进的程度几乎相当于希特勒在二战期间东进的程度。北部的白俄罗斯被夹在波罗的海国家与乌克兰当中，一旦该国发生政变，昔日俄罗斯帝国和苏联的中心城市斯摩棱斯克将会沦为边境城市。届时，整个欧洲大陆都有可能落入俄罗斯人手中。

俄罗斯人清楚,各方的意图可能迅速改变。即使目前欧洲和美国毫无恶意,但历史证明，一个国家的意图乃至实力都有可能发生变化。1932 年，德国既不堪一击，又处于分裂之中，而且几乎没有军队。但 1938 年，德国一跃成为欧洲大陆的头号军事强国，其意图和实力迅速发生改变。俄罗斯没有忘记这一点，更没有忘记克里米亚战争。因此，它必须做出最坏的打算，因为事情往往会朝着最坏的方向发展。

迄今为止，俄罗斯并不十分强大，军队远远不能与过去的苏联红军相比。但不可否认，这支军队比欧洲任何国家的军队都要强大。因此，俄罗斯不需要入侵欧洲其他国家。由于乌克兰经济遭受重创，德国不愿对俄罗斯发起挑战，美国又鞭长莫及，这让俄罗斯获得了巨大的优势。乌克兰对俄罗斯意义重大，也对欧洲至关重要，因为欧洲需要在俄罗斯边境建立缓冲区。但对美国来说，乌克兰无足轻重。在这个问题上，欧洲人只能依靠自身，但仅有经济实力不足以产生决定性影响。乌克兰对俄罗斯过于重要，因此后者不会使经济问题形成障碍。此外，俄罗斯手中还掌握着一张王牌——欧洲需要的天然气。然而，得到天然气需要付出政治代价。

俄罗斯试图在西部重建缓冲区。但欧洲人和美国人希望突破这一缓冲区，以便能对俄罗斯的做法施加影响。由于欧洲缺乏军事实力，这将是一场极不平衡的博弈。在乌克兰以西的边缘地带，一系列国家已经接受了欧洲的观念，认为军事实力是一个过时的概念，其中包括波兰、斯洛伐克、匈牙利、罗马尼亚和保加利亚。但是，随着俄罗斯不断西进以确保其缓冲区的安全，对上述国家来说，唯一的问题是俄罗斯人将会走多远。

这个问题可以从另一个问题中找到答案：欧洲东部的边境究竟有多么的脆弱，以致俄罗斯人不需要入侵该地区便可获得更强大的实力？欧洲四分五裂，北约软弱无能，这个地区暴露在危险之中。由于欧洲经济危机尚未解决，欧洲东部地区不得不寻找其他解决方案。俄罗斯的经济在全球位居第八，虽然存在严重的经济缺陷，但不需要大量投资就能使匈牙利或斯洛伐克等国获益。俄罗斯只需要将这些国家划入自己的圈子，届时较为强大的波兰和罗马尼亚就会受到孤立，从而不得不与俄罗斯和解。

对这些国家来说，合理的解决方案是增强防御能力。但即使联合起来，它们的力量也十分薄弱。它们所覆盖的狭长地带极易遭受军事袭击，也经不起经济诱惑，因此亟需欧洲大陆的其他国家从某种程度上予以支援。欧洲东部的国家联盟既需要经济支援，以缓解自身面临的问题，也需要军事支援，以支持它们发起的抵抗。当然，其中的关键在于德国的支持。

德国不仅是欧洲最大的经济体，也是世界上第四大经济体。此外，它还是全球第三大出口国。因此，德国惯于从经济角度看待这个世界。这不仅是因为 1945 年德国遭遇惨败，也是因为德国实现了经济繁荣，从而使军事冒险活动显得极不合理。但问题是，是否进行军事干预，并不完全取决于德国人。如果俄罗斯对东欧的弱点加以利用，那么德国必须作出战略决策。德国可以选择与俄罗斯结盟，但如果德国仍然缺乏军事实力，这个联盟就可能成为一个陷阱。相反，德国也可以对俄罗斯进行制衡，支持东欧国家结盟，或者做好准备，将俄罗斯人逼退。

目前为止，德国与俄罗斯之间的边缘地带正处于一触即发的活跃状态，但这并非俄罗斯周边唯一的危险地带。高加索地区仍然剑拔弩张，为了施加压力，俄罗斯与亚美尼亚签订了长期条约，向该国派遣了大批军队。这一局势不仅让西方支持的格鲁吉亚夹在俄罗斯与亚美尼亚之间，而且对阿塞拜疆造成了严重威胁。如果欧洲不想依赖俄罗斯的能源，那么阿塞拜疆无疑是替代选择。

这一局势也会将土耳其牵涉进来。土耳其人和亚美尼亚人之间由于发生过屠杀，因此互相敌视。此外，土耳其还需要俄罗斯的能源，因而在找到其他替代能源之前，它不可能对俄罗斯发出挑战。但对俄罗斯的石油，土耳其很难找到其他替代。与此同时，苏联解体后，土耳其和俄罗斯之间形成了一个舒适的缓冲区。随着俄罗斯的影响逐渐恢复到冷战时期的水平，土耳其不希望这个缓冲区消失不见。因此，土耳其人与俄罗斯人会在政治上展开角逐，尤其是在阿塞拜疆境内。

土耳其所处的地位十分复杂。它即将发展成为一个大国，但实力尚不够强大。目前的土耳其正经历周期性经济衰退和国内政治动荡，但这两方面的影响都不会持续太久。由于经济力量强大，而周边动荡不安，土耳其必将发展成为一个强国。混乱的局势既使土耳其获得了进行投资和开展贸易的经济机会，也有可能将其卷入冲突之中。黑海的未来与土耳其息息相关，因此乌克兰局势关系到该国的切身利益。此外，伊拉克、叙利亚、伊朗以及阿拉伯半岛和巴尔干半岛都关系到土耳其的利益。随着黑海的局势变得日益紧张，土耳其南部和东部要么会发生暴力冲突，要么会处于动荡之中。

目前看来，土耳其周边唯一不会爆发冲突的地区是巴尔干半岛。但是，从过去数百年的历史可以得知，在巴尔干半岛，宁静只是暂时的。除了欧洲大陆，土耳其周围遍布危险地带。

我们需要根据北非与欧洲大陆的关系，对土耳其与欧洲的关系进行重新考虑。具体来说，我们可以从两个方面进行分析。其中的主要方面是能源从北非，尤其是从利比亚和阿尔及利亚向南欧的流动情况。这两个国家的能源不仅对欧洲极其重要，而且也是俄罗斯能源的替代选择。但利比亚和阿尔及利亚都很不稳定，尤其是利比亚。利比亚爆发内战后，法国和意大利曾经为了是否进行干涉而争执不休。随后，法国发动了空袭，并要求美国动用机载报警与控制系统进行支援。显然，法国人无法单独开展这场战役，以致美国人不得不在其中扮演主要角色。对美国来说，这不是一次令人愉快的经历，更何况这次事件的余波不断。

欧洲需要依靠美国控制埃及等地的局势。但除非事态紧急，美国不愿卷入其中。我们可以看到，埃及的问题有可能扩散开来。在北非，除了对付极端的伊斯兰复兴运动，美国没有激进举动，更不会试图发动政变。但对欧洲人来说，能源运输事关重大，而确保能源供应是他们的重中之重。

地中海地区的第二条导火索是从北非和土耳其迁往欧洲的大批移民。由于欧洲需要廉价劳动力，这些移民被吸引到欧洲。但他们的出现引起了严重的内部矛盾，并危及欧洲的免签证区，而欧盟的大部分国家都加入了免签证区。因此，丹麦等国希望阻止穆斯林进入，许多国家就限制穆斯林移民的问题达成了共识。这在北非也成为了重大问题，并有可能引发反欧情绪，从而转变为跨地中海的恐怖主义活动，或者危及北非各国的政权。一旦出现上述情况，欧洲人将不得不卷入他们所不希望看到的局势中。

在欧洲，这个问题还会引发另一种情况，即右翼政党的崛起。对金融危机和大规模失业来说，其中一个不可避免的后果是，民众对现存的政党和欧洲一体化失去信任，从而导致一大批右翼政党崛起，其中包括匈牙利和法国。这些政党对欧盟采取敌视态度，并激起了狂热的反移民情绪。此外，它们还对本国的国家利益表示支持，反对欧洲上层集团的跨国利益。目前，虽然这些右翼政党的势力还不足以上台执政，但有些已被纳入联合政府，还有一些正在迅速壮大。

卷土重来的俄罗斯

整体上看，欧洲昔日的火药桶莱茵河谷和英吉利海峡等地仍然十分太平。尽管法德矛盾日益加剧，但远不足以擦枪走火。但在上述表象之下，引发冲突的根源正蠢蠢欲动。浪漫爱国主义者对将国家管理权转让给跨国机构的合法性发出了挑战，导致昔日的民族冲突死灰复燃。右翼政党的崛起只是冰山一角，因此这股力量绝不容忽视。但是，对欧盟各国在经济问题上让渡主权所产生的后果，人们普遍感到忧虑，而这种情绪正与日俱增。

目前看来，冲突爆发点虽然位于欧盟边境，但欧盟本身已经步履蹒跚。事实上，欧盟一共包括 4 个部分：日耳曼国家（德国与奥地利）、其他北欧国家、地中海国家以及处于边缘地带的国家。处于边缘地带的国家正面临着昔日的边地再次被俄罗斯占领的危险。地中海的欧洲国家正面临着严重的失业问题，一些国家的失业率甚至超出了大萧条时期的美国。北欧国家的情况整体良好，但比起德国仍相形见绌。

在欧盟的不同地区，各国的状况和人们担心的问题存在巨大差异，这些差异反映出欧洲正处于分裂的边缘。每个地区对现实都有不同的看法，而它们的分歧很难调和。事实上，很难想象它们会达成和解。欧洲已经一分为四，而这四个地区仍在进一步分化。它们正在重回昔日民族国家的道路，重回它们希望超越的历史。

归根结底，当代欧洲的问题也是启蒙运动时期让它困扰不已的问题。这个问题便是浮士德精神，即纵使付出灵魂的代价也要占有一切的渴望。今天，欧洲人既渴望占有一切，又不希望付出任何代价。他们希望永久的和平与繁荣。他们既希望保留本国的国家主权，又不希望其他国家完全行使自己的主权。他们既希望欧洲能实现统一，又不希望与其他民族同呼吸、共命运。他们既希望使用母语，又不认为这会成为实现互相谅解的障碍。他们既希望获得胜利，又不希望承担任何风险。他们既希望安全无虞，又不希望进行防御。

但除此之外，欧洲还有另外一部分，即被亚洲包围的欧洲大陆。这片土地从未被彻底征服过，也从未风平浪静。现代欧洲的历史始于 1991 年，苏联消亡之日也是欧盟诞生之时。2014 年，俄罗斯卷土重来，该国与欧盟之间的冲突日益增多，历史再度上演。令人惊异的是，欧洲人对欧盟的幻想只是昙花一现。欧洲最危险的地带在 2014 年死灰复燃，距离让整个欧洲坠入地狱深渊的一战已有 100 年。

如今，欧洲已经走出了地狱。浮士德为了无所不知宁愿出卖自己的灵魂，而现代欧洲希望达到尽善尽美，却不愿付出任何代价。任何事情都需要付出代价，而最危险的是，欧洲不清楚自己即将付出何种代价，甚至也许根本不想知道。

对于第三个问题也是最重要的问题，即欧洲是否走出了 31 年的阴影，我的答案是有条件地予以否定。欧洲不再是世界的中心，而是国际体系的从属部分。因此，欧洲所面临的风险与过去有所不同，而它依靠美国等外界力量平息冲突的趋势却比 20 世纪更加明显。然而，如果有人认为欧洲已经超越了使用武力冲突解决问题的时代，那么这一观点无疑只是一种幻想。我们已经看到，俄罗斯希望至少在部分地区重新确立自己的地位。此外，我们还可以看到，德国正在国家利益和欧盟利益之间进退维谷，而今天这两种利益已经不再是一体。

人类之所以要发动战争，不是因为他们头脑愚蠢或者没有吸取教训。事实上，他们很清楚战争带来的灾难和痛苦。他们之所以要发动战争，是因为现实让他们别无选择。欧洲人也是人类中的一部分，因此正如其他人一样，他们仍将面临曾经出现过的可怕选择。他们将不得不在战争与和平之间作出抉择，而就像从前一样，他们有时会不可避免地选择战争。任何事情都尚未终结。对人类来说，任何重大的事情永远都不会终结。

后　记

德国——又将成为欧洲新燃点？

迄今距《欧洲新燃点：一触即发的地缘战争与危机》英文版面世已有一年，而本书的构思始于数年之前。在此期间，我们看到，欧洲曾多次出现摩擦，但本书的主要概念并没有因此动摇。

欧洲成立欧盟有两个原因：一是为了维持欧洲的繁荣，二是为了阻止欧洲重蹈战争的覆辙。纵观历史，尤其是 1914—1945 年这 31 年里，战争令欧洲饱受创伤。2008 年金融危机爆发前，欧盟在这两点上可谓卓有成效。但是随后，欧洲经济整体上步履维艰，而且各国发展不均匀。虽然德国经济状况良好，但南欧却陷入难以摆脱的萧条之中。欧洲日趋分裂，从而导致民族主义抬头、宗教冲突不断、仇外情绪高涨。本书中论及的“燃点”正死灰复燃。

2014 年，我们目睹了希腊危机、移民危机、地中海紧张局势日益升级以及俄罗斯及其西方邻国和美国之间的摩擦不断加剧。在此，我来简要分析一下欧洲时局动荡的根源。

希腊危机无疑处于关键阶段，但这场危机不仅关系到希腊一国，而是涉及一个更为广泛的问题，即其他欧洲国家能否与德国共存。自 1871 年德国统一后，欧洲就面临着这个问题。德国经济一直十分繁荣，但正因如此，它也始终处于危险之中。德国严重依赖出口，尤其是向欧洲国家的出口，以维持本国经济发展。这种依赖性让德国提心吊胆，因为其他国家有可能将德国商品拒之门外，或者在受到德国经济实力威胁时对其发动攻击。

尽管第二种担忧目前大可不必在意，但德国对失去欧洲市场的担忧却迫在眉睫。欧盟承担了德国约50%的出口商品，而德国的出口总额占其GDP的一半。因此，德国必须不惜一切代价维持欧洲自由贸易区以及能够使其优化出口环境的工具，即欧元和《布鲁塞尔条例》。假如希腊未能偿还债务，并因此情况好转，那么包括西班牙在内的其他国家，尤其是意大利，就有可能群起效仿。拖欠债务意味着资本控制，而资本控制意味着贸易限制，这不啻于把枪对准了德国的脑袋。

希腊无力偿还债务。尽管这种情况最终不会发生，但德国必须确保，希腊的拖欠行为不会向其他国家蔓延。更确切地说，德国必须确保，拖欠债务会受到足够严厉的惩罚，以防希腊果真采取这种做法。或者说，即便希腊拖欠债务，这种惩罚也能以儆效尤。免除希腊债务不会使德国或欧洲蒙受任何损失，因为希腊经济只占欧洲经济总量的2%，但是会开创一个先例，从而危及欧盟的整体规划。

在希腊问题上所作的决定还会为欧洲带来其他危险。德国较其他欧洲国家相对繁荣，在这种情况下对希腊进行严惩，会在两个层面引发人们对德国的怨恨。其一是政府之间。当法国总统与德国总理会晤时，他们不再作为欧洲两个不同地区的主要领导人，朝着欧盟共同的目标携手并进，而是各为其国、各自为政。即使某些领导人仍把欧洲视作一个整体，并试图为其代言，但欧盟将成为各方利益角逐的场所，而不再是一个由多国共同领导的独立实体。

除国家之间的分歧外，我们看到，欧盟各国民众反对欧盟的呼声也日益高涨。希腊、西班牙、法国和英国的左翼人士，尤其是右翼人士当中，出现了反对欧洲联合的政党。民意和这些新政党将迫使各国政府不得不在德国以及其他问题上采取强硬立场。

其中包括欧洲的穆斯林问题。穆斯林社会中某些人制造的恐怖袭击引发了欧洲人的反穆斯林情绪，并导致人们希望阻止穆斯林进入欧洲。此外，由于大批穆斯林难民从地中海国家涌入，以躲避北非和中东地区的战火，许多欧洲人感到惊恐不已。这种恐惧使他们不断要求加强边境管制，不仅包括欧盟与其他地区之间的边境，而且包括欧盟内部各国之间的边境。

正如本书所述，1 000 多年来，地中海地区始终并且仍是欧洲的主要“燃点”之一。欧洲民众以信仰基督教为主，而北非和中东国家居民以信仰伊斯兰教为主。双方的军队都曾渡过或绕开地中海，穆斯林一度攻占伊比利亚半岛，甚至远征维也纳，而欧洲人也曾控制了中东和北非。自本书出版至今，就有一大波移民渡过或绕开地中海，前往欧洲避难。欧洲人曾经设法阻止他们入境。当然，这些难民不是军队，但地中海仍是通向欧洲的主要障碍。

二战后，随着奥斯曼帝国土崩瓦解，现代土耳其逐渐兴起。英法两国获得了该帝国的大部分领土，并建立了多个现代国家，这些国家即所谓的黎凡特地区。美国入侵伊拉克后，这些国家开始解体。其政府不是软弱无能，就是在严重的内战中四分五裂。

其中一些派系的目标是建立一个超越国界、按照伊斯兰教法运行的哈里发国家。数年前，这只是一种匪夷所思的设想，现在虽然同样难以实现，但并非不可想象。该地区将在欧洲或美国的大规模介入下进行重建，而这个过程将会再次引发地中海及其沿岸地区的“燃点”。难民潮只不过是该地区即将爆发更为严重的冲突的先兆，它触及了欧洲有关民族国家观念的核心。欧洲人根本无法应对来自不同文化背景的众多移民。本书表明，欧洲国家建立在不同于美国的基础之上。

另一个更为严峻的“燃点”是位于俄罗斯和东欧国家之间的边境地带。本书首次出版时，该地区一度擦枪走火，但在 2014 年逐渐降温。虽然第一幕已经结束，但这出戏并没有剧终。在第一幕里，俄罗斯面对的是亲近西方、装备精良的乌克兰。而美国和中欧国家担心，俄罗斯在乌克兰境内采取行动有可能危及欧洲。事实上，俄罗斯军队不可能大规模纵深入侵乌克兰。美国人开始在中欧进行部署，但只能向乌克兰派遣军事训练人员。德国人亦对其东部有可能爆发冲突深感恐惧。有鉴于此，这个“燃点”虽然一触即发，却相对风平浪静。但平静不是永久的，双方正在乌克兰边境集结力量，并预期该地区至少会爆发另一轮冲突，其严重程度尚未可知。与此同时，笔者预计，在爆发下一轮冲突前，该地区的紧张局势将在数年内有所缓解。

最后，本书末尾所讨论的国家解体过程已经开始。英国选举开启了英国脱离欧洲的大门，也重申了苏格兰与英格兰的分歧。仅在 5 年前，这种公投还难以想象。苏格兰与英格兰之间的分歧象征着欧洲其他地区之间的分歧，其中长期分裂的最大危险来自俄罗斯。

在本书出版前，我撰写了不少有关欧洲民族主义加剧的文章，而这种势头无疑仍在加剧。这不只包括现存民族国家内部的权力下放，还包括国家之间敌对状态的不断发展。我们所看到的希腊的反德情绪以及德国领导人对希腊的极端蔑视，只不过是冰山一角。在整个欧洲，我们看到，无论是在国家内部还是国与国之间，紧张局势日益加剧。其中最明显的现象是人们对德国越来越不信任，甚至充满敌意。

“燃点”以德国与欧洲的关系为中心。欧盟本应以经济繁荣为纽带，使德国成为其普通一员，以消除这种紧张局势。但随着欧盟的繁荣日渐衰退，损失并没有被均等承担。在希腊危机中，德国成了欧洲的真正决策者，而这一角色为许多人所深恶痛绝。

本书旨在说明，欧盟只是暂时缓和了欧洲的核心问题，即民族主义与国家实力的问题，尤其是德国。目前，在我们所处的时期，这种缓和正处在衰退之中。

乔治·弗里德曼

2015 年 8 月

致　谢

在此，我需要对许多人致以谢意。首先，我要感谢我的好友和编辑詹森·考夫曼，是他的耐心指导帮助我完成了这本著作。同时，我还要感谢罗布·布卢姆，是他对本书进行了认真编辑，并提出了富有见地的评论。其次，我想要感谢吉姆·霍恩菲舍尔，他是我的好友和作品经纪人，是他向我阐明了商业规则。

此外，我还要向战略预测公司的同事们表示感激，他们不仅通读了本书，而且提出了非常中肯的意见。其中最突出的同事当属罗杰·贝克、雷瓦·巴拉、阿德里亚诺·波索尼、安东尼娅·克里巴萨努、阿里森·菲德尔卡、丽贝卡·凯勒·弗里德曼、劳伦·古德里奇、凯伦·胡珀、内特·休斯、马克·兰热曼、约翰·明尼克以及其他我有可能遗漏的人们。我尤其要感激朋友兼同事戴维·贾德森，是他为我提出了建设性的建议，并且极富幽默感。我还要感谢图表设计师 T.J. 兰辛，他耗费了很长时间为我绘制了关键的地图，澄清了书中许多重要的概念。感谢泰勒·克里斯曼让我变得有条不紊。感谢马特·鲍尔斯用自己一流的研究给予我的全面支持。

最后，也是最重要的，我必须感谢妻子与合著者梅瑞狄斯。虽然梅瑞狄斯不愿在书中提及她的名字，但我没有完全听从她的意见，因为我必须要在这里写下她的名字。就像往常一样，如果没有她的帮助，我不可能完成这本书。